赤上裕幸
Akagami Hiroyuki

筑摩選書

「もしもあの時」の社会学

歴史にｉｆがあったなら

「もしもあの時」の社会学　目次

「もしもあの時」の社会学

歴史にｉｆがあったなら

凡例

一、新聞、雑誌、書籍は『　』、論文、作品（小品・短篇）は「　」、映画、テレビ番組、アニメ、ゲームは《　》で統一した。

二、二〇一八年八月の時点で未邦訳の作品には、英語のタイトルを付けた。

三、本文中、英語、フランス語等に付した二重下線は著者による。

四、引用文については、文中の省略についてのみ（中略）と表記し、「前略」および「後略」は省いた。また、改行を省略しているものもある。

五、引用文中の旧字体の漢字は原則として新字体に改めた。かな遣いは原文のままとした。

六、引用文中の語句説明等は〔　〕内で行った。引用文中の難読漢字には適宜、読み仮名を振るようにした。引用文中の強調は、とくに断りのない限り、原文どおりである。

七、英文からの引用は、邦訳書がある場合はそれを参考にした。訳文に一部修正を加えた箇所もあるが、その場合は、原著の引用箇所を記載した。原著で強調のために斜体が用いられている箇所には傍点を付した。

序章　歴史にｉｆは禁物と言われるけれど

1 素晴らしき哉、人生！

「上向き」と「下向き」の反実仮想

もしも高校時代に英語をもう少し勉強していたら――。もしもあの時、今の会社に就職していなかったら――。もしもあの時、妻（あるいは夫）と出会っていなければ――。

人生はやり直せないけれど、誰しも一度くらいはそんな空想に身をまかせた経験があろう。いや、人生はやり直せないからこそ、と言った方が正確なのかもしれない。受験、恋愛、就職、結婚、子育て、別れ――。われわれは日々の生活はもちろんのこと、人生の節目節目においてもさまざまな意思決定を行ってきた。

私は、もしも自分が違う選択をしていたら、別の世界が存在したのかにとても関心がある。ひょっとしたら「もうひとりの自分」がいる「もうひとつの世界」が存在したかもしれない。あるいは、私の両親や祖父母が出会っていなかった場合も同じだ。私がこの世に存在しない「もうひとつの世界」が存在したかもしれない。もちろん人生が偶然の積み重ねの上にあることはわかっているけれど、しかし、それが必然であったかのように感じる出会いや出来事だって存在する。

要するに、「もしもあの時――」は、タイムマシンを持たないわれわれにとって、最大のミステリーなのだ。にもかかわらず、われわれは「もしもあの時――」の謎解きをおざなりにしすぎていないだろうか。

「もしもあの時――」という思考方法は、事実に反する結果を仮想（＝想定）するので、「反実仮想」とも呼ばれる。心理学の分野では、「上向きの反実仮想」と「下向きの反実仮想」という二つの思考方法が確認されている。ニール・ローズ『後悔を好機に変える』（二〇〇五年）では、オリンピックのメダルの色を例に、二つの反実仮想の違いについて説明がなされている。オリンピックでは、銀メダリストが悔し涙を流すなか、銅メダリストが安堵の表情を見せるというシーンをよく目にする。それは、銀メダリストが「もうちょっとで金メダルを取れたかもしれない」とより良い結果を期待するからだ。これが「上向きの反実仮想」である。一方の銅メダリストは、「もしかすると、メダルを取れなかったかもしれない」とより悪い結果を想像する。これが「下向きの反実仮想」だ。ベクトルの異なる二種類の反実仮想の働きによって、客観的には劣った成績であるにもかかわらず、銅メダリストの方が結果に満足しやすくなるのだ[1]。

ハリウッド黄金期を支えたフランク・キャプラの映画《素晴らしき哉、人生！》（一九四六年）は、「下向きの反実仮想」をモチーフにした傑作だ（図序－1）。そのストーリー設定は少し変わっている。会社の資金繰りに窮した主人公のジョージが、川に身を投げ入れようとすると、守護天使のクレランスが突然姿を現す。クレランスは、この不運な男を思い止まらせるために、ジョージがこの世に生を受けなかった「もうひとつの世界」を見せてやる。

図序－1

フランク・キャプラ《素晴らしき哉、人生！（*It's a wonderful life!*）》（1946年）

その架空世界において、ジョージの家族や友人は、ことごとく不幸な生活を送っていた。妻は一生独身を通し、弟はわずか九歳で溺死していた（現実の世界で、溺れかけた弟を助けたのは、ジョージだったからだ）。叔父と一緒に経営していた住宅ローンの会社も倒産し、地元住人のために完成させた分譲住宅地も墓場へと変わっていた。失意のジョージに天使クレランスはこう語りかける。

　ひとりの人生はその他大勢の人生に影響を与える。ひとりいないだけで世界は一変してしまうだろう。（中略）ジョージ、君は実に素晴らしい人生を送ってきた。捨ててしまうのは間違いだと思わないか。

「下向きの反実仮想」は、失敗による苦しみを緩和し、「今」という瞬間の大切さに気づかせてくれる。天使から「もしも自分（ジョージ）が存在していなかったら……」という「下向きの反実仮想」を提示されたジョージは、自らの人生の価値（wonderful life!）を再確認する。

一方、「上向きの反実仮想」は、後悔などネガティブな感情をもたらす。「あの時こうしておけばよかった」といった類の後悔は人生を一ミリも前に進めてくれないが、後悔を好機へと発想の転換ができれば、自分を変えるチャンスとなる。[2]

「もしもあの時――」は、われわれの生活にとてもなじみの深い思考方法であり、使い方さえ間違えなければ、人生を豊かにしてくれる重要なツールなのである。

あなたの人生のｉｆ物語

本書では、普段何気なく使っているものの、じっくりと向き合う機会の少ない反実仮想の可能性について論じていく。「もしもあの時――」をモチーフとした作品が数多く作られているので、まずはその代表的なものを紹介しながら、論点を浮かびあがらせていきたい。

反実仮想の効用として忘れてならないのは、偶然性に目を向けるという点だ。前日に徹夜で勉強した内容がそのまま入試に出て大学に合格する。新幹線でたまたま隣に座った相手と意気投合して結婚に至る。喫茶店で手に取った新聞の求人広告がきっかけで職を得る。人生では、些細な出来事や偶然の出会いが決定的な役割を果たすことがある。

たとえば、ＳＦ作家アイザック・アシモフの短篇小説「もし万一……」（一九五二年）は、夫婦の絆が単なる偶然の積み重ねでしかないことを描いた作品だ。電車のなかで運命的な出会いを果たした妻は、夫にこう問いかける。「もし万一、あなたが一分おそく市電の停留所に来て、次の電車に乗ったとしたら、いったいどうなっていたかしら」[3]。女優グウィネス・パルトロウが主演を務めた映画《スライディング・ドア》（一九九八年）では、乗るはずの電車にぎりぎり間に合った場合と、目の前で電車のドアが閉まってしまった場合で、主人公の人生が一変する。電車に乗るかどうかという些細な出来事が、その後の人生を大きく左右しうるとわかったら、あなたはどう感じるだろうか。

ほんの少しの違いが人生に多大な影響をもたらす物語として、日本には、広瀬正の傑作小説『エロス』（一九七一年）がある。この物語は、主人公の橘百合子が芸能生活の出発点を振り返る場面から始まる。一九三四（昭和九）年、上京してまもない百合子はまだ一八歳であった。

〈忘れもしない昭和九年九月二十日、私は映画を見に行きました。もしその日、映画を見に行かなかったら、私は歌手にならなかったでしょう。というのは、その映画が歌手の成功物語だったから、などというのではなく、映画を見終わって出たとき、ちょっとした事件が起こり、そのおかげで、私をレコード界に入れてくださった、恩人の柚木先生にめぐり会うことができたからなのです[4]〉

映画の後の「ちょっとした事件」がなければ、百合子は生活費を稼ぐためにヌードモデルとなる覚悟を決めていた。物語は、歌手としての人生をスタートさせた「過去」と、別の道を歩む

「もうひとつの過去」が交差していく。

人生はすでに決まっているのか。それとも自らの選択や行動次第で変える余地が残されているのか。そこに偶然が介在する余地はあるのか。これらは、いずれも答えを導きだすことのできない難問である。特に考えてしまうのは、自らの選択や決断によってまったく別の人生を送っていた可能性についてであろう。一九九三年には、「運命の選択」に焦点を当てたテレビ番組も放送されている。《世にも奇妙な物語》の後継番組《ｉｆ　もしも》（フジテレビ系列）である。番組は、タモリの次のようなナレーションで始まる。

> ｉｆ、もしも……人がみな孤独な旅人であるとしたら。当てのない一人旅を続けているとしたら。あなたはやがてある二股の分かれ道に突き当たるのです。右へ行くべきか左へ行くべきかあなたは大いに迷う。あるいはうっかり気が付かないで通り過ぎてしまう。かくして現在のあなたがあるわけですが、ひょっとしてべつな道を選んだほうが幸せになれたかもしれない。もしもそっちを選んでいたら。ｉｆ、もしも[5]……

ドラマでは、主人公がＡの選択肢を選んだ場合と、Ｂの選択肢を選んだ場合の両方が描かれる。初回の設定は、「結婚するなら金持ちの女かなじみの女か」（四月二二日放送）というもの。Ａの選択肢は結婚相手に会社の常務の娘を選ぶ場合、Ｂの選択肢は幼なじみの女性を選ぶ場合だ。大

図序－2

《少年たちは花火を横から見たかった》（1999年）
《打ち上げ花火、下から見るか？　横から見るか？》（映画版）のメイキング風ドキュメンタリー。奥菜恵が手に持っているのが《if　もしも》の台本。

方の予想通りというべきか、幸せな結末を迎えるのは後者である。オムニバス形式のドラマ作品であり、「彼女がすわるのは左のイスか右のイスか」、「イジメっ子と親友・どちらの同窓会に行くべきか」、「緊急事態！　飛行機で行くか？　新幹線で行くか？」といったテーマで約半年間放送された。

「打ち上げ花火、下から見るか？　横から見るか？」（八月二六日放送）は、映画監督としてデビューする前の岩井俊二が担当した。親の離婚によって転校が決まったヒロインのなずなは、プールで競争する同級生の典道と祐介を見て、勝った方と駆け落ちしようと決心する。Aの物語は祐介が勝った場合、Bの物語は典道が勝った場合である。Bの物語が、実際に存在する可能性のあった「もうひとつの世界」なのか、典道が頭のなかで描いた「こうすればよかった」という妄想なのかはよくわからない。さまざまな想像をかき立てるこの作品は、テレビ作品であったにもかかわらず、一九九三年度日本映画監督協会新人賞を獲得している。実際、九五年には映画として劇場で公開され（図序－2）、二〇一七年にはアニメーション版の映画作品も公開された。

分析哲学の領域では、われわれが生きる現実世界とは異なる世界のことを「可能世界」と呼ぶ。この学問分野では、「可能主義」と「現実主義」という二つの立場で議論がなされてきた。「可能主義」では、現実世界と「可能世界」が対等な存在だと考えられてきた。一方、「現実主義」では、現実世界だけが実在し、「可能世界」は非実在的なもの、すなわち現実世界が生みだした抽象概念にすぎないとされた。これまでは、「現実主義」の支持者が多く、「何でもあり」の世界観とも紙一重の「可能主義」は異端扱いされてきたという。[6]

藤子・F・不二雄の漫画「パラレル同窓会」（一九七九年）を見てみよう。この物語では、会社の社長にまで上り詰めた主人公が、奇妙な同窓会に招待される。異なる人生を送ってきた「自分」が何人も集まるというのだ。そこには、学生運動が高じて国際テロリストのリーダーとなった「自分」もいれば、同じ会社の窓際族へと追いやられた「自分」もいた。作家となった「自分」は、主人公にこう話しかける。「生まれた時は一人の人間がその後の運命のいたずらで、あんなにも多様な人生をたどるのです。[7]」

あなたにそっくりだけど、まったく違う人生を歩む「あなた」の存在について、あなたはどう考えるだろうか。単なる想像の産物にすぎないと考えるのであれば「現実主義」、そういう別の世界も本当に存在しうると考えるのであれば「可能主義」ということになろう。

男女逆転のハムレット

「もしも……」の問題をもっとも置き去りにしてきたのが、歴史の領域だ。「歴史にｉｆは禁物である」とはいったい誰が言いはじめたのだろうか。私は、小さいころから歴史は好きだったけれど、「もしも……」の発想を存分に取り込んだ歴史の授業があれば、もっと面白く感じたはずだ。われわれの人生が日々の選択や偶然によって左右されるのだとしたら、歴史の「ありえたかもしれない可能性」を想像してみることも無駄とは言えないだろう。歴史とは、無数の個人の物語＝人生の集成なのだから。

たとえば、もしも日本が太平洋戦争で違う選択をしていたら、二〇世紀後半の日本はどんな国になっていただろうか。あるいは、もしもアドルフ・ヒトラーが女性だったら、二〇世紀の歴史は大きく変わっていただろうか。少し突飛な発想だと思えるかもしれないが、他の人間と同様にヒトラーも、生物学的な観点から言えば、女性として生まれてくる確率は約五〇パーセント存在した。アンナ・ヒトラーは、大衆操作の手法に長けていて、アドルフ・ヒトラー以上に完璧な独裁体制を敷いていたかもしれない。インターネット上には、「もしヒトラーが〇〇だったら」というサイトが実際に存在し、もしも女性だったら「親衛隊は当然金髪碧眼《へきがん》のイケメンで構成」、「イタリアが史実よりはるかに真面目に戦争していた」といったコメントが面白おかしく書かれている。

ただし、当時の時代状況や保守的なヒトラーの支持層を考慮に入れれば、アンナ・ヒトラーが権力を掌握した可能性はほとんどなかったであろう。その場合、ナチスは勢力を拡大できず、第二次世界大戦やユダヤ人の大量虐殺は起こらなかっただろうか。それとも、第二、第三のヒトラーが登場して同じ愚行に手を染めただろうか。いずれの反実仮想を支持するのかは、ヒトラーという個人に責任を負わせるのか、あるいは当時のドイツの支配層や世論に責任を認めるのかという歴史認識も大きく関わってくる。[8]重要なことは、ヒトラーの影響力を分析しようとすれば、「ヒトラーが存在しない」状況のシミュレーションが必要だということだ。

フィリップ・K・ディックの小説『高い城の男』（一九六二年）に代表される歴史改変小説は、歴史上の出来事が実際のようには起こらなかった「もうひとつの世界」を描いてきた。ディックの小説では、第二次世界大戦においてナチス・ドイツと日本が「勝利」した世界がテーマとなっている。最近では、『高い城の男』での設定を借用し、日本統治下のアメリカ（United States of Japan＝USJ）を描いたピーター・トライアス『ユナイテッド・ステイツ・オブ・ジャパン』（二〇一六年）も話題となった。他にも、アメリカ南北戦争で南軍が勝った話、カトリック教会やモンゴル帝国が世界を支配した話、日本が戦争に負けて東西に分裂した話など、テーマは尽きることがない（巻末の資料①）。

ディックの『高い城の男』は、歴史改変SFの原典として大きな影響力を持ち、二〇一五年には、映画《ブレードランナー》で知られるリドリー・スコット監督が総指揮を務め、ドラマ化もされた。[9]他にも、ナチスに占領されたイギリス社会を描いたレン・デイトン『SS‐GB』（一九七八年）、ケネディ暗殺をテーマとしたスティーヴン・キング『11／22／63』（二〇一一年）といった歴史改変小説がドラマ化をされており、「もうひとつの世界」を映像でも味わうことができる。

歴史上の「ありえたかもしれない可能性」は、生物学や地理学など、自然科学の分野でも活用されてきた。進化生物学者スティーヴン・ジェイ・グールドは、『ワンダフル・ライフ』（一九八九年）において生物進化の別の可能性に光を当てた。書名は、本書冒頭で紹介したフランク・キャプラの映画に由来する。グールドは、カンブリア紀の大量絶滅を免れた生物の調査によって、これまで定説であった適者生存の考えに疑問を呈している。それらの生物が生き残ったのは運が良かっただけであり、同じことはわれわれ人類にもあてはまるという。グールドはこう指摘する。「テープを一〇〇万回リプレイさせたところで、ホモ・サピエンスのような生物が再び進化することはないだろう」。何ということであろうか、われわれ人類も「素晴らしき人生（wonderful life!）」を送ってきたのだ[10]。

人文科学や社会科学の分野では、実験室で作業を行うことができないため、反実仮想が代役として機能する余地は十分にあったはずだ。ところが、肝心の歴史学者は、「歴史のｉｆ」に否定的な態度を取ってきた。時間を操る術を持たないわれわれは、「もうひとつの歴史」についてあれこれ言うことはできても、仮説の正しさを証明することはできない。反証可能性を持たない仮説に対して歴史家は冷酷だった。

「歴史のｉｆ」は、教育現場においても敬遠されてきた。われわれが学校で使う歴史の教科書には一つの決まりがある。それは歴史上の出来事を、実際に起こったことを根拠として記述するという決まりだ。たしかに「第二次世界大戦はアメリカを中心とした連合国側の勝利で終わった」という説明の後に、「もしも日本がミッドウェー海戦で勝利していたら……」、「もしもナチス・ドイツがソ連に勝利していたら……」といった記述が延々と続いたら、何が正解かわからなくなってしまう。生徒は答案用紙を前に頭を抱えてしまうだろう。だが、歴史を学ぶ醍醐味は、当時の人たちの不安や逡巡、満たされなかった願望、実現しなかった数々の計画といったものを知るところにあるのではないか。

アメリカの小説家フィリップ・ロスは、二〇〇四年に歴史改変小説『プロット・アゲンスト・アメリカ』を刊行し、空の英雄チャールズ・リンドバーグが、一九四〇年に大統領となっていた「もうひとつのアメリカ」を描きあげた（実際に大統領となったのは、フランクリン・ローズヴェルトだ）（図序－3）。反ユダヤ主義者でもあったリンドバーグが大統領になっていたら、自由と民主主義を信じたアメリカも排外主義を全面的に認めるような国になっていたかもしれない。物語のなかで、アメリカ版ファシズムの影に怯えるユダヤ系の主人公の呟きは重く響く。

そんな容赦ない不測の事態も、一八〇度ねじってしまえば、私たち小中学生が教わるところの「歴史」に、無害な歴史になってしまう。そこにあっては、当時は予想もできなかったことすべてが、不可避の出来事としてページの上に並べられる。不測の事態の恐ろしさこそ、災いを叙事詩に変えることで歴史学が隠してしまうものなのだ。[11]

図序－3

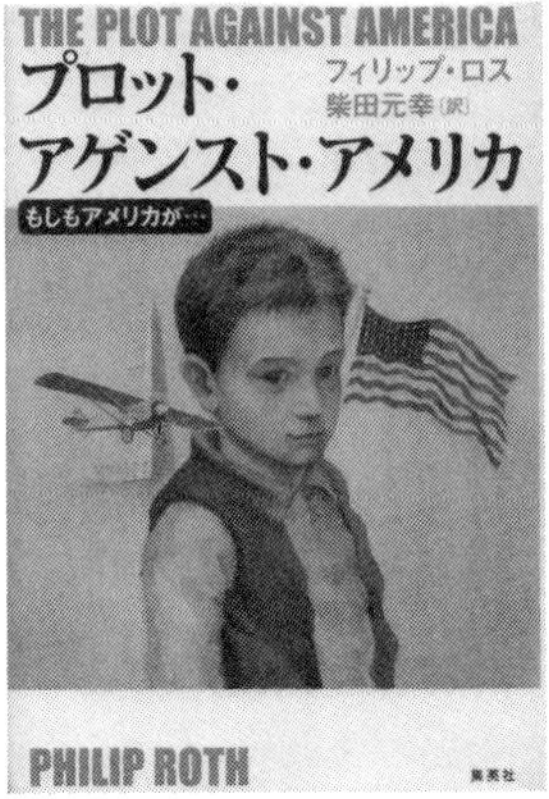

フィリップ・ロス『プロット・アゲンスト・アメリカ』（2004年、邦訳14年）

2　時は分かれて果てもなく

グッバイ未練学派

「歴史にｉｆは禁物である」としばしば言われる。この格言には、現実に起きた事実を厳粛に受け止めなければならないという意味もあれば、現実の出来事は必然的に起こるという意味もある。では、いったい誰がそう言っているのか。

イギリスの歴史家Ｅ・Ｈ・カーは、『歴史とは何か』（一九六一年）のなかで、「歴史のｉｆ」の発想を「サロンの余興（parlour game）」と批判している。他にも、「とんだまやかし」を意味する

「燻製ニシン（red herring）」とも呼んでいるので、批判的な態度は明らかだ。さらにカーは、「もうひとつの歴史」に思いを巡らす人々を「'might-have-been' school of thought」とも呼んでいる。これに、社会学者の清水幾太郎は「「未練」学派」という訳語をあてた。[12]

他にも、カルチュラル・スタディーズの古典『イングランドの労働者階級の形成』（一九六三年）の著者E・P・トムソンは、「歴史のｉｆ」を「Geschichtenscheissenschlopff」と断言している。このドイツ語は、「歴史ではないもの」に「くそったれ」を意味する俗語がセットになったものだ。D・H・フィッシャーは『歴史家の誤謬（*Historians' fallacies*）』（一九七〇年）のなかで、「歴史は「それが本来いかにあったか」を明らかにするだけで骨が折れるのに、どうして学者たるものが、困難で、時に不可能でさえあるこの問題と取り組もうとするのか」と否定的な意見を述べている。[13]

『歴史とは何か』は、歴史学の古典的名著として多くの人に読まれており、「歴史のｉｆ」を批判する急先鋒としてカーの名前を挙げる人は多い。カーが「歴史のｉｆ」に否定的な態度を示した背景には、ソヴィエト・ロシアの歴史を執筆中に、ボリシェヴィキ（のちの共産党）と対立するグループから批判を受けた経験《トラウマ》があった。それは、カーが犠牲者や敗者の声に耳を傾けない「勝利者史観」に陥っているという批判であった。

これに対してカーは、一度物事が起こってしまえば、なぜそれが起こったかを正確に説明するのが歴史家の役目だと反論していく。

こういう多くの人たちにしてみれば、ボリシェヴィキの勝利に対する自分たちの抗議を記録にとどめたく思うもので、そのために、この人たちが歴史を読む場合、起ったかも知れぬ、もっと快い事件について勝手気儘な想像をめぐらせたり、何が起ったか、また、なぜ彼らの快い夢が実現しなかったのかを説明するという自分の仕事を淡々と続けて行く歴史家に腹を立てたりするということになっているのです。（中略）これは純粋に感情的で非歴史的な反応であります。[14]

ともすれば陥りやすい敵／味方（非難／賞賛）の二項対立から、歴史学のアプローチを救済しようとしたカーの主張には説得力がある。では、歴史における偶然性についてはどうか。

カーは『歴史とは何か』で、クレオパトラの鼻、ナポレオンの胃潰瘍、オスマン・トルコのバヤズィト一世の痛風を例に挙げ、些細な出来事が世界史に与えた影響に言及している。クレオパトラの鼻は、パスカルの「パンセ」（断章四一三番）に登場するよく知られた逸話だ。しかし、クレオパトラの美貌がいかほどであっても、ローマ帝国崩壊の原因になったという証拠は存在しない。それゆえカーは、単なる偶然の事象（＝偶然的原因）と、因果関係が明確で他の事例にも応用可能な事象（＝合理的原因）を区別して論じている。[15]

ところが、ジョナサン・ハスラムは、カーの評伝『誠実という悪徳』（一九九九年）において、「歴史のｉｆ」こそ、「カーがずっと悩んでいて、結局満足のいく解決には至らなかった問題」だている。

と指摘する。ハスラムは、カーの次のような手紙（一九六三年一二月、ドイッチャー宛）を紹介している。

「偶然」という言葉は、不正確な言葉です。レーニンの死は、厳密に言えば、偶然ではないからです。それが完全に規定された明確な因果関係を有していることは疑いないことです。それは医学の領域に属する事柄であって、歴史研究の領域に属するものではありません。しかし、これらの因果関係が、たとえ歴史そのものには外的だとしても、それが歴史のコースに何の影響も与えない、とは言い難いと私は思います。長いタイムスパンを取ってみれば、全てはほとんど今と変わらない同じものになっただろう、とあなたは言うのでしょうが、短いタイムスパンでも重要なものは存在するのであって、それが多くの人々に極めて異なった結果をもたらすのです。[16]

カーは『歴史とは何か』では、レーニンの死は偶然的原因によるとし、クレオパトラの鼻と同じように、検討するに値しない些細な出来事の一つと考えていた。ところが、ハスラムが紹介した書簡では、レーニンの死がもたらした短期的な影響について思い悩んでいた痕跡を確認することができる。レーニンは一九一八年に暗殺未遂事件に遭い、その時の傷が死期を早めたと言われている（一九二四年に死去）。もしもレーニンがそうした事件に遭遇しなかったら、まったく違う歴史が展開されていたかもしれない。結局、カーは偶然的原因と合理的原因とのあいだに、明確な線引きを行いえないことに気がついたのだろう。晩年の著作『ナポレオンからスターリンへ』（一九八〇年）では、「もしもレーニンが長生きしていたら……」という「歴史のｉｆ」を議論している。[17]

「歴史のｉｆ」とは何かという問いに対峙しようとする時、その答えは、歴史学において手に負えなかった厄介なものとなるかもしれない。読者のなかには、なんてつまらないテーマを扱っているのだ、「歴史のｉｆ」なんて単なる机上の空論にすぎないではないか、こんなものに一六〇〇円もの対価を払う人がいるのか――。そう思う人がいたとしても私は気にしない。ただ私は、あまりに壮大なテーマに首を突っ込んで無謀と思われはしないか、この点だけを危惧している。

原因が多すぎる？

本書は、「もしもあの時――」という発想、特に歴史における「もしもあの時――」を扱う。ただし、「もしもあの時〇〇だったら、△△だっただろう、そして△△だったら×××だっただろう」と連想ゲームのように考えていく本ではない。第二次世界大戦におけるヒトラーの勝利、ケネディが暗殺されずに大統領として活躍し続けるアメリカ社会――。歴史の決定的瞬間を切り取り、史実とは異なる結果に思いを巡らせる作業はたしかに魅力的だ。しかし、いくつもの偶然が重ならないと、思い通りの結果にはならないし、そんな偶然は実際には起こらない。

しばしば「歴史のｉｆ」は歴史の原因を探究する時に用いられる。歴史上の出来事は一度しか起こらないので、反実仮想は因果関係の推定を可能にしてくれる有効な方法なのだ。カーが『歴史とは何か』で指摘したように、「歴史の研究は原因の研究[18]」であるならば、歴史家も無意識のうちに反実仮想の思考を行っていることになる。たとえば、「Aが原因でBが起きた」と考える場合、それは「もしAが起こらなかったら、Bは起こらなかったであろう（あるいは、違った形で起こったであろう）」ということを意味する。そこでは「もしAが起こらなかったら、Bは起こったであろう」とか「Aが起こったのに、Bは起こらなかった」という状態は否定される。

厳密に言えば、原因の判定とは「必要原因（必要条件）」を明らかにし、その重要度を決めることだ[19]。「必要原因」とは、それがなかったならば、ある特定の結果が起こりえなかった原因のことを指す。ある一つの原因に関し、ありえたかもしれない複数の結果と、実際に起こった結果を比べたときに、違いが大きければ大きいほど、その原因の重要度は高いと言える。このようにして、複数の原因を俎上に載せて検討することで、どれが「必要原因」かを特定できると考えられてきた（図序－4）。

たとえば、第一次世界大戦の発端は、一九一四年六月二八日、オーストリアのフェルディナント皇太子が暗殺されたサラエヴォ事件だと言われている。オーストリアはこの事件を口実にして、対立関係にあったセルビアへの侵攻を開始した。この場合、サラエヴォ事件は、大戦勃発という特定の時点について説明する際の重要な「必要原因」となるであろう。

図序－4「必要原因」とは何か

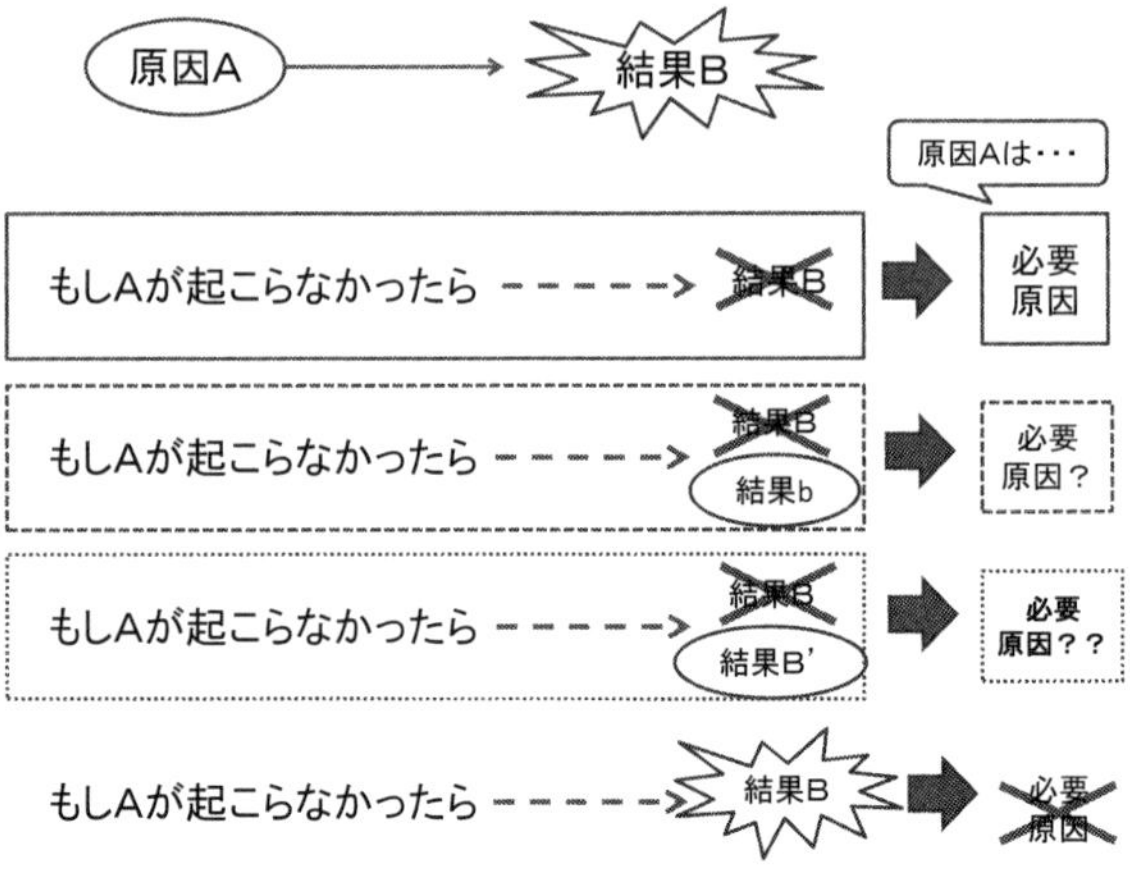

ただし、原因の判定には解決しなければならない課題がある。第一の問題は、説明すべき結果の範囲をどう設定するかによって、原因の重要度が変わってしまうという点だ。右の例の場合、大戦勃発という一時点でのことではなく、より広範囲の結果についても、同じことが言えるだろうか。[20]

たとえば、ひとたび戦争が始まってしまったとしても、途中で回避する手段があったとすれば、サラエヴォ事件の「必要原因」としての重要度は下がる。アメリカの国際政治学者ジョセフ・ナイは、『国際紛争』（二〇〇二年）のなかで、第一次世界大戦が起こってしまった場合でも、「もしもイギリスが中立を維持していたら……」、「もしもアメリカが参戦しなかったら……」と条件設定を変更して、実際の結果（＝約四年にも及ぶ大殺戮）とは異なる結果を浮かびあがらせている。ナイは、大戦勃発は「不可避ではなかった」として、こう結論づけている。「だれかがマッチをつけに来る前に雨が降ってしまえば、サライェヴォ事件が起こっても火はつかないだろう[21]」。

第二の問題は、説明すべき結果の範囲が広くなるほど、学術的な根拠が乏しくなるという点だ。ナイが示したのは、「もしもドイツがベルギーの中立を侵していなければ、イギリスは参戦しなかった」というシナリオであった。その場合、ドイツは、参謀本部の戦争計画に沿って対フランス／対ロシアの二正面作戦を行い、世界大戦には発展しなかったと指摘されている。こうしたナイの指摘が、当時のヨーロッパ情勢に通じた鋭い分析であることは間違いない。しかし、説明すべき結果の時間幅が長くなっている分、推測が入り込む余地も大きくなってしまっている。

「歴史のｉｆ」は、出来事の原因を確定させる思考実験として重要な役割を果たす。それはたしかなのだが、それはたしかなのだが、使い方を間違えば論理が破綻するリスクも抱えている。ナイが示した「もしもイギリスが中立を維持していたら」というｉｆは、第一次世界大戦の趨勢をイギリスで見届けた哲学者バートランド・ラッセルも『自伝的回想』（一九五六年）のなかで披露している。

イギリスが第一次世界大戦で中立を維持した場合、何が起こりえたかを比較して考えてみよ。戦争は短くてすみ、ドイツの勝利に終ったであろう。アメリカは戦争に巻き込まれなかったであろうし、英国は強さと繁栄を維持したであろう。ドイツがナチズムに追い込まれることもなかったであろう。ロシアでは革命が起こったであろうが、決して共産主義革命にはならなかったであろう。というのは、短期間の戦争では、一九一七年に実際起こったような完全な混乱状態には陥らなかったと推測できるからである。[22]

ひとつの些細な出来事が、歴史上に大きな変化をもたらすという考えは、たしかにわかりやすい主張である。だが、こうした「歴史のｉｆ」は、「風が吹けば桶屋が儲かる」という日本の諺、あるいはイギリスで古くから伝わるという「釘一本で戦争に負ける話」とどれほど違うのだろうか。

For want of a nail, the shoe was lost（蹄鉄の釘が一本なければ、蹄鉄は打てず）
For want of a shoe, the horse was lost（蹄鉄が打てなければ、人は馬に乗れず）
For want of a horse, the rider was lost（人が馬に乗れなければ、騎兵は出撃できず）
For want of a rider, the battle was lost（騎兵が出撃できなければ、戦いに勝利できず）
For want of a battle, the kingdom was lost!（戦いに勝利できなければ、王国が滅んでしまう[23]！）

可能世界の「可能性感覚」

われわれは、何が良い反実仮想で何が悪い反実仮想なのかを見分ける必要がありそうだ。それと同時に、原因や因果関係の判別に限定されない反実仮想の学術的可能性についても考えていかなければならない。

ラッセルが残した別の回想録『ラッセル自叙伝』（一九五一－六九年）は、そうした反実仮想の新たな可能性について考える際のヒントを与えてくれる。戦後の回想なのでその点は割り引いて読む必要があるが、イギリスが第一次世界大戦への参戦を決断する直前の一般大衆の雰囲気を摑むには格好の記録となっている。

一九一四年八月三日、イギリス外相エドワード・グレイが行った議会演説は、第一次世界大戦へのイギリス参戦を決定づけた歴史的な演説だと言われている。当時、ケンブリッジ大学で教鞭をとっていたラッセルは、グレイの演説を聞くためにロンドンにいた。そこでラッセルが目撃したのは、演説会場に入れずに広場で歓声をあげる群衆の姿であった。「戦争は常に、専横な、そして権謀術数に長けた政府によって、嫌がる民衆に圧《お》しつけられるもの」だと考えるラッセルにとって、「一般の人々が、男も女も、戦争が起こりそうなのを喜んでうきうきしている」様子は意外なものであった。

　エドワード・グレイ卿は、戦争が起こったら、われわれをフランス支援にかりたてようとひそかに手を打っていたし、しかもそれを一般国民から感づかれまいとして用意周到に嘘をついてきた。わたくしはそれに何年も前から気がついていた。グレイ卿がいかに彼らを欺いてきたかを国民が知ったら、さぞかし激昂するだろうぐらいに、単純に想像していたのである——ところが怒るどころか国民は、自分たちの肩にも道義的責任の一端を担わせてくれたグレイ卿に感謝の意さえ表わしたのである。[24]

イギリス国民の「戦争熱」は、瞬間沸騰のように突如として表出したものではない。イギリスでは、南アフリカ戦争（一八九九－一九〇二年）の後、アースキン・チルダーズ『砂洲の謎』（一九〇三年）など、ドイツを仮想敵と定める近未来小説がベストセラーになっていた。一九一四年七月に、「シャーロック・ホームズ」シリーズで知られる小説家アーサー・コナン・ドイルも、イギリスの人気雑誌『ストランド・マガジン』に「危険！」と題する仮想戦記を発表している。ドイルがこの短編小説を執筆したのは、ドイツの潜水艦Ｕボートによる軍事的脅威を過小評価する当時の社会に対して警告を発するためであった[25]。

ドイツの潜在的脅威を煽るこれらの作品が、人々の感情の深い部分に憎悪を醸成し、第一次世界大戦への参戦を歓迎する雰囲気を作り出していった。このように考えるのは、少し大袈裟だろうか。「これからどうなるのだろう……」という不安や恐怖の感情も、当時は珍しいものではなかった。グレイの演説が行われた前日には、多くのイギリス国民が、社会主義者が主催する反戦集会に参加していた。それだけ戦争への忌避感が強かった。こうした、不安と楽観が入り混じるなかで、広い意味での「戦争熱」が醸成されていったとするならば、当時の人々が思い描いていた未来像を仔細に検討し、その思考の襞《ひだ》へと入り込み、史実とは異なる展開の可能性を探ることも必要なのではないか[26]。

「歴史のｉｆ」というと、「クレオパトラの鼻」のような、風が吹けば桶屋が儲かる式の発想を思い浮かべる人が多いかもしれないが、それは誤解である。前節でみたように、実際に起こった出来事の原因や因果関係を明らかにする作業は重要だが、それが全てではない。「歴史のｉｆ」に着目することは、当時の人々が想像した「未来」（＝imagined futures）にわれわれの関心を導くという点で重要なのだ。本書では、反実仮想の定義を、一般的に用いられているよりも少し広く捉え、歴史の当事者たちが思い描いた未来像、すなわち「歴史のなかの未来」を検討対象に加えることを提唱したい。こうした視点こそ、二〇世紀末から二一世紀にかけて登場してきた反実仮想研究が取り組もうとしている新機軸なのだ。

「歴史のなかの未来」に着目する時、オーストリア出身の歴史学者クリストファー・クラークが執筆した『夢遊病者たち』（二〇一二年）は示唆に富む。この本の特徴は、「なぜ（why）」ではなく「いかにして（how）」という観点から、第一次世界大戦が勃発した契機を分析した点にある。クラークは、先行研究において大戦が「何ら必然的ではなく、実際には「起こりそうもなか」ったと主張」されている点に注目した。そして、一九一四年夏以前の地点に戻り、同時代人の視点に立つことで、どのような選択肢があったのか（なかったのか）、そのなかでどのような決断がなされたのか（なされなかったのか）を慎重に分析していく。[27]

クラークは、「なぜ（why）」という問題設定では、戦争勃発に対する罪や責任が過剰に追及されてしまう点を危惧していた。第一次世界大戦の場合、複雑な国際関係に、偶然の出来事が重なったことで最悪の結果を招いた。そうした側面があるにもかかわらず、「〇〇が悪かった」、「〇〇に責任がある」といったわかりやすい結論では、問題の核心を捉えそこなう可能性がある。クラークは次のように指摘する。

> 本書〔引用者注：『夢遊病者たち』のこと〕で考察する展開の幾つかが、一九一四年に実際に起こった出来事へと向かう道筋を明確に指し示しているように思われる一方で、戦前の事の成り行きのなかには、実際には起こらなかった別の結果を示唆するベクトルが幾つか存在していたことも確かに事実である。（中略）私は、本書に描かれる人物や出来事、諸力のなかに現実とは別の、おそらくは現実ほどにはひどくはない未来の種が宿っていたという事実に注意を払い続けようと試みた。[28]

クラークは、ありえたかもしれない可能性を追究する反実仮想に注目し、ありえたかもしれない「未来の種」を潰《つぶ》したことに対する広い意味での戦争責任を問おうとした。

『夢遊病者たち』第二章のタイトルは、「特性のない帝国（The Empire without Qualities）」となっている。これは、オーストリアの小説家ロベルト・ムージルによる未完の大作『特性のない男（*The Man without Qualities*）』（一九三〇年～四三年）から取られたものだ。ムージルは、第一次世界大戦直前のウィーンを舞台にしたこの小説で、ありえたかもしれない可能性のことを「可能性感覚」と命名している。ムージル研究者の大川勇は、「可能性感覚」を次のように定義している。「現にあるものを別様でもありうるものと見なし、現実の背後に可能性として潜在する無数の世界を呼びおこすことによって、現実という固定した枠組みからの超出をうながす意識感覚ないし思考能力のこと」[29]。

「ありえたかもしれない過去」は、想像上の「過去」であって実際の過去ではない。しかし、それが影響を与えるのは、われわれの現実感覚に対してである。「今」という瞬間は、そのようにはならなかった可能性を残しており、存在したかもしれない数限りない「可能な今」のただ一つの表象にすぎない。さらに「今」は、そうした可能性の幅がさらに開かれた「未来」ともつながっている。このように、「ありえたかもしれない過去」は、「ありえるかもしれない現在」、さらには「ありえるかもしれない未来」へと密接に関係があるとするのが「可能性感覚」なのだ。

3　昔ポストモダン、今ポストトゥルース

現代思想のなかの反実仮想

ここで、現在の反実仮想研究がどのような水準にあるのか、その研究状況を概観しておこう。

「歴史のｉｆ」への学術的な関心が高まってきたのは、一九九〇年代以降のことだ。冷戦の終結やソ連崩壊を目の当たりにし、人々のあいだで、予測不可能な時代に突入したという認識が高ま

ったからだろう。英米圏の歴史学の専門誌や学術書では、反実仮想の問題が取りあげられてきた。大きなインパクトを与えたのが、アメリカの心理学者フィリップ・テトロックが編者を務めた『世界政治に見る反実仮想の思考実験（*Counterfactual Thought Experiments in World Politics*）』（一九九六年）と、イギリスの歴史学者ニーアル・ファーガソンが編者を務めた『仮想歴史（*Virtual History*）』（一九九七年）であった（巻末の資料②）。

『世界政治に見る反実仮想の思考実験』には、心理学の知見が存分に応用され、本の謝辞にはダニエル・カーネマンの名前が挙げられている。カーネマンは、不確実な状況下における人間の意思決定に関する研究によってノーベル経済学賞（二〇〇二年）を受賞した心理学者だ。日本では、人間の意思決定における直観と熟慮について論じた『ファスト&スロー』（二〇一一年）がよく知られている。テトロックはカーネマンから助言を得て、反実仮想を主題とするこの書に取り組んだことを明らかにしている。[30]

一九九〇年代以降の反実仮想の研究としては、軍事史の専門家であるロバート・カウリーが編者を務めた『もしも？（*What If?*）』（一九九九年）も重要だ。この論集では、紀元前七〇一年から一九四六年までの世界史における主要なターニングポイントが題材とされた。カウリーが創刊した軍事史の季刊誌の一〇周年企画がもとになっているが、一般向けの書籍として、空港の書店などでも販売されたという。

この本のサブタイトルは、「世界でトップクラスの軍事史家たちが「もしもあの時――」を想像する」となっている。巻頭論文「伝染病の反実仮想——紀元前七〇一年、エルサレムを救った疫病」を書いたのは、歴史学者ウィリアム・H・マクニールだ。マクニールの『世界史』（一九六七年、邦訳二〇〇八年）は、日本でロングセラーとなっており（中公文庫版）、「東大・早稲田・慶応で文庫ランキング一位！」という帯が巻かれていたので手に取った方も少なくないだろう。他にも、ピュリツァー賞（歴史部門）に輝いた歴史家ジェームス・M・マクファーソン、サンドハースト王立陸軍士官学校の教官を二六年間務めたジョン・キーガンなど、豪華な執筆陣が名を連ねている。[31]

九・一一の同時多発テロ、イラク・アフガン戦争、イスラム国や北朝鮮の挑発といった地政学的な不確定要素が増すにつれて、反実仮想の研究は二一世紀以降も進化しつづけている。たとえば、国際政治学者リチャード・ルボウは、反実仮想に関する論文をまとめた単著『禁断の果実（*Forbidden Fruit*）』（二〇一〇年）を刊行している。タイトルの「禁断の果実」には、反実仮想の発想が、混沌とした現代社会を理解する一助になりうるが、逆に、混乱の度合いを増すこともあるという意味が込められている。ルボウは、第一次世界大戦が起こらなかった世界を描いた単著『フェルディナント皇太子が生きていたら！（*Archduke Franz Ferdinand Lives!*）』（二〇一四年）も発表するなど、政治学の観点から反実仮想研究をリードする一人である。

国際関係論を専門とするフランク・P・ハーヴェイも、『イラク戦争を説明する（*Explaining the Iraq War*）』（二〇一一年）において、二〇〇〇年のアメリカ大統領選で、ジョージ・W・ブッシュが勝利した場合とアル・ゴアが勝利した場合の「比較反実仮想分析」を行っている。

イギリスの歴史学者が関わったものとして、アンドルー・ロバーツの編著『歴史に「もし」があったなら』（二〇〇四年）、ジェレミー・ブラックの『もしも？（*What If?*）／他の過去・違った現在・もうひとつの未来（*Other Pasts, Different Presents, Alternative Futures*）』（二〇〇八年／改題版二〇一五年）がある。「歴史のｉｆ」の批判的考察を行ったリチャード・Ｊ・エヴァンズの『操作された歴史（*Altered Pasts*）』（二〇一四年）は特に重要だ。かつてはＥ・Ｈ・カーが「歴史のｉｆ」批判の急先鋒とされたが、現在はエヴァンズがその役割を果たしている。彼の問題提起については第三章で詳しく論じる。

最近では、ライフワークとしてこのテーマに取り組む歴史家も登場しはじめた。アメリカの歴史学者ガヴリエル・ローゼンフェルドは、ナチス・ドイツをテーマとした『ヒトラーが作れなかった世界（*The World Hitler Never Made*）』（二〇〇五年）や、ユダヤ人をテーマとした編著『ユダヤ人の歴史のｉｆ（*What Ifs of Jewish History*）』（二〇一六年）を出版している。

今年（二〇一八年）になってからは、直線的あるいは発展的な歴史の解釈に異議を唱える新歴史主義（ニューヒストリズム）批評の第一人者と言われるキャサリン・ギャラガーが、反実仮想をテーマとした『真実じゃないことを教えて（*Telling It Like It Wasn't*）』を発表している。[32]

二一世紀の「それが本来いかにあったか」

一九九〇年代以降の研究蓄積のなかで、私が特に注目したいのは、イギリスの歴史学者ニーアル・ファーガソンが編者を務めた『仮想歴史（*Virtual History*）』（一九九七年）である。ファーガソンがまだ三〇代の時に発表したこの編著は全九章からなり、ナチスやケネディ暗殺など、欧米を舞台とした歴史のターニングポイントが仔細に検討されている。

ファーガソンは、オックスフォード大学を卒業後、ニューヨーク大学教授などを経て、二〇〇四年からはハーバード大学教授を務めている。専門は経済・金融史であるが、その博識を生かして一般向けの歴史書を驚異的なペースで発表してきた。邦訳された著書も、『憎悪の世紀』（二〇〇六年、邦訳〇七年）、『マネーの進化史』（二〇〇八年、邦訳〇九年）など数多い。

ファーガソンの名を一躍世に知らしめたのは、二〇〇三年にイギリスのテレビ局「チャンネル4」で放送された連続講義「帝国――いかにしてイギリスは現代の世界を作りあげたか」（計六回）であった。その内容は、一九世紀以降のイギリス帝国を、自由貿易と民主主義を世界へ「輸出」したリベラルな帝国と位置づけ、同じ役割を現代のアメリカに期待するものであった。時あたかもイラク戦争の開戦に重なり、番組は高視聴率を記録し、一回の放送を約二七〇万人のイギリス人が視聴したと言われている。番組をもとにした書籍『大英帝国の歴史』（二〇〇三年）もベストセラーとなり、ファーガソンは二〇〇四年の『タイム』誌で「世界でもっとも影響力のある一〇〇人」にノミネートされた。[33]

ファーガソンの思想の特徴は、かつての大英帝国時代の栄光を引きずる「イギリス帝国主義」

に立脚した保守性にある。二〇〇四年には、アメリカはイギリスの歴史から学ぶべきだとした『コロッサス（*Colossus*）』を刊行している。帝国主義の負の要素である植民地の問題などに目をつぶり、「アングローバリゼーション」（＝米英のアングロサクソン主導の帝国主義）を手放しで賞賛するファーガソンの歴史観には批判も少なくない[34]。

本書は、ファーガソンのその思想に与《くみ》するものではないが、ファーガソンが提唱した「仮想歴史」という「方法」には学ぶべき点が少なくないと考える。反実仮想の研究者は、偶然性や運が果たした役割を強調し、すべての出来事は必然的に起こるとする決定論の考え方を否定する。そこにファーガソンは、カオス理論という新たな科学的方法論を加えることで、「歴史のｉｆ」を現代的な思想の流れのなかに位置づけようとした。

数ある反実仮想研究のなかでも、本書がファーガソンの著作に着目する理由は、そこに「歴史のなかの未来」に通じる視点を見出せるからである。ファーガソンが、「仮想現実（virtual reality＝ＶＲ）」を連想させる『仮想歴史（*Virtual History*）』というタイトルの本で強調したのは、歴史の分析を通じて得たように思えた「過去の視点」が、いつの間にか「現在の視点」にすり替わってしまうという点だ。しばしば指摘されるように、「現在」のわれわれが「過去」と見なしているものも、かつては「未来」であった。歴史の必然性が強調される場合もあるが、それは後から振り返った回顧的な見方であり、歴史の当事者の視点に立って見れば、期待や不安に満ちた不確定な未来が目の前に広がっている。だからこそファーガソンは、出来事が起こる前に、同時代の人々が思い描いていた未来のシナリオに目を向けようとした。

当時の人々は、たいていの場合、「ありうるかもしれない未来」のシナリオを一つ以上想定している。結果として、実現した一つのシナリオ以外は全て外れということになるのだが、事前に、どのシナリオが実現するかは誰にも分からない（後付けでは何とでも言えるのであろうが）。だとするならば、当時の人々が想定していた（と記録に残っている）未来像は、どれに対しても等しい重要性を持って接しなければならない。実現したシナリオが他の実現しなかったシナリオを期せずして次々と消し去ってしまったと考える歴史家は、「それが本来いかにあったか」（'as it actually was'）という観点から過去を捉えることはできない。[35]

ファーガソンは、レオポルト・フォン・ランケの言葉である「それが本来いかにあったか」を引用している。一九世紀以降の正統歴史学を築きあげたランケは、史料の探究とその批判的検討によって客観的で正確な歴史叙述を目指した。[36]ファーガソンはランケと同じ方向性を目指し、「それが本来いかにあったか」（how it actually was）を理解するためにも、「それが本来いかにして起こらなかったか」（how it actually wasn't）の理解が重要だと訴えていく。

私は、このファーガソンの論考を初めて読んだ時、とても驚いた。反実仮想とランケ史学という組み合わせは、スイカと天ぷらのように「食い合わせ」が悪いものだと思い込んでいたからだ。

反実仮想は、一般的にはポストモダンの一潮流と位置づけられ、客観的な事実とは相反するものとされてきた。チェスを例に説明してみよう。これまで「歴史のｉｆ」は、不利な状況に追い込まれたプレーヤーの心理や行動と同じようなものだと考えられてきた。つまり、「あの時、別の手を指しておけばよかった」という後悔や、黒駒と白駒の両方を勝手に動かして目の前の難局を乗り切ろうとする姑息《こそく》な手段と同じ類のものとして扱われてきた。しかし、ファーガソンが目指したのは、実際の指し手だけではなく、当時のプレーヤーの思考、葛藤、試行錯誤、さらにはありえたかもしれない幻の指し手まで考慮に入れることで、歴史的な名勝負をより客観的に再構成しようという試みだったのである。

本書第三章で詳しく触れるが、ファーガソンは、同時代の人々が紙やその他の記録媒体に残したものだけを「証拠」として採用しようとした。しかも、それを歴史家が認めた記録に限ることで反実仮想の客観性を高めようとした。歴史学の中で異端視されていた反実仮想であるが、その方法論を整理していくと、史料批判を軸とした正統歴史学の一系譜に位置づけることさえ可能なのである。

反実仮想はポストモダン思想？

反実仮想は、一九九〇年代以降、左翼的な思想の弱体化とほぼ時を同じくして登場してきた。そのため、保守的あるいは右翼的な思想との親和性を指摘されやすい。まさにファーガソンがそうであったし、先に紹介した「歴史のｉｆ」に関する先行研究のなかでは、アンドルー・ロバーツの編著『歴史に「もし」があったなら』に多くの保守的な論客が論考を寄せている。

この論集には、アメリカ大統領ジョージ・Ｗ・ブッシュの側近であったデイヴィッド・フラムも寄稿している（第一二章「フロリダのパンチカード式投票用紙の穴がちゃんとあいていたら」）。フラムは、アメリカと敵対するイラン、イラク、北朝鮮を「悪の枢軸」と名付けたスピーチライターだ。フラムが扱ったのは、二〇〇〇年の大統領選でアル・ゴアがブッシュに勝利した「歴史のｉｆ」についてであった。激戦州の一つであったフロリダ州では、投票システムの不具合によって大量の無効票が発生したため、もしも再集計が実施されていたら、大統領選の勝敗が覆っていたかもしれないと言われている。

フラムの論考は、ゴアのライフワークであった環境問題をネタに、九・一一後の危機管理をあざ笑う下品な内容となってしまった。これは、ファーガソンが目指した「仮想歴史」の逆を行くものだ。以下は、フラムが描いた二〇〇一年九月一一日午前一一時四三分、世界貿易センタービルに飛行機が突入した直後の大統領専用機「エアフォースワン」機内での架空の会話である。「ゴア大統領」と閣僚は、事件の背後に、国際テロ組織アルカイダが関与している事実を摑みつつあった。

環境保護庁長官キャロル・ブラウナー「大統領閣下」

ゴア「何だね、キャロル」
ブラウナー「閣下が就任式後に発した大統領令では、軍事行動も環境基準をパスするよう求められています。アフガニスタンに五師団を送るとなると、重装備はもとより、年間の二酸化炭素排出量を大きく上回ってしまいます」
ゴア「それは深刻な問題だ」
財務長官ジョージ・ソロス「大統領、その心配には及びません。アメリカ国内で二酸化炭素の排出削減をすればよいだけです。今回の攻撃を受ける前には、一ガロンあたり七五セントのガソリン税の引き上げを検討していました。これを一ドルにするのです。これで、二酸化炭素の排出量は劇的に削減でき、入ってくる現金も活用できます」
ゴア「ジョージ、すばらしい。ありがとう。皆もよくきいてくれ。私は、何をするにしても、この戦いを、環境にやさしい世界初の戦争にしたいと思っている。ウェズレー、我が軍には周知徹底させてくれ。行進中は渡り鳥に注意すること。それと、ごみ捨て無用であることもだ[37]」

イギリス労働党の議員を務める歴史家トリストラム・ハントは、高級紙『ガーディアン』(二〇〇四年四月七日付)に寄せた論考のなかで、ロバーツの論集を例に挙げて、「反実仮想は危険な右翼のアジェンダと化してしまった」と警鐘を鳴らした[38]。「歴史のｉｆ」を意味する「オルタネート・ヒストリー(alternate history)」は、論壇の流行語である「オルタナ右翼」(Alt-Right)と結び付けて論じられることも少なくない。だが、「オルタナ右翼」は、本来の保守主義を代替したという意味であり、「オルタネート（alternate）」や「オルタナティブ（alternative）」という言葉自体に政治的な意味はない[39]（むしろ「オルタナティブ」は一九六〇年代のカウンターカルチャーを想起させ、左翼的なイメージさえつきまとう）。

反実仮想は、普遍的な真理の脱構築を目指すポストモダニズムとの相性の良さも指摘される。二〇世紀の終わりに社会主義体制が崩壊すると、進歩の理想を掲げたホイッグ史観や、革命を夢見たマルクス主義のように、歴史を決定論的に捉える視点が綻《ほころ》びを見せはじめ、未来の不確実性が意識されるようになった。一九七〇年代以降は、ポストモダニズムの流行によって、学問領域における既存の価値観の相対化も進んでいった。それは、歴史学においても例外ではなく、ランケに代表される史料実証主義の方法的前提は否定され、歴史は話者の主観的な「物語」だという主張（＝「物語理論」）が力を持つようになる。歴史叙述における「物語」の再発見によって、「もうひとつの物語」を追究する反実仮想への拒否感は和らいでいった。

イギリスの歴史家リチャード・Ｊ・エヴァンズは、『ガーディアン』（二〇一四年三月一三日付、電子版）に、「「歴史のｉｆ」は時間の無駄」と題する論考を寄せている。それは、「歴史のｉｆ」がポストモダン思想に棹差すものだとして批判する内容であった。

「歴史のｉｆ」が流行するようになったのは、われわれがポストモダンと言われる時代に生きているからかもしれない。進歩史観がほぼ消滅し、不確かさや不信へと取って代わられた。そして一直線の時間概念は曖昧なものとなった。あるいは、現実とフィクションの境界がかつてほど明確ではなくなったことや、歴史家がかつてよりも想像力を働かす余地が大きくなったことも影響しているかもしれない。しかし、こうした傾向に歯止めをかけなくてはならない。[40]

「反実仮想は右派の主張だ」という批判と、「反実仮想はポストモダニズムだ」という批判は、同じコインの裏表だとも言える。というのは、特に歴史学の分野では、ポストモダニズムは歴史修正主義を意味するものとして理解されてきたからだ。

これは、ナチス研究でも知られるエヴァンズが抱く、反実仮想との「距離感」を見るとよくわかる。エヴァンズは、伝統的な歴史学の手法に理解を示した『歴史学の擁護――ポストモダニズムとの対話』（一九九七年）の著者であり、「ホロコーストは存在しなかった」という極論に走ることさえあるポストモダニズムの流行に歯止めをかけようとした。二〇一七年に映画化されて話題を集めたデボラ・E・リップシュタット『否定と肯定』（二〇〇五年）では、ホロコースト否定論者と法廷で真っ向から対立するエヴァンズの様子が詳しく描かれている。[41] 歴史記述の客観性に重きを置くエヴァンズは、反実仮想をテーマとした著書『操作された歴史（*Altered Pasts*）』（二〇一四年）のなかで、九〇年代以降の安易な「反実仮想ブーム」に警鐘を鳴らしている。

ここで考えなければならない重要なポイントは、反実仮想に否定的な論者（エヴァンズ）も肯

図序－5　反実仮想に対する歴史学者の立ち位置

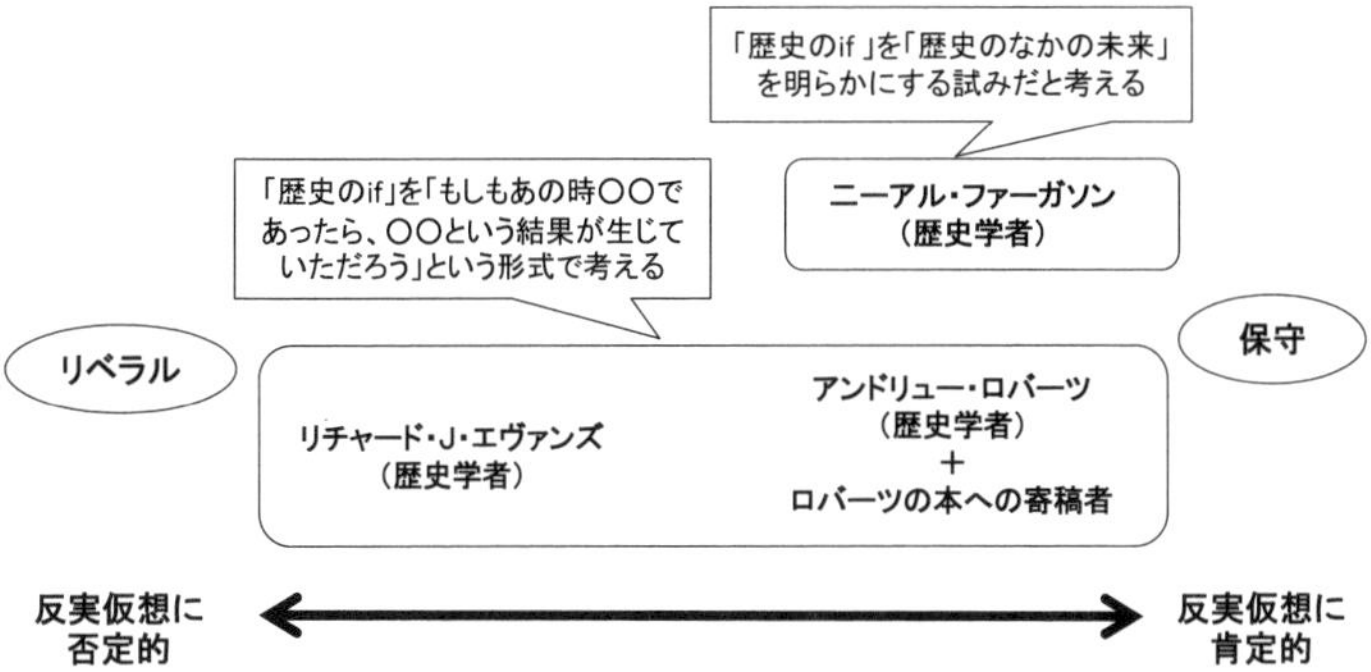

定的な論者（ロバーツの編著書への寄稿者）も、「歴史のｉｆ」を「もしもあの時○○であったら、○○という結果が生じていただろう」という形式で捉えているという点だ（図序－５）。このような形式で考えるのであれば、ポストモダニズムの一潮流と捉えるエヴァンズの主張は納得がいく。そうした意味での反実仮想は、「物語理論」とほとんど変わらないからだ。だが、ファーガソンが本来意図していたように、「歴史のｉｆ」を「歴史のなかの未来」を明らかにする試み、言い換えれば、「それが本来いかに起こらなかったか」を客観的に記録しようとする試みだとするならば、エヴァンズの主張とは別の側面が見えてくる。この点については、第一章以下で詳しく論じていきたい。

「起こりえたこと」という第三の選択肢

近年、反実仮想に対する世間の風向きは厳しい。イギリスのＥＵ離脱やアメリカの大統領選挙において、インターネット上の偽情報（フェイク・ニュース）が大きな影響力を持ち、オックスフォード英語辞典は、二〇一六年を象徴する「今年の単語」に「ポスト真実（post-truth）」を選んだ。「ポスト真実」とは、「世論形成において、客観的事実が、感情や個人的信念に訴えるものより影響力を持たない状況」を指すという。一七年一月には、ショーン・スパイサー大統領報道官（当時）が、トランプ大統領就任式の参加人数を水増しして「過去最大」だったと報告した。ＮＢＣの報道番組で追及を受けたケリーアン・コンウェイ大統領顧問（当時）は、こう言って開き直った。「彼（スパイサー大統領報道官）は、もうひとつの事実（alternative fact）を示しただけだ」。

こうした状況のなかで、「もうひとつの歴史」を扱う反実仮想は、「事実」や「真実」を弄《もてあそ》ぶものという誤解を招きかねない。たしかに反実仮想研究は、検証作業を進めるための証拠（evidence）を欠くという大きな弱点を抱えている。それでも本書がその重要性を強調するのは、反実仮想が、二一世紀のメディア環境に適合した思考枠組みだと考えるからだ。

二一世紀に生きるわれわれは、カメラ映像やスマートフォンの発達によって、同じ場面を複数の角度から見比べることが簡単にできる。かつてわれわれは、芥川龍之介の小説『藪の中』（一九二二年）を読んだり、その映画化である黒澤明《羅生門》（一九五〇年）を観たりして、多角的な視点について学んだ。『藪の中』や《羅生門》の特徴は、事件の目撃者が全く違う証言を行う点にある。これらの作品に接する機会があれば、同じ出来事であっても目撃者の捉え方によって、物事の解釈が異なる可能性があることを理解できたであろう。しかし、今ほどメディア環境が発達していない段階では、日常生活でそうした「複数の視点」に気づくことは容易ではなかったはずだ。

二一世紀の現在、真相は「ユーチューブの中」と言えば少し大袈裟になってしまうが、画像投稿サイトを検索すれば、現場に居合わせた人たちが撮った複数の画像によって、事件や出来事の概要を知ることができる。世の中には複数の「現実」が存在することを理解する一方で、スマートフォンで画像を撮る機会も少なくないため、画像の加工がいかに簡単かを多くの人が身をもって体験している。

私は、歴史における客観的事実の追究を、重要な営為だと考えている。しかし、客観的な事実というのは、たった一つの事実で構成されるものなのだろうか。情報空間の拡大によって、世界が複数の「現実」で成り立つ様子を確認できる現代社会においては、「唯一の真実」と「フェイクニュース（＝ポスト真実）」という二項対立の図式ではなく、その中間項（グレーゾーン）にある「真実」を前提として議論を組み立てていく必要がある。つまり、限りなく真実性を持った複数の「事実」のなかで、客観的な歴史記述とは何かを探ることが必要なのだ。

そこで本書は、歴史上の出来事に関して、「起こったこと」と「起こらなかったこと」のあいだに、「起こりえたこと」という第三の選択肢を加えることを提案したい[42]。反実仮想の思考方法は、「起こりえたこと」を明らかにする上で、有益な視点を与えてくれる。スマートフォンの普及によってインターネットへのアクセスが常態化した現代社会では、確度の高い情報が「タダ」

で手に入るため、客観的事実を見定める必要性を感じにくくなっている。そうした時代だからこそ、歴史上の出来事が本当に「起こりえたこと」なのか、それとも「起こりえなかったこと」なのかを考えることによって、多くの人が積極的に歴史に関与できる仕組みが必要なのではないか。

史実以外にもありえた可能性に思いを巡らせる反実仮想は、想像力を触発して、歴史のなかの「敗者」を救済する唯一の方法である。歴史上には、偶然の要素によって結果が大きく左右された出来事、つまり、もう一度歴史をやり直すことができたとしたら結果が入れ替わってしまうような出来事も少なくない。当時の人々の期待や不安、満たされなかった願望、実現しなかった数々の計画なども、それらが後世に引き継がれていない場合は、歴史のなかの「敗者」と言えるだろう。

歴史学の分野では、一度確定した事実の解釈が変わることはあっても、事実そのものが覆ることはめったにない。だが、反実仮想の世界では、「勝敗」は簡単に入れ替わり、「死者」が墓場から甦ることも珍しくはない。要するに、過去は「変える」ことができるのだ。こう断言すると、ジョージ・オーウェルの小説『一九八四年』の主人公が、真理省記録局で従事させられていたあの忌々しい作業を思い出される方もいるかもしれない。「偉大な兄弟《ビッグ・ブラザー》」に支配された『一九八四年』の世界では、真理省記録局における役人の仕事は、過去の記録の保存ではなく、権力者の都合の良いように記録を改竄《かいざん》することであった。

反実仮想が独断的な歴史修正主義へと陥る危険性は十分認識しておく必要がある。だが、本書のなかを通奏低音のように流れ続けるのは、過去は「変える」ことができ、客観的な事実は複数存在しうるという発想だ。こうしたアクロバティックな発想がなければ、本書の目的である「もうひとつの世界」をつかむ思考を獲得することは難しいだろう。「もしもあの時――」は、たしかに危険な思考実験かもしれない。しかし、結局は使い方次第なのだ。

本書の構成は、一八三〇年代を起点とした「もしもあの時――」の歴史が概観できるものとなっている。

第一章「時間線を遡って」では、一八三〇年代から一九八〇年代までに、海外で出版された「歴史のｉｆ」の歴史を扱う。フィクション（歴史改変ＳＦ）と学術的な反実仮想（「反実仮想の歴史」）が対象となる。

第二章「一九九〇年代日本の架空戦記ブーム」では、一九四五年を起点とした日本の「歴史のｉｆ」の歴史を扱う。特に焦点を当てるのは、一九九〇年代にかけて大ヒットを記録した架空戦記である。荒巻義雄、檜山良昭、佐藤大輔といった人気作家が、太平洋戦争を舞台とした「歴史のｉｆ」のストーリーを量産した。本書では、そうした架空戦記よりも前に、近未来を予測した未来戦記が「シミュレーション小説」と呼ばれていた事実に着目し、両者の共通点を探っていく。

第三章「ファーガソンの『仮想歴史』」では、一九九〇年代から二一世紀の現在までの「歴史のｉｆ」について扱う。主に、イギリスの歴史学者ニーアル・ファーガソンが提唱した「仮想歴史（virtual history）」（一九九七年）と、それを批判したイギリスの歴史学者リチャード・J・エヴァンズの論争に注目する。

第四章「「歴史のなかの未来」学派」は、本書のなかで他の章とは異なる特徴を持つ。本書は、基本的には編年体の記述となっているが、この章では歴史を遡って、マックス・ウェーバーや市井三郎が注目した反実仮想の方法論を扱う。とはいえ、両者の議論が、ニーアル・ファーガソンの「仮想歴史」とどのような共通点があるかを探っていくので、必然的に反実仮想の現代的な課題を追究していくことになる。最新の研究動向も紹介するので、二一世紀における反実仮想研究のフロンティアを探るのがこの章の目的となる。

終章「もっともっと多くのものが」は、「歴史のｉｆ」の学術的可能性を追究するにあたって、ある提案を行っている。さらには、社会学者・大澤真幸の「未来の他者」の視点を紹介して、「もうひとつの世界」をつかむ思考のエッセンスを明らかにしていきたい。

1――ニール・ローズ『後悔を好機に変える――イフ・オンリーの心理学』村田光二監訳、ナカニシヤ出版、二〇〇八年（原著二〇〇五年）、一〇―一一頁。

2――ニール・ローズ、前掲書、九、二〇―一頁。

3――アイザック・アジモフ「もし万一……」（小笠原豊樹訳）福島正実編『時と次元の彼方から――海外ＳＦ傑作選』講談社文庫、一九七五年、一五一頁。この本には、ほんのわずかな偶然によって人の運命が大きく変わる様子を描いたマレイ・レンスターの短篇「もうひとつの今」（一九五一年、斎藤伯好訳）も収録されている。時間ＳＦに関する先行研究としては、浅羽通明『時間ループ物語論』（洋泉社、二〇一二年）、浅見克彦『時間ＳＦの文法』

（青弓社、二〇一五年）が重要である。

4——広瀬正『エロス——もう一つの過去』集英社文庫、二〇〇八年（単行本一九七一年）、一四－五頁。

5——第一話脚本（『ドラマ』一九九三年六月号、三二頁）。『ドラマ』誌上では、フジテレビ編成部の石原が、二つの結末について、スーパーファミコンの人気RPGゲーム《ドラゴンクエストV》（エニックス、一九九二年）の影響があったことを証言している。「僕等のスタッフのファミコン好きというのがあった。僕はやらないんですけど。ファミコンのシュミレーション的な部分ですね。ドラクエVでビアンカとフローラ、どっちの女と結婚するかというのが出てくるんですけど、今回の第一話なんかまさにそれですよね」（「石原隆氏に聞く　結末が二つあるドラマの研究」二五頁）。他の回のタイトルについては、新聞のテレビ欄を参照した。

6——三浦俊彦『可能世界の哲学——「存在」と「自己」を考える』二見文庫、二〇一七年（単行本一九九七年）、一五頁。青山拓央『時間と自由意志——自由は存在するか』筑摩書房、二〇一六年、六〇頁。

7——藤子・F・不二雄『パラレル同窓会』小学館文庫、一九九五年、一四七頁（初出は、『ビッグゴールド第四号』一九七九年）。

8——フィリップ・E・テトロック、ダン・ガードナー『超予測力——不確実な時代の先を読む10カ条』土方奈美訳、早川書房、二〇一六年（原著二〇一五年）、三一八頁。ドイツ史では、個人の役割を強調する「意図派」と、社会構造を重視する「構造派」のあいだで議論が繰り返されてきた。ドイツ現代史を専門とするイアン・カーショーは、ヒトラーが存在しなくてもユダヤ人への差別は起こりえただろうが、集団虐殺（ジェノサイド）という結果に至ったかは疑問としている。「構造派」を自認するカーショーでさえ、「外的状況や個人を超えた要因が何であるにせよ、ヒトラーを別の人間と置き換えることはできない」と断言している（イアン・カーショー『ヒトラー　上　1889－1936　傲慢』川喜田敦子訳、石田勇治監修、白水社、二〇一六年（原著一九九八年）、八、一五頁）。

9——シーズン一（二〇一五年）から三（二〇一八年）までがAmazonビデオで配信されている。公開時には、ニューヨーク市の地下鉄に、旭日旗とナチス・ドイツの軍記章を使用した広告を掲示したが、「第二次大戦とホロコースト（ユダヤ人大虐殺）の生存者らへの侮辱だ」（デブラシオ市長）という抗議を受け、撤去した（「ドラマ広告に波紋」『産経新聞』二〇一五年一一月二六日東京本社版朝刊）。

10——スティーヴン・ジェイ・グールド『ワンダフル・ライフ——バージェス頁岩と生物進化の物語』渡辺政隆訳、ハヤカワ文庫、二〇〇〇年（原著一九八九年、単行本一九九三年）、五二三頁。吉川浩満『理不尽な進化——遺伝子と運のあいだ』（朝日出版社、二〇一四年）も参照のこと。
11――フィリップ・ロス『プロット・アゲンスト・アメリカ』柴田元幸訳、集英社、二〇一四年（原著二〇〇四年）、一五五―六頁。
12――E・H・カー『歴史とは何か』清水幾太郎訳、岩波新書、一九六二年（原著一九六一年）、一四一―三頁。
13――E.P.Thompson 1978, *The Poverty of Theory & other essays*, Merlin Press, p.300, Fisher, D. H. 1970, *Historians' fallacies : toward a logic of historical thought*, Harper & Row, Publishers, p.19.
14――E・H・カー、前掲書、一四三頁。
15――E・H・カー、前掲書、一五五―八頁。
16――ジョナサン・ハスラム『誠実という悪徳――E・H・カー一八九二―一九八二』角田史幸・川口良・中島理暁訳、現代思潮新社、二〇〇七年（原著一九九九年）、二九七―八頁。
17――E・H・カー『ナポレオンからスターリンへ――現代史エッセイ集』鈴木博信訳、岩波現代選書、一九八四年（原著一九八〇年）、三一六頁。
18――E・H・カー『歴史とは何か』前掲書、一二七頁。
19――Aviezer Tucker 1999, "Review of Ferguson, Virtual History (Historiographical Counterfactuals and Historical Contingency)", in *History and Theory* 38 no.2, p.265.
20――P・D・マクルランド『新しい経済史の方法――因果的説明とモデル・ビルディング』広松毅訳、日本経済新聞社、一九七九年（原著一九七五年）、二二五頁。
21――ジョセフ・S・ナイ・ジュニア、デイヴィッド・A・ウェルチ『国際紛争――理論と歴史［原著第9版］』田中明彦・村田晃嗣訳、有斐閣、二〇一三年（原著二〇一三年）、一二九頁。
22――バートランド・ラッセル『バートランド・ラッセル著作集一――自伝的回想』みすず書房、一九五九年（原著一九五六年）、一〇―一頁（原著一一―二頁）。
23――イギリスの詩人チョーサーの友人である詩人ジョン・ガウアーが編んだ作品（一三九〇年頃）にはじめて記録されたという（ジョー・ウォルトン『英雄たちの朝――ファージングⅠ』茂木健訳、創元推理文庫、二〇一〇年、訳注一四、四四五頁）。蹄鉄とは脚に装着する馬具のこと。
24――バートランド・ラッセル『ラッセル自叙伝Ⅱ――一九一四年―一九四四年』日高一輝訳、理想社、一九七〇年

（原著一九六七年）、一二頁。

25——北原尚彦「コナン・ドイルと科学ロマンス」北原尚彦・西崎憲編『ラッフルズ・ホーの奇蹟（ドイル傑作集5）』創元推理文庫、二〇一一年、三二九頁。

26——井野瀬久美惠「民衆感情と戦争——イギリスにおける「戦争熱」再考」小野塚知二編『第一次世界大戦開戦原因の再検討——国際分業と民衆心理』岩波書店、二〇一四年、一八四-五、二〇二-五頁。ジェームズ・ジョル『第一次世界大戦の起原（第一次大戦の起原）』池田清訳、みすず書房、一九八七=九七年（原著一九八四年）、三〇二-三頁。ウィリアム・マリガン『第一次世界大戦への道——破局は避けられなかったのか』赤木完爾、今野茂充訳、慶應義塾大学出版会、二〇一七年（原著二〇一〇=一七年）も参照のこと。

27——クリストファー・クラーク『夢遊病者たち——第一次世界大戦はいかにして始まったか　第一巻』小原淳訳、みすず書房、二〇一七年（原著二〇一二年）、二一-二二頁。

28——クリストファー・クラーク、前掲書、二二頁。

29——大川勇『可能性感覚——中欧におけるもうひとつの精神史』松籟社、二〇〇三年、一五頁。

30——Philip E. Tetlock, Aaron Belkin 1996, "Counterfactual Thought Experiments", in Philip E. Tetlock, Aaron Belkin (eds.), *Counterfactual Thought Experiments in World Politics: Logical, Methodological, and Psychological Perspectives*, Princeton University Press, p.ix.　ダニエル・カーネマン『ファスト&スロー——あなたの意思はどのように決まるか?』村井章子訳、ハヤカワ・ノンフィクション文庫、二〇一四年（原著二〇一一年）。

31——Robert Cowley (ed.) 2000, *What If?: The World's Foremost Historians Imagine What Might Have Been*, Berkley Books. 続編となる『もしも?2（What If?2）』（二〇〇一年）にも、歴史学者ジョン・ルカーチや軍事史家リチャード・B・フランクなどが論考を寄せている。

32——日本で「反実仮想の歴史」について扱った先行研究として、古代ギリシャ史を専門とする前沢伸行の論文「複雑系の歴史学」『人文学報　歴史学編第四四号』（五一二-九、二〇一六年）と「反事実の歴史学」『史学雑誌』（第一二五編第七号、二〇一六年七月号）がある。

33——「「特異な帝国」アメリカとその後——欧米でいま最も売れている歴史家ニアル・ファーガソン氏に聞く」『論座』二〇〇七年五月号、六二-七頁。

34——橋本順光「英国における大英帝国史の再編成と新帝国主義論の流行——ニール・ファーガスンの『帝国』（二

〇〇三）を中心にして」『英米文化』三四号（二〇〇四年）、竹内幸雄「「自由主義帝国」の過去と現在――N・ファーガスンの著作を中心に」『社会経済史学』七三巻六号（二〇〇八年）。ファーガソンは自らの思想を、テレビ、インターネット、ゲームといったメディアを用いて伝道しようとするメディア教育者としての顔も持つ。ナチス・ドイツでプロパガンダ映画《意志の勝利》の制作を行ったレニ・リーフェンシュタールに喩えてファーガソンを批判する論考も存在する（Jon E. Wilson 2003, "False and dangerous", *The Guardian*, 8 February）。

35――Niall Ferguson 1997 = 2011, "Introduction", in Niall Ferguson (ed.), *Virtual History: Alternatives And Counterfactuals*, Picador, pp.86-7.

36――大戸千之『歴史と事実――ポストモダンの歴史学批判をこえて』京都大学学術出版会、二〇一二年、二三一－四一頁。

37――アンドルー・ロバーツ『歴史に「もし」があったなら――スペイン無敵艦隊イングランド上陸からゴア米副大統領の9・11まで』近藤裕子監訳、バベルプレス、二〇〇六年（原著二〇〇四年）、二七三－四頁。

38――ハントは、編者のロバーツに加えて、執筆者であるジョン・アダムソン、サイモン・ヘッファー、デイヴィッド・フラム、コンラッド・ブラックの五名を右翼的な思想の持ち主だとしている（Tristram Hunt 2004, 'Pasting over the past,' *The Guardian*, 7 April）。

39――ガヴリエル・ローゼンフェルドのブログより（Gavriel D. Rosenfeld 2017, 'The "Alt-Right" and "Alternate History": The Illusory Connection', *The Counterfactual History Review*, 24 February (http://thecounterfactualhistoryreview.blogspot.com/2017/02/the-alt-right-and-alternate-history.html) 二〇一八年八月三一日閲覧）。

40――Richard J. Evans 2014, 'What if' is a waste of time, *The Guardian*, 13 March 06.30 EDT.

41――デボラ・E・リップシュタット『否定と肯定』山本やよい訳、ハーパーコリンズ・ジャパン、二〇一七年（原著二〇〇五年）、三六七－四〇六頁。

42――「起こりえたこと」というキーワードは、以下の研究でも提案されている。光辻克馬・山影進「第一次世界大戦前夜における欧州国際関係のパラレルワールド――ランドスケープ理論を拡張した「国際緊張モデル」によるマルチエージェントシミュレーション分析」青山学院大学国際研究センター編『Aoyama Journal of International Studies』一巻、二〇一四年、八四頁。

第一章　時間線を遡って

1　歴史改変ＳＦの歴史

ナポレオンやナチスが勝利した世界

まずは、「もしもあの時――」をモチーフとした歴史改変小説の歴史を振り返ってみたい。

一九世紀フランスの作家エドモン・ド・ゴンクールは、「歴史とは、過去にあった小説であり、小説とは、ありえたかもしれぬ歴史である」と述べた。[1]たしかにすべての小説は少なからず反実仮想の要素を含む。しかし、小説内に登場する人物や出来事は、われわれが暮らすこの現実世界とは何の関係も持たない。たとえ実在する人物がモデルだとしても、ルイス・キャロルが描いたアリスは不思議の国のアリス以外に存在しえない。これに対して、歴史改変小説は歴史上に実在した人物や出来事を用いて、われわれの世界から分岐した世界を描く。半分はわれわれが住むこの世界の事実だが、もう半分は物語内の「事実」で構成されており、一般の小説とは異なる。

本格的な歴史改変小説の嚆矢は、フランスの作家ルイ・ナポレオン・ジョフロワ＝シャトーが描いた『ナポレオンと世界征服（*Napoléon et la conquête du monde, 1812 à 1832: histoire de la monarchie universelle*）』（一八三六年）だと言われる。この作品では、史実とは異なり、一八一二年にナポレオンがロシアを撃破する。それによって、国民的英雄ナポレオンがなし得ていたかもしれない世界制覇の物語にフランスの人々は心を躍らせた。この作品は、一八四一年に『ナポレオン外伝（*Napoléon apocryphe*）』として再版され、二一世紀の現在に入っても版を重ねるほどの人気だという。[2]
アメリカの小説家ナサニエル・ホーソーンの短編「P――氏の便り」（一八四五年）も歴史改変小説の一つである。ホーソーンは、ピューリタン（清教徒）の厳しい掟を描いた『緋文字』で知られる。「P――氏の便り」は、精神に異常をきたした「P――氏」による手紙という形式の作品で、ナポレオンやイギリスの詩人バイロンらが復活した「もうひとつの世界」が描かれている（作品発表時に健在だった小説家ディケンズは、早死にした設定になっている）[3]。
二〇世紀を目前にして、マーク・トウェイン『アーサー王宮廷のヤンキー』（一八八九年）やH・G・ウェルズ『タイムマシン』（一八九五年）のように、時空を旅するモチーフも珍しいものではなくなっていく。マレイ・ラインスターの短篇「時の脇道」（一九三四年）は、並行世界（パラレルワールド）の概念を導入した記念碑的作品とされる。この作品では、時空の異変によって、本来であれば「時の脇道」に逸れていたはずのさまざまな現象――絶滅したはずの恐竜、ローマ帝国の軍隊、ゲティスバーグの戦いに「勝利」した南軍の兵士など――が、主人公の住む世界に紛れ込んでくる。この奇妙な事象をただ一人予測していた大学教授は、「ありえたかもしれない世界」の存在をこう指摘している。
わたしがいま指摘しているのは、われわれが複数の未来に遭遇する可能性であって、しかもわれわれはさして熟慮することもなく、そのうち一つを選択しているということだ。しかしながら、われわれが遭遇し損なった複数の未来も、われわれが選ばなかった複数の道路も、それら道路沿いの陸標と同じようにリアルなものなのだ。われわれは決してそれらの未来を見ることがないが、それらの存在を事実として認めてもなんらさしさわりはない。[4]

L・スプレイグ・ディ・キャンプの長篇『闇よ落ちるなかれ』（一九三九年）は、タイムスリップを物語に取り入れた歴史改変小説の傑作である。アメリカの考古学者マーティン・パッドウェイは、雷に打たれて、東ゴート族が支配する六世紀のイタリア半島にタイムスリップしてしまう。パッドウェイは、複式簿記、活版印刷、通信技術など、「未来人」としての知識を存分に活用し、ローマ帝国の衰退を防ごうとする。金貸しの友人との掛け合いやゴート族の王女とのロマンスなど、物語としての面白さを存分に楽しめる作品となっている。

歴史改変小説が登場してしばらくは、アイザック・アシモフ『永遠の終り』（一九五五年）、ポール・アンダースン『タイム・パトロール』（一九六〇年）のように、歴史の分岐点をモチーフとする作品も少なくなかった。しかし、歴史改変後の世界を描く作品が徐々に増え、今ではほとんどの作品がこのパターンを採用している。[5]

歴史改変小説の傑作として名高いフィリップ・K・ディック『高い城の男』（一九六二年）は、第二次世界大戦でドイツと日本が勝利した「もうひとつの世界」を舞台としている。アメリカが敗戦国となったきっかけは、一九三三年に起きたフランクリン・ローズヴェルト大統領の暗殺事件であった。後を引き継いだ大統領が舵取りを誤り、アメリカはロッキー山脈を境として東側の区域をドイツに、西側の区域を日本に占領されてしまう。被支配者となったアメリカ人たちは、東洋哲学の一つである「易経」に頼った退廃的な生活を送ることになる（図1－1）。

この小説には、謎の小説家が執筆した歴史改変小説『イナゴ身重く横たわる』が登場する。ドイツの占領地域では発禁処分となり、日本の占領地域で密《ひそ》かなベストセラーとなっていた『イナゴ身重く横たわる』には、アメリカが勝利する世界が描かれていた。ディックは、虚実を反転させ、アメリカ側の勝利という史実を「小説内小説」として物語に組み込む一種の入れ子構造を採用した。『高い城の男』は、SFファンから高く評価され、SF界で最も権威のあるヒューゴー賞（一九六三年度）を受賞している。[6]日本では、一九六五年にハヤカワ・SF・シリーズ版（川口正吉訳）、八四年にハヤカワ文庫版（朝倉久志訳）が刊行された。

『SFマガジン』編集長・福島正実は、『高い城の男』の「も

図1－1

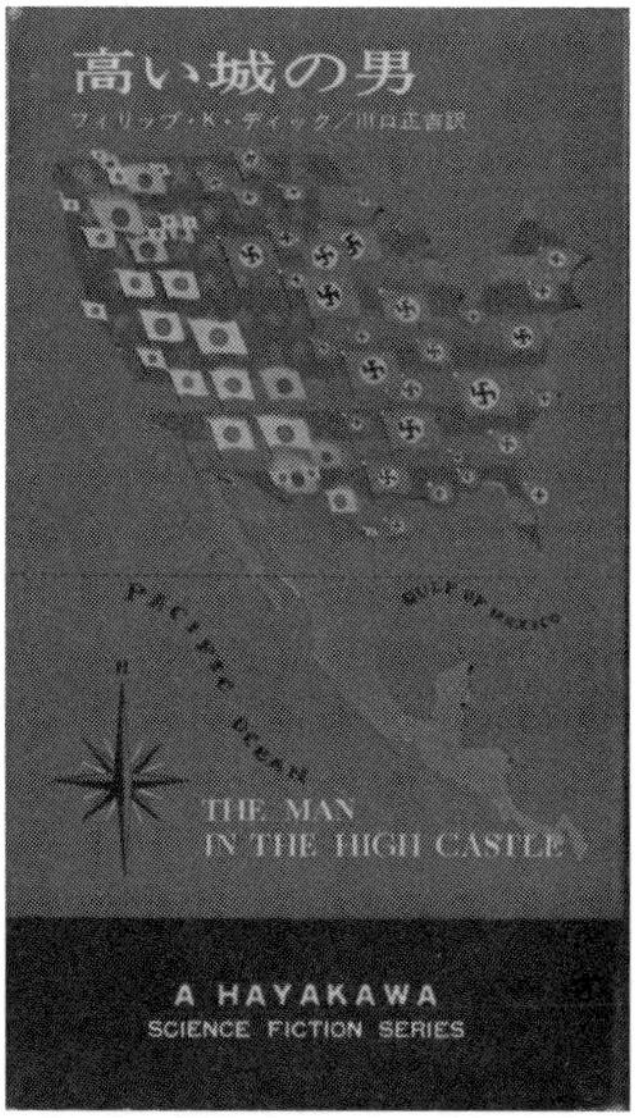

フィリップ・K・ディック『高い城の男』
（1962年。邦訳、65年）
写真は、ハヤカワ・SF・シリーズ版。

う一つの現実」が持つ可能性について論じている。
　ディックによれば、あらゆる可能性は、それが現実となる、ならないとは別に、すべて本質において平等なポテンシャルを持っている。そのポテンシャルのある種の組み合わせが、結果として、歴史の大きな転回点のエネルギーになる。そしてその力の序列は不確定である。[7]
　歴史改変小説は、「実際の歴史」と「虚構の歴史」の交換可能性を示すことで、SFのサブジャンルとして重要な位置づけがなされていく。一九六〇年代から七〇年代にかけて、『高い城の男』の他にも、キース・ロバーツ『パヴァーヌ』（一九六八年）、ハリイ・ハリスン『大西洋横断トンネル、万歳！』（七二年）といった歴史改変小説の名作が登場している。『パヴァーヌ』では、カトリック教会の支配によって科学技術の発展が抑制された世界が描かれ、『大西洋横断トンネル、万歳！』では、一二一二年にイベリア半島でキリスト教徒軍がイスラム教徒軍に敗れたことで、アメリカの運命が大きく変わってしまう。
　一九八〇年代に入ると、コンピュータと人体（神経系）を融合させた電脳空間を描いたサイバーパンクが、アメリカSF界を席巻した。代表作は「サイバースペース」という言葉を生んだウィリアム・ギブスンの『ニューロマンサー』（一九八四年）である。ギブスンは、ブルース・スターリングとともに『ディファレンス・エンジン』（一九九〇年）を完成させ、蒸気で動くコンピュータ・ネットワークによって、史実よりも一〇〇年以上早く情報化社会が実現した「もうひとつのヴィクトリア朝」を描き出した。産業革命の原動力である蒸気機関を極端に発達させた「もうひとつの世界」を描く作品群はスチームパンクと呼ばれた。その特徴は、現代の最先端技術を、ヴィクトリア朝のイギリスや西部開拓時代のアメリカへと投影させる点にある。史実として絶対にありえない世界を描くスチームパンクは、厳密に言えば、歴史改変小説ではないのだが、このジャンルの認知度を高める上で多大な貢献をはたした。

一九九〇年代には、第二次世界大戦で「勝利」して二〇年後のナチス・ドイツを描いたロバート・ハリス『ファーザーランド』（一九九二年）が世界中でベストセラーになった。当時の『SFマガジン』（一九九九年一月号）は、「九〇年代のSFシーンを特徴づけたキーワードのひとつはオルタネート・ヒストリー、いわゆる〝改変歴史〟ものの隆盛だった」と指摘している[8]。

SF小説に与えられる賞として、ヒューゴー賞（一九五三年創設、ファン投票）とネビュラ賞（一九六六年創設、専門家の投票）が有名だが、一九九五年には、優れた歴史改変小説を選出するサイドワイズ賞も創設されている。賞の名前は、先に紹介したラインスターの短篇小説「時の脇道（Sidewise in Time）」（一九三四年）に由来する。たとえば、『闇よ落ちるなかれ』の作者であるL・スプレイグ・ディ・キャンプは特別賞（一九九五年度）を受賞し、「はじめに」でも紹介したフィリップ・ロスの『プロット・アゲンスト・アメリカ』は長篇賞（二〇〇四年度）を獲得している（巻末の資料①）。

精神安定剤としての歴史改変ＳＦ

サイドワイズ賞が創設された一九九五年には、「歴史のｉｆ」に関する作品を収集したデータベース（英語版）もウェブ上に公開された。「ユークロニア（Uchronia:The Alternate History List）」というのが、そのサイト名である（図１－２）。これまで、ジョージ・オーウェル『一九八四年』（一九四九年）などを通じて、「どこにも存在しない場所」を意味する「ユートピア」に注目が集まってきた。「ユートピア（utopia）」は、「無い」を意味する「ou」と「場所」を意味する「topos」からなると言われることが多い。それに対して、二一世紀を目前にして再び光が当てられるようになった「ユークロニア（uchronia）」は、「topos（トポス＝場所）」の代わりに「chronus（クロノス＝時間）」を挿入して出来た言葉だ。「どこにも存在しない時間」を意味する。

「もしもあの時――」という反実仮想の思考法は、英語圏では、さまざまな呼び名を持っている。たとえば、「'what if?' history」「alternative history」「counterfactual history」などである。「別の、もう一つの」を意味する接頭語「allo-」を用いて、「allohistory」と呼ばれることもある。データベースの副題にある「alternate history」は、一般的にはフィクションを指す。必ずしも活字（小説）に限定されるわけではなく、映像、漫画、アニメーションなども含むので、「歴史改変小説」ではなく「歴史改変ＳＦ」と表記される。

データベース「ユークロニア」は、紙媒体に掲載された作品を世界中から収集し、二〇一七年一月の段階で、三三〇〇を超える作品の書誌データ（書名、著者名、刊行年、作品の概要、論文集やアンソロジーの場合は収録作のタイトルなど）が掲載されている。純粋な娯楽作品のみならず学術書やそれに準ずる論文などの情報も掲載されているが、日本語の作品は未収録のものの方が多い。[10]

図1－2

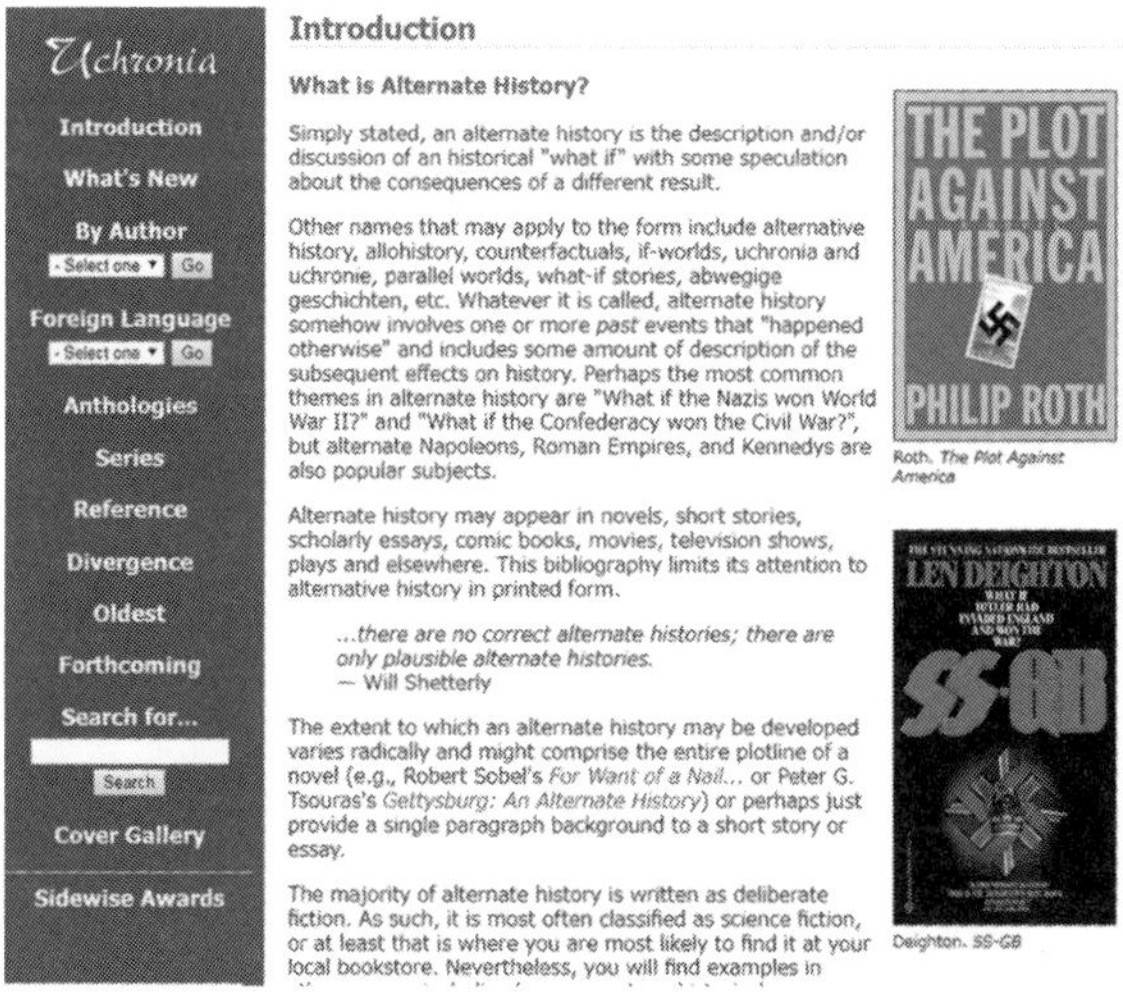

データベース“Uchronia：The Alternate History List”のホームページ写真（http://www.uchronia.net/）

個々の人生に関する「もしもあの時――」を描いた作品は収集対象から除外されているが、ケン・グリムウッドの名作『リプレイ』（一九八七年）は、主人公ジェフ・ウィンストンの「人生のやり直し」が実際の歴史（＝ケネディ暗殺）に与える影響を描いているので、例外的な措置としてリストに加えられている。

データベース「ユークロニア」は、項目ごとの検索も可能であり、たとえば「Nazi（ナチス）」で検索すると一三七件、「Hitler（ヒトラー）」で検索すると一五六件ヒットする（二〇一八年八月三一日現在）。ここには、第二次世界大戦におけるドイツの勝利を扱った作品として、『高い城の男』のほか、ノーマン・スピンラッド『鉄の夢』（一九七二年）、ジェイムズ・P・ホーガン『プロテウス・オペレーション』（一九八五年）、ロバート・ハリス『ファーザーランド』（一九九二年）といった歴史改変SFの代表作が含まれている。論文集では、ケネス・マクゼイ編『ヒトラーの選択』（一九九五年）、ハロルド・C・ディッチュ、デニス・E・ショウォルター編『ヒトラーが勝利する世界』（一九九七年）などの書誌データが収録されている。[11] アメリカの歴史学者ガヴリエル・ローゼンフェルドの調査では、ヒトラーに関する作品（計一一六）のなかでは、「第二次世界大戦におけるドイツの勝利」というモチーフが最も多いと分析されている（五四％）。他に多かったのは、「逃亡して世界のどこかで生き延びるヒトラー」（二五％）、「そもそもヒトラーがこの世に生まれてこない世界」（一六％）であったという。[12]

「歴史のｉｆ」は、ホロコースト（ユダヤ人の虐殺）を否定する歴史修正主義だという批判も時々見られる。だが、「ユークロニア」では、「Jewish（ユダヤ人）」で検索した場合のヒット件数は五一、「Zionism（ユダヤ人の祖国回復運動）」で検索した場合のそれは一八であった。数は多くはないが、ユダヤ人の視点で検討した「歴史のｉｆ」もたしかに存在する。ユダヤ人をテーマとした歴史改変小説としては、フィリップ・ロス『プロット・アゲンスト・アメリカ』やマイケル・シェイボン『ユダヤ警官同盟』（二〇〇七年）などがある（いずれもサイドワイズ賞受賞作品）。学術性の高い著作としては、ガヴリエル・ローゼンフェルドの編著『ユダヤ人の「歴史のｉｆ」（*What*

Ifs of Jewish History)』（二〇一六年）などがある。

近年、歴史改変ＳＦが量産される文化的な背景の分析も進んでいる。たとえば、ナチスの「勝利」というテーマが、アメリカやイギリスでのみ描かれるのは、両国がナチスによる占領経験を持たないからだという分析がある。ハリウッドなどアメリカ資本の影響力を忘れてはならないが、ナチスと密接な関係にあった他のヨーロッパ諸国では、この手の作品はほとんど見当たらない。ナチスが支配する悪夢のような「もうひとつの世界」から紙一重で逃れられたというその記憶によって、英米両国民は、ナチスをテーマとした歴史改変ＳＦに興奮を覚えるというわけだ。[13]

新歴史主義批評の第一人者と言われるキャサリン・ギャラガーの分析はもう少し深い。ギャラガーは『高い城の男』にアメリカ人が抱く罪悪感を見出している。

『高い城の男』に限って言えば、安堵をもたらすとするに足る論拠が、はっきりと示されている。なぜなら、この代替版世界からの見え方は、以下のように思われるからである――つまり、もし枢軸国があの戦争に勝利していたら、ナチスは、人種差別主義と世界覇権への欲望によって、アジアの同盟国〔＝日本〕を結局は絶滅させる方向へと導いていたであろう、と。そして、このように想像することで、アメリカの核攻撃は、ナチスが行なったであろうことと比較すれば、まだましであるというように思わせてしまうのである。[14]

ギャラガーは、核兵器を用いて戦争を終息させたアメリカ国民には深い贖罪意識が存在すると指摘する。ナチスの支配によって、もっとひどい世界がありえたとする「歴史のｉｆ」は、それを弱める役割、すなわち勝者の「精神安定剤」としての機能を果たすというわけだ。自らの行為を正当化する言説を更新し続けなければならない勝者にとって、「もうひとつの戦後史」を悪夢（nightmare）として語ることは、たしかにとても都合が良い[15]。

数々の記憶研究が明らかにしてきたように、「集合的記憶」は、それを思い出す「現在の視点」によって形作られる[16]。偏見、恐れ、願望、弁明といった人間の主観的な要素は、「それが本来いかにあったか」の解明のみならず、「それが本来いかにあり得たか」という反実仮想の形成にまで影響を及ぼす。それは、個人レベルの感情を発信源として、最終的には、社会の集合的記憶を形成していく。

ローゼンフェルドは、ロバート・ハリスの歴史改変小説『ファーザーランド』（一九九二年）がイギリスでヒットした背景に、「現在の視点」の存在を読み取っている。『ファーザーランド』は、ヒトラーが第二次世界大戦で「勝利」してから約二〇年後のドイツで、それまで隠蔽されていたホロコーストの事実が明らかになっていくミステリー形式の歴史改変小説だ。二〇一六年にＥＵ離脱を表明したイギリスであるが、同国ではすでに一九九〇年代にＥＵに対する懐疑の目が向けられていた。ローゼンフェルドは、ドイツの暗部に光を当てた『ファーザーランド』が一九九〇年代のイギリスでヒットした要因の一つとして、ドイツに対する反感、すなわち欧州懐疑主義の存在を挙げている。[17]

さらにローゼンフェルドは、イギリス生まれの小説家ジョー・ウォルトンが執筆した歴史改変小説三部作（『英雄たちの朝』二〇〇六年、『暗殺のハムレット』〇七年、『バッキンガムの光芒』〇八年）にも、九・一一以後の国際情勢への批判を読み取っている。[18] これらの作品では、ナチスに占領されたイギリスにおいて、「ファージング・セット」と呼ばれる親ナチスの政治派閥が暗躍する。ファージングとは、イギリスでかつて使われていた硬貨（一ペニーの四分の一の通貨単位）のことだ。物語では、抗戦派のウィンストン・チャーチルが、この政治派閥が行った和平工作を「びた銭一枚（ファージング）の価値もない」と批判したことが名前の由来となっている。

ウォルトンの小説では、イギリス版ゲシュタポ（秘密国家警察）とも呼ぶべき「監視隊《ザ・ウォッチ》」が創設されるなど、イギリス政府は徹底してナチスの政策に追随していく。ちょうど三部作の執筆期間は、イラク戦争でアメリカを支持したイギリスのトニー・ブレアの首相在任期間（一九九七年～二〇〇七年）と重なっていたため、小説と現実世界の類似性が指摘されている。第三作『バッキンガムの光芒』の解説に、書評家の村上貴史は次のように記している。

> アメリカという軍事大国にすり寄るブレアの姿勢は、〈ファージング三部作〉において、軍事大国であるナチス・ドイツにすり寄るイギリス政府の姿勢に酷似している。ジョー・ウォルトンの怒りが、おそらくはこうしたところに表れているのだろう。[19]

厳密には、読者の「集合的記憶」ではなく、執筆者の意図という点から論じるべきかもしれないが、「ありえたかもしれない過去」の描写に「現在」の価値観が投影されるという論点はやはり重要だ。

イギリスの推理作家C・J・サムソンは、二〇一二年にナチスに占領されたイギリスを舞台とした歴史改変小説『ドミニオン（*Dominion*）』を刊行している。サムソンも、小説の舞台である一九三〇年代の状況と、ここ数十年のイギリスにおける排外主義の高まりがよく似た状況にあると指摘し、そうした危機感が『ドミニオン』の執筆につながったと明らかにしている。サムソンのこの作品はサイドワイズ賞の長篇賞（二〇一三年度）を受賞している。[20]

ひょっとしたら変わるかもしれない「現在」

「歴史のｉｆ」とは何かを確定する時によく議論になるのが、偽史や陰謀論だ。偽史や陰謀論とは、われわれが真実だと信じている事実や歴史が、実は偽りだと暴露する言説を指す。世界史のさまざまな出来事も、フリーメーソンなど秘密結社による陰謀と結びつけられてきた。最近の事例としては、九・一一同時多発テロ事件へのアメリカ政府の関与説、東日本大震災の人工地震説（テロの一種）などがある。

一九四五年にベルリン地下壕でヒトラーは死んでいないとする主張や、「ホロコーストはなかった」という歴史修正主義者の主張は、まさに陰謀論だ。偽史や陰謀論は、一〇〇パーセントの嘘で構成されているわけではないが、捏造された文書やデータにもとづいて主張がなされる。英語では、「secret history」「hidden history」「pseudohistory」あるいは「conspiracy theory」など、さまざまな呼び名がある。客観性を求める学問的態度とはかけ離れているので、「counterknowledge（＝反知識）」と呼ばれることもある。[21]

偽史と歴史改変ＳＦについて、データベース「ユークロニア」の「はじめに」では、われわれが暮らす「現在」が「ひょっとしたら変わるかもしれない」という感覚の有無によって、両者の判別は可能だとされている。

重要なことは、偽史では、現在は依然として現在のままであるということだ。もっと具体的に言えば、今日の新聞記事の内容は何ら変わらないということだ。しかし、歴史改変ＳＦの世界においては、それらは変わる可能性が高い。

たとえば、私が今この文章を書いている二〇一八年六月一三日の読売新聞朝刊（東京本社版）の見出しは「米朝「非核化」確認」であるが、偽史や陰謀論の主張を認めたところで、新聞の見出しや記事の内容が変わることはありえない。というのは、偽史や陰謀論が扱うのは、あくまでわれわれが生きる「この世界」をどう解釈するかの問題だからだ。その主張の根幹にあるのは、陰謀によって「間違った」世界が作られてしまったが、「本来はこうあるべきではない」あるいは「こうあってほしかった」という一種の価値観の表明だ。それゆえ、その主張の妥当性によって、われわれが生きる「現在」が変わることはない。

一方、歴史改変ＳＦでは、歴史的な出来事といえども、わずかな条件の違いによって、その結果は変わりえたと考える。つまり、われわれが生きる「この世界」がまったく「別の世界」に変わってしまう可能性を否定しない。当然ながら、そうしたパラレルワールドが示す変革の可能性は「過去」に留まるものではない。ありえたかもしれない「過去」は、ありうるかもしれない「現在」さらには「未来」へとつながっているからだ。つまり、先にあげた例との関連で言うと、もしも第二次世界大戦でナチスが勝利していたら、その「もうひとつの世界」の二〇一八年六月一三日の朝刊の見出しは、「日独「非核化」確認」のように、別のものに変わっていてもおかしくはないのだ。

偽史と歴史改変ＳＦの境界線には曖昧な部分もあるが、いま述べたように、一定の知識があれば、両者の区別はそれほど難しくはない。その一方で、考えなければならないのは、娯楽を目的としたフィクションと学術的な検討を目的とした反実仮想の区別についてである。前者は歴史改変ＳＦ（alternate history）、後者は「反実仮想の歴史（counterfactual history）」と呼ばれることが多い。歴史改変ＳＦは、歴史的出来事を改変した「結果」を想像し、その世界を描き出す。綿密な調査を必要とせず、「もうひとつの世界」を提示するだけであり、文学作品の制作や物語行為とほとんど同じである。一方、「反実仮想の歴史」は、歴史的出来事の「原因」を追究し、歴史的出来事の改変がどのような因果関係によって歴史に変化をもたらすのかを調査する。このような区分も成り立たないことはない。しかし、両者は実際の歴史を扱わないという点で共通しており、どちらに分類すべきか迷うエッセイやノンフィクションも少なくない。[22]

本書は、「反実仮想の歴史」をさらに分類して、学術的な体裁を取りながらもその内容が歴史改変ＳＦに近い「エッセイ型」と、厳密に学術的な観点から分析を行う「学術分析型」の二つに分けて考えたい（図１－３）。キャサリン・ギャラガーも『真実じゃないことを教えて（*Telling It Like It Wasn't*）』（二〇一八年）で、「反実仮想の歴史」、「歴史のｉｆ」、「歴史改変ＳＦ（フィクション）」の三層で考えている。[23]

図1－3　歴史改変SFと「反実仮想の歴史」

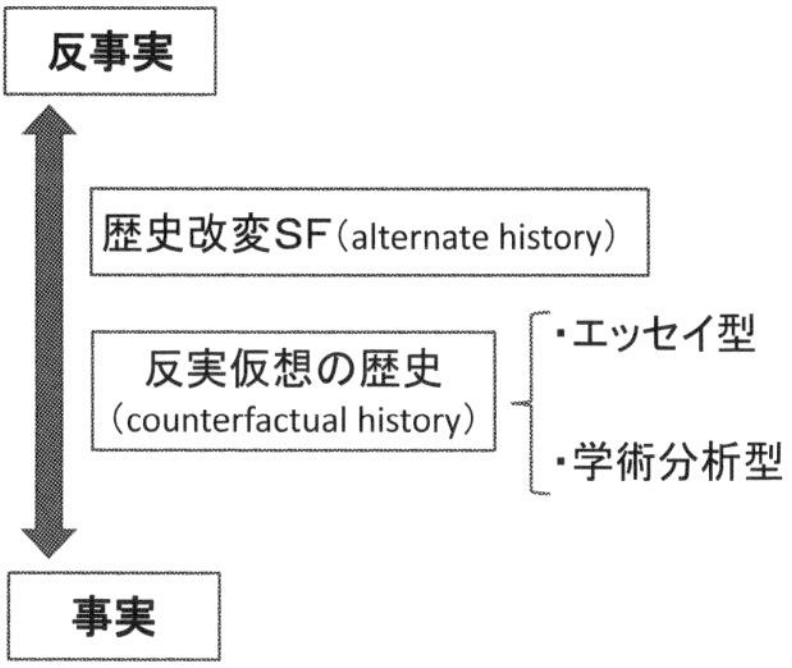

ここで重要なのは、誰もが納得するような形で、「歴史のｉｆ」を学術的に検討することは可能かどうかという問題である。もし可能だとしたら、学術性を担保するための基準は、どのように打ち立てることができるのか。本書では、この問いに対する答えを探っていくが、まずは反実仮想をめぐる思考の歴史を振り返ってみることで、「歴史のｉｆ」がもつ学術性とは何かを考えてみたい。

2　学問としての「歴史のｉｆ」

ユートピアからユークロニアへ

歴史の父と称されるヘロドトスやローマの歴史家リティウスなど、紀元前を生きた先人たちの著作においても「歴史のｉｆ」に言及した箇所を確認できる。[24] 一八三五年には、イギリス首相ベンジャミン・ディズレーリの父親であるアイザック・ディズレーリが、短いエッセイ「起こらなかった出来事の歴史について」を発表している。これらは「エッセイ型」の初期段階と位置づけることができるであろう。[25]

フランスの哲学者シャルル・ルヌーヴィエは、前述のジョフロワ＝シャトーの『ナポレオンと世界征服』に強い影響を受け、『ユークロニー――歴史のなかのユートピア（*Uchronie:L'utopie dans l'histoire*）』（一八五七年／七六年）を完成させている。すでに紹介したデータベースのタイトルともなった「**uchronie/a**（ユークロニー／ユークロニア）」は、ルヌーヴィエが考えだした造語である。この書の表紙には、「歴史のなかのユートピア」というサブタイトルに加えて、「実際にそうではなかったが、そうでありえたかもしれないヨーロッパ文明展開の外伝歴史素描」という少し長めの説明も添えられている。[26]

ルヌーヴィエの『ユークロニー』で描かれたのは、マルクス・アウレリウスが、ローマ帝国からキリスト教を追放する「もうひとつの歴史」であった。この本自体が、ローマ・カトリック教会によって火炙りの刑に処された神父の著作という設定になっていて、ルヌーヴィエは、自らの理念である共和制やヨーロッパ連合が実現しなかった無念の思いをこの作品に込めた。

歴史の偶然性に着目したルヌーヴィエは、反実仮想の思考方法の図式化も行っている（図1－4）。哲学研究者の合田正人は、ルヌーヴィエが示した「想像的構築」の軌道を以下のように説明している。

図1－4

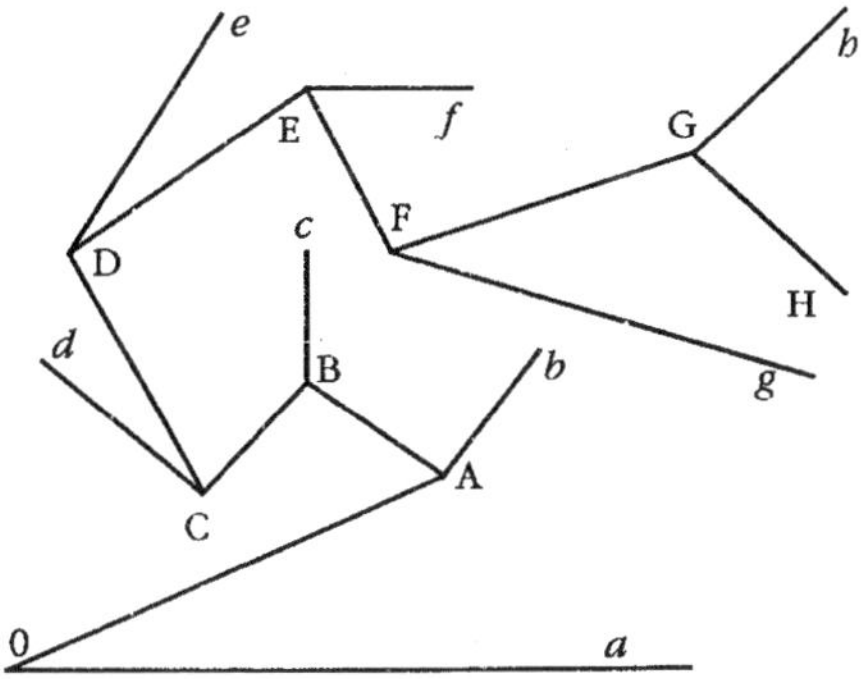

シャルル・ルヌーヴィエが *Uchronie：L'utopie dans l'histoire*（1876年）のなかで提示した「想像的構築」の軌道

歴史の現実的軌道がOaであり、それに対してOAは想像的軌道である。「するかしないか」といった二元化というある意味では不可避の単純化がこの図ではなされていて、実際には可能的な行動の仕方は多様で、それらの方位や交錯の仕方も多様である。だが、このように単純化した場合でも、OA-Oa, AB-Ab, BC-Bc, CD-Cd, DE-Deと分岐は続いていく。したがって、想像的軌道なるものを完璧に構築することは不可能である。しかし、ルヌヴィエによると、だからこそ逆に、現実的軌道なるものの絶対的必然性もまた消失するのだ。[27]

合田は、アンリ・ベルクソンの『意識に直接与えられたものについての試論――時間と自由』(一八八八年)のなかの図との類似性を指摘し、ルヌーヴィエの構想が二〇世紀のフランス哲学に与えた影響についても言及している。

「学術分析型」として位置づけることができる最初の研究は、社会学者マックス・ウェーバーが一九〇六年に発表した論文「文化科学の論理学の領域における批判的研究」だと言えそうだ。ウェーバーは、この論文のなかで、「もしもアテネが紀元前四九〇年のマラトンの戦いで敗れていたら」という例を示し、反実仮想を以下のように定義している。

我々が、事の成行きを事実上因果的に構成しているもろもろの構成分子の中から一つもしくは、二、三の分子をとりだし、それをある方向で変化させて考えることであり、そしてこのように変化を加えられた経過の諸条件のもとで(〝本質的な〟諸点において)実際と同じ結果が〝期待された〟であろうか、さもなければどのような違った結果が〝期待された〟であろうかを問うこと[28]

ウェーバーの反実仮想がなぜ「学術分析型」と言えるのかについては第四章で詳しく論じる。

ウェーバーが論文を発表した翌年（一九〇七年）には、イギリスの歴史家であるG・M・トレヴェリアンの論考「もしもナポレオンがワーテルローの戦いで勝利していたら」が、『ウェストミンスター・ガゼット』紙上のコンクールで賞を獲得する。同じ年には、ジョゼフ・エドガー・チェンバリンが『歴史のｉｆ（*The Ifs of History*）』を公刊している。そこでは、「もしもコロンブスが予定通りに西側のコースをまっすぐ進んで行ったら？」、「もしもエリザベス一世が子供を産んでいたら？」といった論点が示されている。[29]

一九三〇年代になると、ようやく歴史学の分野においても、反実仮想の問題に目を向けた研究が登場してくる。イギリスの歴史学者アーノルド・J・トインビーの『歴史の研究』（一九三四年〜六一年）である。トインビーは、七世紀から八世紀にかけてローマ・カトリック教会と覇権を争ったケルト系キリスト教に注目し、そこを起点に偶然性を学問の対象にしようとしていた。

ローマ教会の蛹《さなぎ》からわれわれの近代西欧文明が実際に出現したことは、たまたま現在のような形をとっているわれわれの西欧史に於ける顕著な重要な事実であるので、この歴史的な結果は必然的ではなくて、単に可能な二つの道の一つであったにすぎないということを納得することはむずかしい。[30]

トインビーは、「流産した極西キリスト教文明の喪失した生誕権」と題する論考において、エドワード・ギボン『ローマ帝国衰亡史』（一七七六年〜八八年）が示した反実仮想を参照している。ギボンは、七三三年のトゥール・ポワティエ間の戦いに注目し、フランク王国のカール・マルテルがイスラム軍を撃退していなければ、オックスフォードの教室で、コーランの解釈が教えられていたかもしれないと指摘している。これに対してトインビーは、イスラム教徒の影響力がイギリスに及ぶことはないとしながらも、ローマ教会の覇権拡大にはブレーキがかかり、それによって、ケルト系キリスト教が「大陸北ヨーロッパ・キリスト教世界全体をローマ教会から殆んど確実に奪ったであろう」と推測している。[31]

サイモン・T・ケイは、歴史理論を扱った学術誌に寄稿した論文「確実性に挑戦する」のなかで、一九三〇年代に反実仮想が流行の兆しを示した理由として、歴史学の地殻変動に注目している。ちょうど同じ時期に、フランス現代歴史学の一潮流であるアナール学派が登場し、史料実証主義にもとづくランケ史学を批判した。政治のみならず経済・社会・文化など歴史の総体を描くことを目指したアナール学派は、歴史におけるオルタナティブな可能性を否定したりはしなかった。

二〇世紀前半、歴史学の分野全体で変化が起こり、歴史のサブジャンルとして登場した反実仮想もそうした変革の過程の一要素と考えられた。つまり反実仮想は、キリスト教的史観、ホイッグ史観、ランケ史学といった古い体系が消え去った後の真空状態を埋めるものとして、より広範囲で、因果関係をより明確にした（あえて言えば、より科学的な？）歴史の理論となる可能性を示していた。[32]

だが、アナール学派の発想は、歴史の因果関係を探究する反実仮想の発想とは異なるものだとされていく。アナール学派の第二世代になると、フェルナン・ブローデルが『地中海』（一九四九年）で示した「長期持続 long durée」の概念のように、マクロな視点で社会構造を捉える視点が主流となった。そこでは、歴史の必然性に重点が置かれ、偶然性を意識した「反実仮想の歴史」が入り込む余地はなくなっていた。[33]

ユーモア論文集『もしも別様に起こっていたら』

一九三〇年代に入ると、「反実仮想の歴史」のエッセイ型と言いうる有名な著作が世に出ている。一九三一年にイギリスで刊行された論文集『もしも別様に起こっていたら（*If it had happened otherwise*）』である。[34]

イギリスの歴史家リチャード・J・エヴァンズは、この本が出版された背景について、一九二〇年代後半から三〇年代前半にかけてイギリスの政治を覆っていた不確実性や不安を指摘している。当時は、どの政党も議会の過半数を占めることができず、オズワルド・モズレーやチャーチルといった政治家はいろんな政党を渡り歩いていた。先の見えない政治状況では、他でもあり得たかもしれないという「可能性感覚」に注目が集まりやすかった。しかし、ナチスの台頭によって、ファシズムと向き合うという選択肢以外は考えにくくなると、『もしも別様に起こっていたら』のように、社会に大きなインパクトをもたらす反実仮想の著作は出版されなくなってしまう（後でも触れるが、一九三一年から七二年までの約四〇年間、「歴史のｉｆ」をテーマとした類書はほとんど出版されなかった）[35]。

『もしも別様に起こっていたら』の噂は、遠く離れた日本にも伝わっていた。昭和史の重大な転換点となった満洲事変から遡ること約一カ月半前。『朝日新聞』（一九三一年七月三一日付朝刊）には、「ＩＦで見た歴史」と題された小さな記事が掲載されている。

> 最近ロンドンで「若し別様に起りしならば《イフ・イツト・ハツド・ハプンド・アザワイズ》」といふ面白い本が出版された。前英国蔵相ウインストン・チヤーチルを始めとして十一名の一流政治家、文学者、歴史家、宗教家が各自勝手の空想を働かして前記「文明分け目の瞬間」が非歴史的に起つたとしたならばどんな結果になつたらうかといふことを述べてゐるのである〔引用者注：ルビは原文どおり〕。

イギリスの歴史家Ｊ・Ｃ・スクワイアが編者を務めた『もしも別様に起こっていたら（若し別様に起りしならば）』には、ウィンストン・チャーチル、Ｇ・Ｋ・チェスタトンといった豪華な執筆陣が、「歴史のｉｆ」に関する論考を寄せている。目次は以下のとおりである。

「もしもスペインのムーア人〔引用者注：イスラム教徒〕が勝利していたら」（フィリップ・ゲダラ）
「もしもオーストリアのドン・ファン・デ・アウストリアがスコットランドのメアリ女王と結婚していたら」（G・K・チェスタトン）
「もしもルイ一六世が断固とした態度を取っていたら」（アンドレ・モーロワ）
「もしもドルーエの軽馬車が動かなかったら」（ヒレア・ベロック）
「もしもナポレオンがアメリカへ脱出していたら」（H・A・L・フィッシャー）
「もしもバイロンがギリシャの王になっていたら」（ハロルド・ニコルソン）
「もしもリー将軍がゲティスバーグの戦いで勝っていたら」（ウィンストン・チャーチル）
「もしもブースの弾丸がリンカーンからそれていたら」（ミルトン・ウォルドマン）
「もしもフリードリヒがガンでなかったら」（エーミール・ルートヴィヒ）
「もしもフランシスコ・ベーコンが実はシェイクスピアの作品を書いたと一九三〇年代に判明していたら」（ジョン・スクワイア）
「もしもゼネラル・ストライキが成功していたら」（ロナルド・ノックス）
チャーチルが論じた「歴史のｉｆ」は、南北戦争における「南軍の勝利」であった（史実では、南北戦争で勝利したのは北軍である)。ゲティスバーグの戦いで「勝利」した南軍のリー将軍は、自らの判断で、南軍が擁護していたはずの奴隷制を廃止する。一種の入れ子構造になっていて、リンカーン率いる北軍の勝利が、この論考では「架空の歴史」として描かれている。

この論文集の特徴は、第一級の歴史家たちが「歴史のｉｆ」に関心を示した点にある。たとえば、イギリスの歴史家ヒレア・ベロックは、一七九一年のヴァレンヌ逃亡事件に関する「歴史のｉｆ」を取り上げた。フランス革命の勃発に際し、パリから逃れようとしたルイ一六世とマリー・アントワネットは、馬車の故障によってドルーエに捕えられてしまう。歴史の偶然性に着目したベロックは、追っ手であるドルーエの方に、同じアクシデントが起こっていたら、何が起こりえたかを論じている。イギリスの歴史家Ｈ・Ａ・Ｌ・フィッシャーは、ナポレオンがアメリカに脱出し、ボリビア共和国の創建者ボリバルと協力して、ラテンアメリカの自由化に貢献する「もうひとつの歴史」を描き出した。

『もしも別様に起こっていたら』は、純粋な歴史書ではなくユーモア論集といった色合いが強い。編者であるスクワイアも、その「序」において「もしも物事が別の道を歩んでいたらどのような違いが起こっていたかについて、興味をそそる空想を集めた」としている。スクワイアの論考も、イギリスの風刺漫画雑誌『パンチ』に掲載されてもおかしくない代物だと評された[36]。執筆陣には、歴史学者のほかに、多数の小説家やジャーナリストも含まれていた。

各論文の形式に注目してみると、世界のイスラム化を描いたフィリップ・ゲダラ「もしもスペインのムーア人が勝利していたら」は、架空の新聞記事や外交文書を引用しながら「歴史のｉｆ」を展開するという、凝った手法を用いている。イギリスの推理作家ロナルド・ノックスの「もしもゼネラル・ストライキが成功していたら」は、一九三〇年六月三一日付（実際には六月三一日は存在しない）の架空の新聞の紙面をそのまま掲載するという大胆な試みを行っている。これらの工夫が功を奏したのであろう、イギリスで出版されたこの書はベストセラーとなり、一九三一年にはアメリカ版も刊行されている。[37]

「想像の歴史」への堕落？

ユーモア論集『もしも別様に起こっていたら』は、「歴史のｉｆ」の面白さを広く伝えるという点で大きな役割を果たした。それだけでなく、後世の「歴史のｉｆ」にも影響を与えている。『地球の長い午後』（一九六一年）などの作品で知られるＳＦ作家ブライアン・オールディスは、この本を「もう一つの歴史世界を展開した作品の原点」としている。[38] 一九九〇年代以降に発表された「反実仮想の歴史」の研究書（第三章以降を参照）も、肯定的に扱うにせよ否定的に扱うにせよ、必ずこの本を取りあげている。前述のリチャード・Ｊ・エヴァンズは、Ｅ・Ｈ・カーが「歴史のｉｆ」を「サロンの余興」（本書二二頁参照）と批判した時に思い浮かべていたのは、この本だったと指摘している。[39]

『もしも別様に起こっていたら』は、間接的にではあるが、フィリップ・Ｋ・ディックの『高い城の男』にも影響を与えている。というのは、アメリカの写真雑誌『ルック』が、一九六〇年にこの論文集を参考にして「歴史のif」シリーズを企画し、そこにアメリカの歴史家W・L・シャイラーの論考「もしヒトラーが勝っていたら……」が掲載されたからだ。このシャイラーの論考こそ、『高い城の男』の「元ネタ」になったと言われている。

ジャーナリストとしてベルリンに駐在したシャイラーには『ベルリン日記』(一九四一年)、『第三帝国の興亡』(一九六〇年)などの著作がある。前者は、一九三四年から四〇年にかけてベルリンの様子を記録したその資料的価値が評価され、後者は膨大な記録文書を分析したナチス研究の古典的名著として知られている。シャイラーは、自らの歴史学的手法を、論考「もしヒトラーが勝っていたら……」にも応用したと、後に明らかにしている。

アドルフ・ヒトラーの、第二次大戦における勝利――それは、多くの人が、いま記憶しているよりは、ずっと実現の可能性の大きいものであった。そして、世界を征服したとき、その世界を一体どのように建直すつもりであったか、ヒトラーはそれを、ことばと初期の行動で、この上なくはっきりと示していた。その場合、このアメリカでは、一体どんなことが起っていただろうか? それを想像するのは、決してむずかしいことではない。戦後押収されたドイツの秘密文書の中の、被征服国民の鎮圧に関する、ヒトラーの極秘計画を検討し、さらに現実に占領され、ドレイ化された国々で、ヒトラーが、その計画を、どのように実行していったかを観察するだけで十分である。[40]

シャイラーの論考は、ドイツ軍がアメリカ東部に侵入し、合衆国憲法を停止する場面から始まる。アメリカは、わずか五日間で陥落し、ロッキー山脈を境界線として日本とドイツによる分割統治が行われる。日本の占領地域では比較的自由が認められていたが、国土の三分の二に相当するドイツ占領地域では、そうはいかなかった。フランクリン・ローズヴェルト大統領をはじめとする指導者層はドイツの収容所に送られ、住民は食料も教育も不十分な状態に置かれた。ユダヤ人の次に隔離政策のターゲットにされたのは黒人であった。若者たちは、労働力の担い手として次々とドイツに送られる。キリスト教は禁止され、聖書は『わが闘争』に、十字架は鉤十字に置き換えられた。さらには、ドイツ人裁判官による特別法廷の設置、焚書、新聞社やラジオ放送局のナチ化などによって、「アメリカ人の完全奴隷化」が目指された。

『高い城の男』で採用されたロッキー山脈を境とした分割統治というアイディアは、このシャイラーの論考から着想を得たと言われている。ディックの小説では、歴史改変ＳＦ『イナゴ身重く横たわる』が日本占領下でのみ流通する設定になっていたが、ナチス占領下のこうした「閉ざされた言語空間」も、シャイラーの論考での設定とよく似ている。こうした点を考慮すると、『もしも別様に起こっていたら』が出版されていなければ、『ルック』誌が「歴史のｉｆ」シリーズを企画することもなく、シャイラーが論考を発表することもなく、『高い城の男』のストーリーはもっと違うものになっていたかもしれない。[41]

一九七二年に出版された復刻版『もしも別様に起こっていたら』に解説文を寄せたのは、イギリスの歴史家ジョン・ウィーラー＝ベネットである。ドイツ現代史を専門とするウィーラー＝ベネットは、国防軍とヒトラーの関係を論じた『権力のネメシス』（一九五三年）でも知られている。ウィーラー＝ベネットは、「歴史のｉｆ」を描いた作品を、「想像上の歴史の古典学派（the classical school of imaginary history）」と位置づけ、『もしも別様に起こっていたら』を、単なるエンターテイメントにとどまらない可能性を持つと高く評価している。「この本は、ベストセラーとなっただけではなく、文学界と一般読者の双方に深い印象をもたらした。だからこそ今も忘れられることがない。[42]」

この指摘は、「歴史学界と一般読者」に置き換えることも可能だろう。この本が出版された一九三一年から、復刻が実現した七二年までの約四〇年間で、歴史学者が関わる同じような書籍はほとんど出版されていない（この間、歴史改変小説は、たくさん刊行されている[43]）。ユーモア論集としての色合いも強かった『もしも別様に起こっていたら』ではあったが、学術性と娯楽性をあわせ持ち、歴史学者との連携可能性を示した点はやはり重要であった。

3　六〇／七〇／八〇

もしも私がマーガレット・サッチャーだったら……

一九五〇年代から六〇年代にかけては歴史改変ＳＦの黎明期であり、アメリカ南北戦争を題材としたウォード・ムーア『我らに祝典を（*Bring the Jubilee*）』（一九五三年）、フィリップ・Ｋ・ディック『高い城の男』（一九六二年）などの名作が登場している。

ちょうど同じ時期に、量子物理学の世界では「多世界解釈」という新たな学説が登場している。一九五七年にヒュー・エヴェレットが提唱したこの学説は、電子レベルで実験が繰り返されてきた互いに干渉する複数の状態（＝世界）を、マクロの世界に応用する非常に難解な学説である。マクロの世界では、互いに干渉しない世界が「多数」存在するとされたので、「多世界解釈」と呼ばれた。つまり、われわれの世界で起こっていない出来事が「もうひとつの世界」では実際に起こっていると考えられた。「パラレルワールド」の存在に科学的な根拠を与えた学説として、反実仮想の発想が広く受け入れられる上で多大な貢献をした。[44]

この頃には、哲学や論理学においても、反実仮想についての研究が盛んになっていく。まず、アメリカの哲学者ネルソン・グッドマンが、『反実条件文の問題（*The Problem of Counterfactual Conditionals*）／事実・虚構・予言』（一九四七年／八三年改題）で問題提起を行った。同じくアメリカの哲学者デイヴィッド・ルイスも、『反事実的条件法』（一九七三年）を発表し、われわれの住んでいる世界の外に存在する「可能世界」について考察を行った。[45] だが、『歴史とは何か』を書いたE・H・カーがそうであったように、「証拠」を求める歴史家は、「P□→Q」や「~（P◇→~Q）」（両者とも「PならばQであるはずだ」を意味する）といった形而上の議論に目を向けようとはしなかった。[46]

以下では、一九七九年にイギリスで刊行されたダニエル・スノーマンの編著『もしも私だったら…（*If I Had Been…*）』に注目してみたい（図1-5）。前出のリチャード・J・エヴァンズは、スノーマンの本が世間の関心を集めた理由について、七〇年代のイギリスが衰退期にあたり、不確実性や自省の時期にあったからだと分析している。くしくもこの本が出版されたのは、マーガレット・サッチャーが首相に選出された年にあたる。混迷の時代だからこそ、強力なリーダーシップが求められたわけだ。[47]

『もしも私だったら…』は、一〇人の歴史学者が、歴史上の人物になりきって、歴史的な出来事に対峙するという少し変わった企画であった。たとえば、この本にはアレクサンドル・ケレンスキー（一九一七年、ロシア臨時政府首相に就任）、コンラート・アデナウアー（一九四九年~六三年、西ドイツ首相）、アレクサンデル・ドプチェク（一九六八年~六九年、チェコスロバキア共産党第一書記）など時の権力者が登場する。執筆者はこれらの人物になりきって、ロシア革命（一九一七年）、東ドイツの台頭（一九五二年）、プラハの春（一九六八年）といった歴史的な瞬間に立ち会い、いかにすれば事態をうまく打開できたかを考察していく。[48]

編者であるスノーマンは、先に紹介した『もしも別様に起こっていたら』（一九三一年）を反面教師として例に挙げ、どこまで「不確実さ」を許容するかについてルールを設けていなかったために、気まぐれで非現実的な内容になってしまったと批判する。こうした事態を防ぐために、『もしも私だったら…』では、歴史的な事実にもとづいて論を進めていくことが前提とされた。そして、取りあげる人物の個性と向き合う、大どんでん返しを行わない、意図的な暗殺を行わないといったルールが設けられた。

タイトルにもあるように、「もしも私だったら…」が、この論文集のテーマであるのだから、パーソナリティの多少の「改変」は仕方のないところだ。しかし、ナポレオン抜きのナポレオン体制は思考実験として何の意味もなさないし、ユダヤ人を人種的に優れた人々だとみなすようなヒトラーはヒトラーではない。それらは、歴史改変小説のモチーフとしてはありえても、歴史学者が真剣に検討すべきテーマとしては設定が非現実的すぎる。歴史を「改変」する範囲として、どこまでが許され、どこからが行きすぎとされるのか。こうした問いを突き詰めていけば、古くから繰り返されてきた決定論と自由意志論とのあいだの論争に帰結する。

歴史のコースがおおよそ決まっている

図1－5

ダニエル・スノーマンの編著『もしも私だったら…（*If I Had Been…*）』（1979年）

と考えるならば、個人や集団には何かを選択する余地はない。つまり、反実仮想の前提となる歴史の複数性や改変可能性は否定されてしまう。一方、人間の自由意志を認める立場からすると、人間の選択次第で、歴史のコースはいくつも存在することになる。歴史を「改変」する範囲も広く考えることができる。

興味深いのは、スノーマンが「過去」に対しては決定論的な見方を示し、「現在」に対しては自由意志論的な見方を示した点だ。たしかに過去の出来事は、時間が経てば、原因や因果関係を特定することも困難ではない。たとえば、一九七二年にアメリカのニクソン大統領は、まだ国交のなかった中国を突然訪問して国際社会を驚かせた。アメリカでは公文書も公開されているので、二〇一八年に生きるわれわれは、ニクソン訪中という歴史的出来事の背景や意義について理解することができる。しかし、われわれは、トランプ大統領と金正恩朝鮮労働党委員長による米朝首脳会談（二〇一八年六月一二日）の歴史的な意義について、完全に見定めることはできない。

スノーマンは、それぞれの時代（＝「過去」）を「現在」の視点で捉えなおすことを各章の執筆者に求めた。つまり、過去の出来事の不確かさに目を向けるように注意を促した。

一見したところ固定化され、そのように運命づけられたように思える過去も、かつては不確かで、いくつもの選択肢が目の前に広がっている現在として体感されていたのである。（中略）そういったことがわかるような記述を望む。[49]

当時の人々の視点に立って歴史を見直すというスノーマンの意図が、執筆陣にどの程度伝わっていたかは別問題だ。前出のリチャード・J・エヴァンズは、ケレンスキーが実際より決断力があったり、スターリンが誠実になっていたりと、歴史上の人物のパーソナリティが大きく変えられてしまったことを嘆いている。

歴史上の大人物に成り代わる歴史家は、当の人物が備えていた鋭い洞察力や明敏さ、あるいは大胆さに自分の能力がついていかないとはあまり言わない。その上で、自分だったらいかにうまく事態に対処できたかを論じるのである。[50]

もしもアメリカに鉄道が敷設されていなかったら……

一九九〇年代までの「反実仮想の歴史」について考える時、アメリカの経済学者ロバート・W・フォーゲルの研究も忘れてはならない。フォーゲルは、数量的方法を用いた経済史（＝「ニュー・エコノミック・ヒストリー」）の第一人者であり、ダグラス・C・ノースとともに一九九三年度ノーベル経済学賞に輝いてもいる。

フォーゲルは、「もしも一八九〇年の時点でアメリカに鉄道がなかったら、一九世紀のアメリカ経済はどうなっていたか」というテーマに取り組み、反実仮想に統計の手法を導入した。この研究によりジョンズ・ホプキンス大学の博士号を取得し、一九六四年には博士論文をもとにした『鉄道とアメリカの経済成長（*Railroads and American Economic Growth*）』を刊行している。

もしもアメリカに鉄道が存在しなかった場合、主に水路や荷馬車が輸送手段として活用されただろうと言われている。フォーゲルは、それらの運賃・交通費用――そうしたデータは現実には存在しないので「架空」のデータになる――を計算し、実際に運搬された荷物量や国民所得に占める輸送費の割合などの分析を加えることで、鉄道が存在しなかった場合の統計モデルを作り上げた。その結果、鉄道が存在したことで、農業分野では三億七三〇〇万ドル分の節約となったが、この額は国民総生産の約三％にすぎないという結論が導き出された[51]。つまり、たとえ鉄道という効率的な輸送手段が存在しなかったとしても、アメリカの経済活動にはほとんど影響しなかったというわけだ。

それまでアメリカ経済は鉄道産業を軸に発達してきたと考えられていたので、フォーゲルの知見は大きな論争を巻き起こしていく。反実仮想の手法に対して、露骨なアレルギー反応を示す経済史の研究者も少なくなかった。たとえば、フリッツ・レードリックは、「現実に対する仮説」と「現実とは無関係な虚構」という二分法を示し、歴史家が扱うべきは前者だと断言した。

歴史研究が扱うのは、「存在した過去」であって「存在したかもしれない過去」ではない。こうした当然のルールが、どうして経済史や社会史には適用されないのか。さらに言えば、実際には起こらなかったことを正確に数量的に小数点以下二桁（どうして五桁ではないのだ?）までどうして知ることができるのか、私には理解できない。「反実仮想の歴史」は、私にとって、「架空」歴史（"as if" history）、疑似歴史（quasi-history）、虚構の歴史（fictitious history）であり、本当の意味での歴史とは言えない。[52]

フォーゲルは一九六八年に来日し、京都アメリカ研究夏季セミナーにおいて、一〇日間の集中講義を行っている。このなかでフォーゲルは、旧来の経済史家も反実仮想の手法を用いてきたにもかかわらず、それが真新しい発明品のように扱われているのは驚きだと述べている。「アメリカ経済は鉄道産業を軸として発達してきた」という仮説の検討と、「もしも鉄道がなかったら、アメリカ経済はこれほどまでに発達しなかったであろう」という反実仮想の検討は、ほぼ同じものと言える。フォーゲルは、従来の経済史では、「起こったかもしれない事柄についての叙述ではなく、実際に起こった事柄についての叙述にみえるように偽装されていた」と述べ、「ニュー・エコノミック・ヒストリー」の手法と大差はないと強調した。[53]

フォーゲルは、鉄道が存在しないアメリカという「もうひとつの世界」を再現するために、架空のデータではなく実際に鉄道が存在した現実世界のデータを用いている。京都での夏季セミナーで、フォーゲルはこう指摘してもいる。

起こったかもしれない事柄について述べるとき、それは、つねに、仮定の世界についての説明であり、この仮定の世界のなかで、経済変数や経済制度の動き、人びとの行動がどうなるであろうかということを説明しようとすることである。しかしながら、このような説明を行なうための基盤は、現実に存在した世界に関する知識にある。実際、この仮定の世界を支える根拠をえるためには、実際に観察された事柄と、起こったかもしれない事柄を関連づけることができる一組の方程式あるいはモデルを必要とする。[54]

フォーゲルは、反実仮想の統計モデルが歴史的事実に立脚している点を強調することで、その検証可能性を示そうとした。だが、このことは、独自の検証手段を持たない反実仮想の弱点をさらけ出してもいた。つまり、鉄道の存在を消去する反実仮想のモデルを作っておきながら、その消去したものを検討するに際して、実際に存在した世界のデータに頼らざるをえないのだ。[55]

フォーゲルの手法は、日本の経済史研究者にも大きなインパクトをもたらした。たとえば、西洋史を専門とする芝井敬司は、反実仮想命題がもつアポリア（難問）を以下のようにまとめている。

反実仮想命題を導入しなければ、特定の技術革新、制度、プロセスが経済成長に及ぼした純粋な効果を確定することができないとするフォーゲルの主張は正当である。ただし、そこには検証可能性の問題が残るので、科学的活動全体の中で反実仮想命題の問題を科学方法論の側面から基礎づける必要がある。[56]

鉄道が先か、自動車が先か

「反実仮想の歴史」という観点からフォーゲルの研究業績を考えてみると、数量的な方法論を確立させた点については高く評価すべきであろう。ただし、経済学と経済史を架橋する役割を果たそうとした「ニュー・エコノミック・ヒストリー」の狙いは、十分達成されたとは言えない。理論研究や計量研究と歴史学的な思考とのあいだには、依然として深い溝が横たわっていた。

フォーゲルは、『鉄道とアメリカの経済成長』のなかで、もしもアメリカで鉄道が存在しなかったら、もっと早い段階で自動車が発達し、短距離の輸送手段として重要な役割を果たしただろうと推測している。

わたしの本のなかで示したかったことは、もし、鉄道というものが発明されていなかったなら、鉄道の発達のために使われたごく一部の資本でもってすら、効率的な内燃機関〔引用者注：自動車を走らせるガソリンエンジンのこと〕のより早い発達をもたらしえたであろうということである。内燃機関にたいする理論的な障壁はなかったし、実際上の技術的な障壁もなかった。[57]

このフォーゲルの主張に対して、歴史学者からは批判が相次いだ。たとえば、「歴史のｉｆ」の理論化を試みた歴史学者ヤン・エルスターは、『論理と社会（*Logic and Society*）』（一九七八年）のなかで、「鉄道が発明されずに自動車が先に発明されるという状況は、本当にありうるのだろうか？」という疑問を投げかけていく。自動車を発明するほど技術が発達していたならば、その前に鉄道が発明されたと考えるのが妥当だ、というわけだ。[58]

一九九〇年代以降の反実仮想研究においても、フォーゲルの研究が肯定的に論じられることはない。たとえば、本書の序章で紹介したイギリスの歴史学者ニーアル・ファーガソンの編著『仮想歴史（*Virtual History*）』（一九九七年）では、フォーゲルの用いた統計技術が現代の水準と比べれば格段に劣ることへの不信に加えて、史実との整合性の欠如が厳しく批判されている。一八九〇年当時の視点に立って見ると、鉄道をどこに敷設すべきかという議論は行われていたが、鉄道の敷設自体の可否が問われることはほとんどなかった。ファーガソンは、「もしも鉄道が敷設されていなかったら……」というフォーゲルの反実仮想は、あまりに歴史的な事実とかけ離れていると批判した。[59]

本書でたびたび引用しているリチャード・Ｊ・エヴァンズも、フォーゲルの研究は「観念的統計的計算」であるとし、「厳密な意味での反実仮想ではない」とバッサリ切り捨てている。

この統計学の演習は、実際に鉄道がなかったアメリカ社会を想像するものでも、機関車がグレートプレーンズ〔引用者注：アメリカ中西部を占める大平原〕を横断する前のアメリカ西部のノスタルジアにふけるものでも、どんなに遠く離れていても鉄道が建設されなくてもあらゆる可能性があったと指摘するものでもない。つまり「〇〇〇であったかもしれない」という発想とは全く関係がない。[60]

反実仮想の研究方法には、経済学的思考と歴史学的思考、あるいは数量的分析と質的分析という二つのパラダイムの対立構図が見え隠れする。はたして両者を統合するような方法はあり得るのか。本書でも引き続き、検討を行っていきたい。

なお、一九八〇年代には、古代ローマ史を専門とするアレクサンダー・デマントが、「歴史のｉｆ」の学術性を追究した『起こらなかった歴史（*History That Never Happened*）』（一九八四年）を刊行している。ジョン・ミリマンが編者を務めた『人が馬に乗れなければ（*For Want of a Horse*）』（一九八五年）の執筆陣には著名な歴史学者が名を連ねたが、ユーモア論集の域を超えるものではなかった。たとえば、コラムニストのチャールズ・マケイブが取りあげた「若い頃に野球が得意であったフィデル・カストロがニューヨーク・ジャイアンツと契約を交わしていたら」という発想はたしかに面白いが、学術的な可能性を示したとは言えないだろう。[61]

反実仮想の学術的可能性を検討するためには、一九九〇年代以降の研究動向を見ていかなければばならないようだ。これに関しては、第三章と第四章で詳しく検討する。第二章では、少し視点を切り替えて、日本における「歴史のｉｆ」の歴史について確認していきたい。

1——大戸千之『歴史と事実——ポストモダンの歴史学批判をこえて』京都大学学術出版会、二〇一二年、二五二頁。

2——作者のルイ・ナポレオン・ジョフロワ＝シャトーは、ナポレオンの養子にあたる（Richard J. Evans 2014, *Altered Pasts: Counterfactuals in History*, Little, Brown, p.11）。『ナポレオンと世界征服』に関しては、以下の文献を参照のこと。Paul K. Alkon 1987, *Origins of Futuristic Fiction*, The University of Georgia Press, pp.130-46, Catherine Gallagher 2018, *Telling It Like It Wasn't: The Counterfactual Imagination in History and Fiction*, The University of Chicago Press, pp.51-7.

3——「P——氏の手紙」『ナサニエル・ホーソーン短編全集三』國重純二訳、南雲堂、二〇一五年（原著一八四五年）、四〇五—二七頁。

4——マレイ・ラインスター「時の脇道」（冬川亘訳）山本弘編『火星ノンストップ』浅倉久志、伊藤典夫ほか訳、早川書房、二〇〇五年（原著一九三四年）、九九頁。

5——ジョン・クルートとピーター・ニコルズが編者を務めた『ＳＦエンサイクロペディア（*The Encyclopedia of Science Fiction*）』の第二版の「もうひとつの世界（alternate worlds）」という項目でも、「歴史上の仮説的改変の結果として、ひょっとしたらそのようになったかもしれない地球」を描いたものと定義されている（John Clute, Peter Nicholls (eds.) 1993=1999, *The Encyclopedia of Science Fiction* (*2nd ed.*), Orbit, p.23）。カレン・ヘレクソンは、①歴史の分岐点をモチーフとした作品、②歴史改変後の世界を描く作品、③現実世界と全く交わることのないパラレルワールドを描いた作品が存在するとしている（Karen Hellekson 2001, "*The Alternate History: Refiguring Historical Time*", The Kent State University Press, p.5）。歴史改変小説については、浅倉久志「特集解説」および堺三保「歴史の転換点はどこに？——最新英米ＳＦ歴史改変事情」も参照のこと（『ＳＦマガジン』一九九六年三月号、一〇、一二頁）。

6——ポール・ウィリアムズ『フィリップ・Ｋ・ディックの世界——消える現実』小川隆、大場正明訳、ペヨトル工房、一九九一年（原著一九八六年）、二二四頁。『高い城の男』については、藤元登四郎「『高い城の男』——ウクロニーと「易経」」（『ＳＦマガジン』二〇一一年七月号）も参照のこと。

7――福島正実「スペキュレーションの作家」フィリップ・Ｋ・ディック『高い城の男』川口正吉訳、ハヤカワ・ＳＦ・シリーズ版、一九六五年（原著一九六二年）、三一三頁。

8――尾之上俊彦「一九九八年度受賞作の傾向を斬る！」『ＳＦマガジン』一九九九年一月号、三五頁。『ＳＦマガジン』一九九六年三月号には、「改変世界ＳＦブックガイド」が掲載されている（七六―八〇頁）。最近の歴史改変小説に関しては、『ミリタリー・クラシックス』における印度洋一郎の連載「オルタナティブ・ワールド／世界の仮想戦記」（二〇〇七年〜現在）も参照した。

9――「allohistory」という言葉を用いた例として、以下の論文を参照のこと（Gordon B. Chamberlain, 1986, "Afterword : Allohistory in Science Fiction", in Charles G. Waugh and Martin H.Greenberg (eds.), *Alternative Histories : Eleven stories of the world as it might have been*, Garland Publishing）。この本の書名にもなっている「alternative history」は、反実仮想とは違う意味（＝実際の出来事の異なる解釈という意）で用いられることもあり、歴史改変ＳＦを意味するものとしては、「alternate history」を用いるのが一般的なようだ。

10――データベース上では、「最新情報」「著者別」「言語別」「作品集」「シリーズもの」「参考資料」「年代別の分岐点」「初期の反実仮想」など項目ごとの閲覧もできる。サイドワイズ賞のホームページへのリンクも貼られている。

11――ケネス・マクゼイ編『ヒトラーの選択』柘植久慶訳、原書房、一九九五年（原著同年）。ハロルド・Ｃ・ディッチュ、デニス・Ｅ・ショウォルター編『ヒトラーが勝利する世界』守屋純訳、学習研究社、二〇〇六年（原著一九九七年）。

12――Gavriel D. Rosenfeld 2005, *The World Hitler Never Made : Alternate History and the Memory of Nazism*, Cambridge University Press ,p.518. ローゼンフェルドの調査は、小説、エッセイ、研究書、劇、映画、ＴＶ番組を含む。なお、日本におけるヒトラー言説の受容については、佐藤卓己編『ヒトラーの呪縛――日本ナチカル研究序説』（中公文庫、二〇一五年（単行本二〇〇〇年））が詳しい。

13――Richard J. Evans 2014, *op. cit.*, p.96.

14――キャサリン・ギャラガー「他の世界から見た第二次世界大戦」（福島祥一郎訳）『思想』二〇〇六年四月号（九八四号）、一〇三頁。

15――ギャラガーの論考が掲載された『思想』（二〇〇六年四月号）では、国際政治学者の押村高も、同様の問題提起を行っている。押村は、「饒舌な勝者／沈黙する敗者」という構図を放置しないために、さまざまな反実仮想を相互に検証する「メタ－反実史学」の構想を掲げている（押村高「戦争のもうひとつの語り方」『思想』二〇〇六年四月号、一二四－一三八頁）。

16――M・アルヴァックス『集合的記憶』小関藤一郎訳、行路社、一九八九年（原著一九五〇＝六八年）、七三頁。溝井裕一、細川裕史、齊藤公輔編『想起する帝国――ナチス・ドイツ「記憶」の文化史』勉誠出版、二〇一七年、五二頁。

17――Gavriel D. Rosenfeld 2005, *op. cit.*, p.87. 歴史改変ＳＦの傑作として名高い『ファーザーランド』は二五カ国で翻訳され、世界各地での販売総数は三〇〇万部に達した。

18――Gavriel D. Rosenfeld 2014, "Whither "What If" History?", in *History and Theory* 53, pp.463-4.

19――村上貴史「解説」『バッキンガムの光芒――ファージングⅢ』茂木健訳、創元推理文庫、二〇一〇年（原著二〇〇八年）、四八九頁。

20――C. J. Sansom 2012, "My Nightmare of a Nazi Britain", *The Guardian*, October 19 03.00 EDT.

21――ダミアン・トンプソン『すすんでダマされる人たち――ネットに潜む「カウンターナレッジ」の危険な罠』矢沢聖子訳・大槻義彦解説、日経ＢＰ社、二〇〇八年（原著も同じ）。辻隆太朗『世界の陰謀論を読み解く――ユダヤ・フリーメーソン・イルミナティ』講談社現代新書、二〇一二年、二四八頁。イギリスの歴史家リチャード・J・エヴァンズは、「ナチスの残党が地下で生き残っていて、新しい世界秩序を打ち立てようと企んでいる」、「ベルリンの壕でヒトラーは実は死んでなかった」といった言説を偽史の例に挙げている。エヴァンズは、これらを「遡及的な歴史の捏造（retrospective historical falsification）」と呼び、「一つの変化からもうひとつの歴史が始まるのではなく、現実の記録全てを書き直しているので、反実仮想には含めない」としている（Richard J. Evans 2014, *op. cit.*, p.134）。

22――Richard J. Evans 2014, op. cit., p.128, Gavriel D. Rosenfeld 2014, op. cit., pp.455-7. Gavriel D. Rosenfeld 2016, "Introduction : Counterfactual history and the Jewish Imagination", in Gavriel D. Rosenfeld (ed), *What Ifs of Jewish History : From Abraham to Zionism*, Cambridge University Press, p.356, n. 5.

23――Catherine Gallagher, op. cit., p.3.

24――Geoffrey Winthrop-Young 2009, "Fallacies and Thresholds: Notes on the Early Evolution of Alternate History", in *Historical*

Social Research, vol. 34. no. 2, p.103.

25——John Clute, Peter Nicholls (eds.) 1993=1999, *op. cit.*, p.23.

26——合田正人『思想史の名脇役たち——知られざる知識人群像』河出書房新社、二〇一四年、八一－五頁。ルヌーヴィエ『ユークロニー』に関しては、以下の文献を参照のこと（Paul K. Alkon 1987, *op. cit.*,pp.129-30, Catherine Gallagher, *op. cit.*, pp.58-66)。

27——合田正人、前掲書、八三－四頁。

28——マックス・ウェーバー「文化科学の論理学の領域における批判的研究」エドワルト・マイヤー、マックス・ウェーバー『歴史は科学か』森岡弘通訳、みすず書房、一九六五年（論文の初出＝一九〇六年）、一八七頁。

29——トレヴェリアンの論考は、後述の『もしも別様に起こっていたら（*If it had happened otherwise*）』（一九三一年）に収録されている。チェンバリンの本は、復刻版が刊行されている（Joseph Edgar Chamberlin 1907=2010, *The Ifs of History : How the World Might Have Changed If Things Had Gone Slightly Differently*, Fireship Press）。チェンバリンの「歴史のｉｆ」については、Simon T. Kaye 2010, Challenging Certainty: The Utility and History of Counterfactualism, *History and Theory* 49, p.48を参照のこと。

30——アーノルド・J・トインビー『歴史の研究　第四巻』下島連ほか訳、経済往来社、一九六七年（原著一九三四年）、三三二頁。トインビーは、キリスト教を中心とした歴史観からの脱却を図ろうとした。ケルト系キリスト教は、アイルランドからスコットランドやイングランド北部に広がっていた。他にもトインビーは、補論「流産した極東キリスト教文明が失った生誕権」において、モンゴルでキリスト教がもっと早く普及していた可能性にも言及している（三五八－六七頁）。

31——アーノルド・J・トインビー、前掲書、三三一－五頁。Jeremy Black 2015, "*Other Pasts, Different Presents, Alternative Futures*", Indiana University Press, p.14.

32——Simon T. Kaye 2010, *op. cit.*, p.51. 小田中直樹編訳『歴史学の最前線——〈批判的転回〉後のアナール学派とフランス歴史学』（法政大学出版局、二〇一七年）の小田中直樹「イントロダクション」も参照のこと。

33——Simon T. Kaye 2010, *op. cit.*, pp.51-2.

34——J. C. Scquire (ed.) 1931, *If it had happened otherwise : Lapses into imaginary history*, Longmans, Green and Co. ほぼ同じ時期に、イギリスの歴史家Ｆ・Ｊ・Ｃ・ハーンショーも、『歴史上の仮定（*The "ifs" of history*）』（一九二九年、邦訳三二

年）を出版している。ハーンショーは、「アレクサンダー大王が早逝しなかったら」「コロンブスがアメリカを発見しなかったら」など二〇テーマについて「歴史のｉｆ」を検討している。

35――Richard J. Evans 2014, *op. cit.*, p19.

36――Niall Ferguson 1997=2011, "Introduction", in Niall Ferguson (ed.), *Virtual History: Alternatives And Counterfactuals*, Picador, p.10.

37――アメリカ版は、*Ifs; or, History Rewritten*, The Viking Press, 1931。ロナルド・ノックスの論考が削除され、代わりにヘンドリック・ウィレム・ヴァン・ルーンの「もしオランダがニューアムステルダム（＝ニューヨーク）を手放さなかったら」という論考が加えられている。

38――ブライアン・アッシュ編『ＳＦ百科図鑑』山野浩一監訳、サンリオ、一九七八年（原著一九七七年）、一二四頁。「未来ともう一つの歴史」という項目で「この論集は歴史家の間に多大の関心を呼び起こした」とされている（一二九頁）。前述のサイモン・Ｔ・ケイは、『もしも別様に起こっていたら』が、「歴史学のサブジャンルとして反実仮想が発展するうえで重要な意味」を持ち、「最初の明らかに近代的な反実仮想のエッセイ集」だと指摘している（Simon T. Kaye 2010, *op. cit.*, p.49）。

39――Richard J. Evans 2014, *op. cit.*, p.26. エヴァンズは、Ｅ・Ｈ・カー『歴史とは何か』の四〇周年記念版の「序文」を執筆している（E.H.Carr 1961=2002, *What is History?: With a new introduction by Richard J. Evans*, Palgrave Macmillan）。

40――Ｗ・Ｌ・シャイラー「もしヒトラーが勝っていたら……」『週刊朝日』一九六一年一二月二九日号、一六頁。

41――ブライアン・アッシュ編『ＳＦ百科図鑑』前掲書、一三二頁。『高い城の男』は、ランドルフ・ロバン『さかさまの世界――もしドイツが勝っていたら』（原田義人訳、筑摩書房、一九五二年（原著一九五〇年））の影響を受けたとも言われている。

42――Sir John Wheeler-Bennett 1972, "Introduction", in J. C. Scquire (ed.), *If it had happened otherwise : Lapses into imaginary history*, Sidgwick & Jackson, p. xii. ウィーラー＝ベネットは、「もしもナポレオンがワーテルローの戦いの朝に重い痔にならなかったら」といった些細な出来事に注目する「歴史のｉｆ」を「『蹄鉄が無かったら』の歴史学派（"for-the-lack-of-a-nail-a-shoe-was-lost" school of history）」と呼んだ。一九七二年の復刻版には、チャールズ・ペトリ「もしも――ジャコバイトの幻想」、Ｇ・Ｍ・トレヴェリアン「もしもナポレオンがワーテルローで勝っていたら」、Ａ・Ｊ・Ｐ・テイラー「もしもフェルディナント大公が妻を愛していなかったら」の三つの論考が新たに追加された

（トレヴェリアンの論考は、一九〇七年発表のもの）。

43——唯一の例外として挙げるべきは、マッキンレー・カンターの『もしもアメリカ南北戦争で南軍が勝利していたら』である（MacKinlay Kantor 1960=2001, *If the South Had Won the Civil War*, A Forge Book）。

44——和田純夫『量子力学が語る世界像——重なり合う複数の過去と未来』講談社ブルーバックス、一九九四年、一四八－九頁。一九六〇年代から七〇年代にかけて、一般の人々のあいだにもその考え方が受け入れられていくことによって、歴史改変ＳＦと「反実仮想の歴史」の双方の発展に貢献したと言われている（Simon T. Kaye 2010, p.53）。

45——ネルソン・グッドマン『事実・虚構・予言』雨宮民雄訳、勁草書房、一九八七年（原著一九四七年＝一九八三年）、デイヴィッド・ルイス『反事実的条件法』吉満昭宏訳、勁草書房、二〇〇七年（原著一九七三年）、デイヴィッド・ルイス『世界の複数性について』出口康夫監訳、佐金武、小山虎、海田大輔、山口尚訳、名古屋大学出版会、二〇一六年（原著一九八四年）を参照のこと。

46——三浦俊彦『可能世界の哲学——「存在」と「自己」を考える』二見文庫、二〇一七年（単行本一九九七年）、三九－四四頁。Aviezer Tucker 1999, "Review of Ferguson, Virtual History (Historiographical Counterfactuals and Historical Contingency)", in *History and Theory* 38 no.2, p.267.

47——Richard J. Evans 2014, *op. cit.*, p.27. サッチャーは一九七九年から九〇年まで首相を務めた。スローガンは「この道しかない（There Is No Alternative=TINA）」であった。

48——Daniel Snowman (ed.) 1979, *If I Had Been… Ten Historical Fantasies*, Rowman and Littlefield. 各章は三部構成となっていて、第一部は、執筆者が歴史的な背景について説明を行う。第二部で、ケレンスキーやアデナウアーなど歴史上の人物のパーソナリティ（ペルソナ）を用いて別の歴史の可能性を探る。第三部では、ふたたび執筆者が（自らのペルソナを用いて）ありえたかもしれない歴史について考察を行う。

49——Daniel Snowman (ed.) 1979, *op. cit.*, p.8.

50——Richard J. Evans 2014, *op. cit.*, p.29.

51——R.W. Fogel 1964, *Railroads and American Economic Growth : Essays in Econometric History*, The Johns Hopkins Press, p.12. R.W. Fogel 1966, "The New Economic History : Its Findings and Methods", in *Economic History Review*, 2nd series, Vol.19, p.651.

52——Friz Redlich 1968, "Potentialities and Pitfalls in Economic History", in *Explorations in Entrepreneurial history*, Second Series,

Vol.6, No.1, pp. 99-100. Fritz Redlich 1965, "'New' and Traditional Approaches to Economic History, and Their Interdependence", in *The Journal of Economic History*, Vol.25 No.4, pp.484-5. 訳文は、田口芳弘「アメリカにおける「ニュー・エコノミック・ヒストリー」の生成と発展」『経済学論叢』同志社大学経済学会、一九七六年（第二四巻第四・五・六号）、二二八‐九頁も参考にした。

53――R・W・フォーゲル『アメリカ経済発展の再考察――ニュー・エコノミック・ヒストリー十講――』今津晃・斎藤眞監修、田口芳弘・渋谷昭彦訳、南雲堂、一九七七年、七八頁。安場保吉「〝新しい経済史〟――革新と偏向」梅村又次ほか編『数量経済史論集1――日本経済の発展』日本経済新聞社、一九七六年、三六四‐五頁。

54――R・W・フォーゲル、前掲書、七七頁。

55――Fritz Redlich 1965, *op. cit.*, p.487. 堀江保蔵・角山榮編『一般経済史――基礎経済学大系4』青林書院新社、一九七七年、二二一頁。

56――芝井敬司「ニュー・エコノミック・ヒストリーをめぐる方法論争――フォーゲルの所論を手懸かりに」『西洋史学』一九八二年九月（一二六）、三二頁。フォーゲルは、S・L・エンガマンとの共著『苦難のとき――アメリカ・ニグロ奴隷制の経済学』（一九七四年、邦訳一九八一年）で、南北戦争によって奴隷制が廃止されなかった場合の反実仮想モデルも立ち上げた。彼らは奴隷制に賛同したわけではなく、経済システムとしての価値を純粋に試算しただけだったが、人道的な観点から非難の声も寄せられた。

57――R・W・フォーゲル 前掲書（一九七七年）、一九一頁。なお、ガソリン自動車は、一八八五年にドイツの技術者であるダイムラーが特許を取得している。

58――Jon Elster 1978, *Logic and Society : Contradictions and Possible Worlds*, John Wiley & Sons, p.185, pp.204-8.

59――Niall Ferguson, *op. cit.*, pp.17-18.

60――Richard J. Evans 2014, *op. cit.*, p.38.

61――Alexander Demandt 1984=1993, *History That Never Happened : A Treatise on the Question, What Would Have Happened If...?*, McFarland & Company, Inc. John Merriman, 1985, *For Want of a Horse : Choice and Chance in History*, The Stephen Greene Press.

第二章

一九九〇年代日本の架空戦記ブーム

1　大逆転！　太平洋戦争史

地には平和を

第一章で取り上げたデータベース「ユークロニア」には、日本語で書かれた「歴史のｉｆ」はほとんど収録されていない。「Japan（日本）」でヒットする作品情報は一一〇件あるが（二〇一八年八月三一日現在）、その大半が、日本の「歴史のｉｆ」を題材に英語で書かれたものである。日本語の作品で正確な情報が載っているのは、小松左京「地には平和を」（一九六三年）、半村良「戦国自衛隊」（一九七一年）、男女の立場が逆転した江戸時代を描いたよしながふみの漫画『大奥』（二〇〇四年〜）、ピーター・トライアスの『ユナイテッド・ステイツ・オブ・ジャパン』（二〇一六年）と続編の『メカ・サムライ・エンパイア』（二〇一八年）くらいである。

反実仮想研究のこうした空白を埋めるべく、本章では、一九四五年を起点とした日本の「歴史のｉｆ」を描いた作品を扱う。特に、一九九〇年代に大ヒットを記録した架空戦記に焦点を当てる。なかでも架空戦記の読者欄（読者来信欄）に注目するこの章は、他の章とは異質なものと思えるかもしれない。だが、「歴史のなかの未来」について考察を進めるに際して、架空戦記の読者が示した「もうひとつの世界」への期待を浮かび上がらせる作業は、重要な意味を持つ。この点については、第三章以降でより明らかとなるだろう。

ここではまず、日本における本格的な歴史改変ＳＦの誕生から見ていきたい。フィリップ・Ｋ・ディックが『高い城の男』（一九六二年）を発表したのとちょうど同じ頃、日本でも歴史改変ＳＦの傑作が誕生しようとしていた。一九六〇年の暮れ、当時はまだ無名だった小松左京が、「空想科学小説コンテスト」（ＳＦマガジンと東宝株式会社の共催）に短篇「地には平和」を応募した。しばらくして「地には平和を」とタイトルが変更されたこの作品こそ、八月一五日に太平洋戦争が終結しなかった「もうひとつの戦後」を描いた歴史改変小説であった（図２－１）。

小松が描いた架空世界では、広島に投下された原爆は不発に終わり、一九四五年八月一五日の玉音放送は突然中止となってしまう。代わってラジオの臨時ニュースは、阿南惟幾《あなみこれちか》を首相とする新内閣の発足を伝えた。翌日からは再び大空襲が始まり、九月上旬には、連合国軍による本土上陸作戦が実行に移された。史実とは異なる歴史が展開されたのは、数千年先の未来に生きる歴史家の仕業によるものだった。

時間犯罪者は、このほか、ナチス・ドイツに原爆を持たせたり、ソ連でトロツキー政権を誕生させたりといった歴史改変を計画して

図2－1

小松左京『地には平和を』（角川文庫、1980年）

いた。これに対して、時間管理庁の職員は「そんなに沢山の歴史を作り出す事は、それだけの数の悲惨さをつくり出す事だ」として説得を試みた。だが、犯人から次のような反論にあう。

悲惨でない歴史があるか？　問題はその悲惨さを通じて、人類が何をかち得るかという事だ。第二次世界戦争では、千数百万の人間が死に、それとほぼ同数のユダヤ人が虐殺された。地球全人口の一割に達するこの殺りくを通じてもたらされた戦後の世界が一体どんなものだったか、君たちは知っているか？　そしてその時の中途半端さが、実に千年後の現在にまで、人間の心の根を蝕《むしば》む日和見《ひよりみ》主義になって尾をひいていることを、君たちは考えた事があるか？[1]

一九三一年生まれの小松は中学生の時に終戦を迎えた。最後の戦中派は、日本全体の焦土化さえ覚悟していた。しかし、彼らが恐れた「ありうるかもしれない未来」は、八月一五日を境にして、「ありえたかもしれないもうひとつの未来」へと変わった。多くの国民は、突然訪れた平和を歓迎したが、急転直下の展開に不安や「中途半端さ」を感じたのも事実だったのだろう。少なからぬ人が抱いたそうした違和感を、戦後一五年を経て、フィクションの形で昇華させたのが、小松の「地には平和を」だと言えようか。この作品は、一九六三年に同人誌『宇宙塵』に掲載され、第五〇回直木賞候補にも選ばれている。

近年、「地には平和を」を再評価する声が高まっている。たとえば、歴史学者の加藤陽子は、

『ＵＰ』の「東大教師が新入生にすすめる本」という企画でこの作品を推薦している。太平洋戦争のターニングポイントを探った『戦争まで』（二〇一六年）を刊行した加藤は、歴史学の観点から、「地には平和を」における描写の正確さを指摘している。

「昭和天皇実録」の同年〔引用者注：二〇一四年〕秋公開を機に、改めて、一九四五年八月一五日に至る内外の終戦工作や、軍の徹底抗戦派の動向などを史料から確認してみると、天皇による詔書渙発による終戦方式が、考えていたより危うい綱渡り上にあったこと等、思い至った。そう考えると、（中略）小松が描いたように、八月一五日正午の玉音放送はなく、午後三時の臨時ニュースで、鈴木貫太郎首相の死亡、阿南惟幾陸相の新首相就任が伝えられるという別の「時空」が生じていたかも知れないとの臨場感が、初めて我が身に迫ってきた。[2]

もしも日本が無条件降伏を拒否していたら、本土決戦の後、ドイツや朝鮮半島と同じような分割統治がなされていたかもしれない。あるいは、もう少し時間を遡って、もしも日本がミッドウェー海戦で戦争をやめていれば、史実のような悲惨な結果を招くことはなかったかもしれない。そうした場合、日本はどのような「戦後」を迎えていただろうか。小松の「地には平和を」は、歴史改変ＳＦ（alternate history）と、学術性を意識した「反実仮想の歴史（counterfactual history）」の接続可能性についても考えさせてくれる傑作だ。

太平洋に闇よ落ちるなかれ

日本の「歴史のｉｆ」の特徴は、歴史改変ＳＦが架空戦記という特殊な形で発展した点にある。

そこでまず、一九七〇年代から八〇年代にかけての状況を確認してみたい。当時はまだ「架空戦記」という名称は使われていなかったが、高木彬光『連合艦隊ついに勝つ』（一九七一年）はその先駆的な作品と位置づけることができる。物語では、雑誌編集者・東郷平七郎と女性が、大和ホテルの「赤城」という部屋で、ミッドウェー海戦（一九四二年六月）を控えた戦艦「赤城」の甲板上へとタイムスリップしてしまう。歴史の後知恵によって、主要海戦の「結果」を知っていた東郷は、日本の勝利のためにさまざまな助言を送る。[3]

陸上自衛隊が戦国時代にタイムスリップしてしまう半村良「戦国自衛隊」（『ＳＦマガジン』一九七一年九・一〇月号）など、さまざまなテーマの歴史改変ＳＦが発表されるなかで、大半を占めたのが太平洋戦争を題材とした作品であった。

たとえば、佐渡正昭『小説　本土決戦』（一九七〇年）とＤ・ウェストハイマー『本土決戦』（一九七一年）は、連合国軍のオリンピック作戦を参考にして、「ありえたかもしれない本土決戦」を描いた。連合国軍が計画していた日本本土上陸作戦のうち、南九州への上陸作戦をオリンピック作戦、関東への上陸作戦をコロネット作戦と呼ぶ。日本が八月に降伏したため、いずれの作戦も実行には至らなかった。なお、佐渡は元自衛官、ウェストハイマーはアメリカの元空軍将校である。

佐渡は、一九七〇年代になっても「戦後」が続くことへの違和感を表明し、「保守も革新も、もう一度、八月一五日の原点にさかのぼって考える必要がある」と述べている。「若《も》し、抗戦派の主張が通って、戦争が継続されたならば、日本はどうなったか?」をモチーフに書かれた佐渡の小説では、日本軍全体の捨て身の特攻によって、アメリカ軍の撃破に成功する。戦争に勝利した「もうひとつの日本」[4]は、東京・福岡間に地下鉄を敷くなど、繁栄を維持したままで一九七〇年を迎えることになる。

「ズッコケ三人組」で知られる児童文学作家の那須正幹も、日本が太平洋戦争に勝利する世界を描いた『屋根裏の遠い旅』(一九七五年)を発表している。小学六年生の主人公二人が、教室の屋根裏から迷い込んだ「もうひとつの世界」では、真珠湾攻撃とミッドウェー海戦で日本軍がアメリカ軍に壊滅的な打撃を与えて講和を実現させていた。その後の日本は、ベトナムや朝鮮半島で戦争を起こし、昭和五〇年代になっても戦時体制が続く。那須は、確率論的な未来の概念をわかりやすく例示し、些細な出来事によって社会のあり方や価値観がまったく違ってしまう様子を見事に描き出した。

興味深いのは、『屋根裏の遠い旅』が、児童文学であるにもかかわらず、ハッピーエンドにならない点だ。タイムトンネルの役目を果たしていた教室の屋根裏が消失してしまい、主人公の二人は元の世界に戻れなくなってしまう。主人公たちが「こうなりゃあ、おれたちはおれたちのやりかたで生きていくしかないさ」、「おれたちには、もうこの世界しかないんだもんねえ」と励ましあうラストシーンを、当時の子供たちはどう感じたのだろうか。[5]
那須は、児童文学作家の古田足日と対談を行い、小松左京「地には平和を」から影響を受けたことを明かしている。作品の結論部分については、次のように解説している。

あの作品を書きながら、玉音放送ゆうのは、はたして良かったのか、悪かったのか、思ったのよね。（中略）徹底抗戦して本土決戦までやったとき、はじめて日本はほんとうの民主主義をかちえたんじゃないか。下手にあのへんで平仄《ひょうそく》を揃えてね、玉音放送一発で鉾《ほこ》をおさめたがために、日本のいちばん悪い、官僚主義とか、文部省、皇室を残してしもうたわけでしょ。だから徹底的に戦争した方が良かったんじゃないかゆうのをこの作品を書いたとき思うたわけよね。最後でもとの世界へ帰ってきてしまったら、民主主義の日本に帰ってくるわけでしょ。そうじゃなしに、戦争をしてる日本のなかで、彼らがもういっぺんゲリラしてもいいし、とにかく戦争反対の行動を起こすべきだと思ったのよね。[6]

この言葉を、先に引用した「地には平和を」の時間犯罪者の言葉と重ねて読んでみてほしい。まるで犯人の歴史家が那須に乗り移ったかのような言葉となっている。
一九七四年に読売テレビ系列で放映されたアニメ作品《宇宙戦艦ヤマト》は、ナチスを連想させるガミラス軍から放射能攻撃を受けた地球が、放射能除去装置を求めて、「宇宙戦艦ヤマト」

を銀河系に派遣する。「ガミラス軍vs.地球軍」という構図は、「枢軸国vs.連合国」という連想が容易に可能だったため、日本の戦艦が地球軍の代表として派遣される物語は、「日本が勝つように書き直された第二次大戦の物語」だという指摘もなされた。[7]

一九八〇年には、原子力攻撃空母ニミッツが、真珠湾攻撃の前日（一九四一年一二月六日）にタイムスリップするアメリカ映画《ファイナル・カウントダウン》が日本でも公開された。『スターリン暗殺計画』（一九七八年）で第三二回日本推理作家協会賞長編賞を受賞した檜山良昭は、オリンピック作戦とコロネット作戦を下敷きにした架空戦記『日本本土決戦』（一九八一年）を刊行した。この物語では、良心の呵責《かしやく》に耐えかねたアメリカの科学者たちが、原爆の開発を一時ストップさせる。さらには、日本で陸軍によるクーデタが成功し、日本の無条件降伏への道は閉ざされてしまう。阿南陸相を首相に迎えた新内閣は、長野県松代にある地下壕にこもって抗戦するが、首都防衛軍司令官に任命された石原莞爾が降伏を決断する。『日本本土決戦』に続いて、檜山は『アメリカ本土決戦』（一九八二年）と『ソ連本土決戦』（八三年）を刊行した。これらは「本土決戦三部作」と呼ばれ、一二五万部を売り上げた作品もあったという。[8]

檜山は、早稲田大学政治経済学部を卒業後、京都大学大学院経済学研究科でドイツ経済学を専攻した。檜山は、大学在籍中に感じた進歩的文化人への反発がきっかけとなって、架空戦記を書きはじめた。当時の人々の視点で歴史を見直す必要性について、次のように述べている。

それは後の時代から大局的に眺められるから、戦争に突入したのが悪いだの、軍部の独裁がどうだのという話が出てくると思うのですよ。ところがその時代の中に身を置いた人間には、逆に歴史の流れが見えないということがあるんですよね。実際にはその歴史状況の中でみんなが精一杯努力してきたわけですね、だからそういう人達の立場に立って小説を書いてみたいなということがあったわけですね。[9]

「本土決戦三部作」に続くシリーズとして檜山は、タイムスリップを用いて、当時の人々の視点に立ちかえる「大逆転！シリーズ」（一九八八年〜九五年）を刊行している。各巻とも一〇万部を突破し、最高で二二万部を売り上げる大ヒット・シリーズとなった。[10]

一九八八年に『モーニング』（講談社）で連載が始まったかわぐちかいじの漫画『沈黙の艦隊』は、自衛隊員が原子力潜水艦を乗っ取り、独立国家「やまと」樹立を宣言する。核を「人質」に取り、アメリカと対等な立場に立とうとするこの政治漫画は、一九九〇年代の「架空戦記ブーム」の先駆けとなったと言われている。[11]

荒巻義雄の「艦隊シリーズ」

ＳＦ作家の荒巻義雄が一九九〇年に発表した『紺碧の艦隊』は、昭和とそっくりの「照和」の世界（＝パラレルワールド）を舞台として、一九四三年に戦死したはずの山本五十六らが復活し、史実とは異なる太平洋戦争を戦い抜く架空戦記である（図2－2）。

日本が太平洋戦争に敗れた昭和の世界が「前世」、山本五十六（作中では高野五十六）の復活した開戦前夜の「照和」の世界が「後世《ごせ》」とされた。高野は、「前世」からの復活組の大高弥三郎らとともに、日本を破滅の淵へと追いやった指導者らを追放していく。大高を首相に据えた新政府は、ハワイ上陸作戦やパナマ運河の破壊など、「前世」で計画されていた「幻の戦略」を実行していく。

『紺碧の艦隊』は、第五巻（一九九二年）で「第一部」の完結が宣言され、第六巻（同年）からは、「第二部」となる照和二〇年八月以降の世界が描かれていった。このタイミングで、荒巻は姉妹編『旭日の艦隊』の刊行も開始した。

図2－2

荒巻義雄『紺碧の艦隊——運命の開戦』（徳間書店、1991年）

『紺碧の艦隊』の第六巻第一話と『旭日の艦隊』の第一巻第一話のタイトルは、ともに「照和二〇年八月一五日」である。これ以降、物語は二方向に分岐し、『紺碧の艦隊』では、欧米の植民地支配からの解放を訴えた日本が戦争に勝利し、アメリカと同盟関係を結ぶ。『旭日の艦隊』では、アメリカとの対決を回避した日本が、ナチス・ドイツと大西洋で対決する世界が描かれる。太平洋戦争で敗れた経験（＝記憶）を持つ主人公たちが、知略を巡らせ、アメリカやナチス・ドイツと互角の戦いを繰り広げる展開に多くの読者が熱狂した。

『紺碧の艦隊』第一巻（一九九〇年）の初刷りは二万三〇〇〇部であったが、第一〇巻（一九九三年）の初刷りは一五万部に達していた。[12] 新書判（ノベルス）の平均部数は一万部から二万部とされ、五万部売れればヒットと言われていた時代である。[13]『紺碧の艦隊』は、予想以上の売り上げを追い風に新作が次々と発表されていき、全二〇巻（一九九〇年〜六年）のロングセラーとなる。姉妹編の『旭日の艦隊』も、全一六巻（一九九二年〜六年）が刊行された。『新・紺碧の艦隊』（全九巻、一九九七〜二〇〇〇年）と『新・旭日の艦隊』（全一八巻、一九九七年〜二〇〇〇年）という新シリーズも発行され、「艦隊シリーズ」は総計六三冊、総発行部数八一九万部という驚異的な売り上げを記録した（巻末の資料③）。「艦隊シリーズ」は、コミック、CD、ビデオ、DVD、ゲームなど、多方面にわたるメディア戦略を展開していく。[14]

架空戦記は、新書判サイズのノベルズを中心として一大ジャンルに成長した。架空戦記の詳細なブックガイド『架空戦記スペシャルガイド』（一九九五年）によると、第二次世界大戦関連の架空戦記だけで、一五〇タイトルを超える作品が量産されたという。[15]『出版指標・年報　一九九四年度版』には、『紺碧の艦隊』が出版された一九九〇年を「原点」とした三年目の動向が次のように記されている。「大ブームになって三年目、ライターも一五人以上を数え充実してきた。荒巻義雄、檜山良昭の二人は今やミステリー御三家に肩を並べる勢いがある」[16]。ミステリー御三家とは、西村京太郎、内田康夫、赤川次郎である。彼らには敵《かな》わなかったものの、架空戦記は、荒巻と檜山を中心として、巨大な出版市場を開拓していった。

荒巻と檜山以外にも、川又千秋、谷甲州、山田正紀といった人気作家が登場し、アニメ脚本作家の辻真先、海洋冒険作家の谷恒生、ボードゲーム・デザイナーの佐藤大輔など、他ジャンルの作家がこの分野に参入してきたのも、特筆すべき点であった。『歴史群像』一九九七年八月号では、読者投票をもとにした「仮想戦記人気ランキングベスト二〇発表！」が掲載され、一位には佐藤大輔の『レッドサン　ブラッククロス』が選ばれている。「日の丸《レッドサン》＝日本」と「鍵十字《ブラッククロス》＝ドイツ」が第三次世界大戦を戦うこの作品は、一九九三年に刊行が開始され、根強い人気を誇ったが、未完のまま作者が二〇一七年に死去してしまった。『歴史群像』のランキングでは、『紺碧の艦隊』は二位、『旭日の艦隊』は四位に選出されている[17]。

架空戦記の影響は一般小説にも広く波及し、分割統治された日本をテーマとした村上龍『五分後の世界』（一九九四年）や矢作俊彦『あ・じゃ・ぱん』（一九九七年）、二・二六事件の歴史改変をモチーフとした宮部みゆき『蒲生邸事件』（一九九六年）なども刊行されている。

2 荒巻義雄のシミュレーション小説

ありうるかもしれない「第三次世界大戦」

架空戦記ブームは、一般週刊誌、経済誌、左派リベラル系および保守系の雑誌、さらには防衛庁（当時）の機関誌などでも取りあげられた。全国紙ではじめて詳しく取りあげたのは『読売新聞』（一九九二年三月二三日朝刊）の「読書欄」であろう。「シミュレーション戦記　新ジャンル確立の勢い」と題する記事では、次のように説明されている。

出版社によって「ｉｆシリーズ」「戦略テクノ・サスペンス」「シミュレーション・ノベル」「ザ・ウォーシミュレーション」と名称は異なり、なかには近未来をシミュレートした作品もあるが、ほとんどが第二次世界大戦の歴史を組み立て直し、逆転させているところが共通している。

ここで改めて注目したいのは、架空戦記には、過去を再構成した作品（＝「過去戦記」）と、近未来をシミュレーションした作品（＝未来戦記）の二種類が存在する点だ。

シミュレーションとは、対象とするシステムの性質を、これとほぼ同じ法則を駆動因とする他のシステムを用いて模倣することを言う。もともとは軍事演習（兵棋《へいぎ》演習）などで、危険や困難を伴う実験、多大な費用や時間を要する実験など、仮説を検証する際に活用されてきた。[18] 一九八二年には経済学者の平井聖司が、堺屋太一の小説『油断！』（一九七五年）を論じるなかで、「シミュレーション小説」という言葉を使ってはどうかと提案している。『油断！』は、中東からの石油供給がストップして、エネルギー供給が滞る近未来の日本社会をシミュレーションした小説だ。[19]

一九七〇年代から八〇年代にかけては、浜田善彌『小説　第三次世界大戦』（一九七〇年）、岩野正隆『予言　第三次大戦』（一九七六年）など、冷戦期を象徴する近未来小説が注目を集めた。特に、元ＮＡＴＯ軍司令官であったジョン・ハケットの小説『第三次世界大戦――一九八五年八月』（一九七八年）は好調な売れ行きを示した。第三次世界大戦モノが一九八〇年代にヒットした背景には「ソ連脅威論」があった。一九七六年のミグ25事件（ソ連防空軍パイロットの亡命事件）、七九年のアフガニスタン侵攻、八三年の大韓航空機墜落事件など、ソ連が関与した一連の事件によって、ソ連の脅威が現実味をもって語られていた。この時期には、佐瀬稔『北海道の十一日戦争』（一九七八年）や、岩野正隆『北海道占領さる！』（一九八〇年）など、北海道を舞台とした未来戦記も数多く書かれている。[20]

軍事コレクターの宗像和広は、一九八〇年頃から九〇年頃にかけて、大衆文化のなかに軍事情報が根付いていき、「「近未来戦」小説ブーム」と呼ぶべき状況が到来したとしている。[21] 一九九一年に湾岸戦争が勃発した影響もあり、大石英司『第二次湾岸戦争』（一九九二年）のように、米ソ冷戦以外をモチーフとした未来戦記が増えてくる。日本の自衛隊が登場する未来戦記も人気を集め、日本が米軍基地を占領し、両国が戦争状態に入っていく大石英司『第二次太平洋戦争』（一九九一年）も刊行された。この近未来小説は、盛田昭夫、石原慎太郎共著『「NO」と言える日本――新日米関係の方策《カード》』（一九八九年）のパロディ作品とも言われた。[22]

このように当時の出版状況を確認してみると、一九九〇年にスタートした荒巻の「艦隊シリーズ」は、一九八〇年代に本格化した未来戦記ブームのなかで書かれたものだということがわかる。実は荒巻は、「艦隊シリーズ」を世に問う前に、「要塞シリーズ」という未来戦記を刊行していた。以下では、その作品に注目してみたい。

それが起きてはならない小説

中央公論社（現・中央公論新社）は、推理小説・SF・翻訳ミステリーを扱う新書判の「C★NOVELS」を一九八二年に創刊した。[23] 同社の編集者から相談を受けた荒巻は、架空戦記の執筆に着手する。そうして出来上がったのが、北海道を舞台とした未来戦記『ニセコ要塞1986』（全三巻、一九八六年～八年）であった（図2－3）。北海道出身の荒巻は、第一巻の「あとがき」で、以下のように述べている。

ひと頃、一九八五年危機説というのが流行しました。この年に米ソの軍事バランスが崩れるというのが根拠のようでしたが、これに便乗して書かれた本が結構売れたという話は聞いております。しかし、北海道人の立場からすれば、何かわが愛する郷土がダシに使われているような気がして、あまり愉快ではありませんでした。そこで自分なりにこの問題を考えてみようと思いたち、ここ数年温めていた構想を実現させたのが、この〝ニセコ要塞１９８６シリーズ〟第一作であります。お読みになられればおわかりのとおり、本シリーズは完全なＳＦです。しかし、〝それが起きてはならない小説〟として定義されるＳＦだろうと思います。[24]

図2－3

荒巻義雄『ニセコ要塞1986』（第1巻、中央公論社、1986年）

『ニセコ要塞１９８６』では、ソ連を連想させる「スミノフ」とアメリカを連想させる「ＩＢＭ」が対決する。タイトルには、出版開始年と同じ年（１９８６）が記されているが、アンドロイドを連想させる「ＡＤ組」が活躍するなど、近未来を想定した設定となっている。物語が進んでいくと、

「スミノフ」と「ＩＢＭ」の背後で暗躍する「イワン」と「イビム」と呼ばれる神の存在が明らかとなる。

『ニセコ要塞１９８６』は、冷戦構造を想起させる二つの神が覇権を争う一種のゲーム小説である。荒巻が「コード」と呼ぶ舞台は、ニセコ（北海道）を起点とし、『ニセコ要塞１９８６』の後、『十和田要塞１９９１』（全三巻、一九八九年）、『阿蘇要塞１９９５』（全五巻、一九九〇年〜一年）、『琵琶湖要塞１９９７』（全六巻、一九九一年〜二年）、『富嶽要塞』（全三巻、二〇〇一年）と、全国各地に展開していく（巻末の資料③）。

荒巻の架空戦記というと、「艦隊シリーズ」ばかりに焦点が当てられがちだが、「要塞シリーズ」の成功があって、「艦隊シリーズ」＝「過去戦記」の飛躍があったことを忘れてはならない。一九九一年に荒巻が防衛大学校を訪れた際に、構内の書店をチェックしたところ、「要塞シリーズ」がずらりと並んでいて、「うーん、著者としても一層勉強せねばならんぞ、これは……」と思ったという。[25]

荒巻が『紺碧の艦隊』第一巻を刊行したのは、「要塞シリーズ」第三作目にあたる『阿蘇要塞１９９５』第四巻（一九九〇年）を世に問うた後のことであった。荒巻は、『阿蘇要塞１９９５』第四巻の「あとがき」でこう宣伝している。

　このあと、作者は『紺碧の艦隊』（徳間書店）にとりかかりますが、これは、パソコン・ゲーム〝大海令〟に刺激を受けた太平洋戦争シミュレーション小説。日本が勝つ![26]

このように、本来は未来戦記を指して使われていた「シミュレーション小説」という言葉は、『紺碧の艦隊』が出版される頃には、過去戦記にも用いられるようになっていた。[27] そのことに読者が違和感を持たなかったのは、「シミュレーション」という言葉がすでに広く用いられていたことに加えて、過去戦記と未来戦記は時間のベクトルが真逆であるものの、実際には存在しないものを再構成(=シミュレーション)するという点で同じであったからだ。荒巻も『シミュレーション小説の発見』(一九九四年)を刊行し、ポスト冷戦構造を読み解く思考実験装置としての「シミュレーション」に期待をかけていた。[28]

「ありえたかもしれない過去」は「ありうるかもしれない未来」

荒巻も檜山と同様、平和主義にもとづく戦後教育への反感があって架空戦記の執筆に至ったことを自ら明かしている。以下は、荒巻の『紺碧の艦隊』第五巻の「あとがき」からの引用である。

読者の皆さんには、戦争を疑似体験させる——ことです。そうすることによって、戦争そのものの冷厳な構造がわかってくる。実感される。ただ、悲惨だから戦争は厭《いや》だ——では、戦争はなくなりません。平和憲法があれば、戦争に巻き込まれない——と思うのはちょっと安易すぎる。[29]

徳間書店の文芸書籍編集部・芝田暁《あきら》は、架空戦記の読者の「中心は二十代のサラリーマンで、圧倒的に男性が多い」としたうえで、こう証言している。「高校生や大学生の反応をみると、学校で教えてくれなかった太平洋戦争や、数ページで終わる戦前の歴史の穴埋め役をはたしている面がある」[30]。共産党の機関紙『赤旗』などでは、『紺碧の艦隊』の流行を軍国主義と関連づける批判記事も掲載されたが、日本の架空戦記ブームを紹介した『ニューヨーク・タイムズ』(一九九五年三月四日付)では、そういった懸念は少数派であり、荒巻や檜山の作品には平和主義的な側面もあると指摘されている。[31]

とはいえ、荒巻の物語の主人公たちは、史実とは異なる「後世＝照和」というフィクションの世界で、「前世＝昭和」(史実)で犯した失敗を繰り返さないように、さまざまな事態に対処していく。こうした物語構造は、反省的な視点の獲得とも言えるが、歴史修正主義的な物語との批判を免れることはできないだろう。

たとえば、『紺碧の艦隊』の第二巻の冒頭部分では、秘密艦隊「紺碧艦隊」を率いる前原一征が注目すべき言葉を残している。時は、照和一七年。「照和」と「昭和」は、同じように時間が推移していくので、開戦からまもなくの頃ということになる。前原は、米国に対して日本が先制攻撃を行った背景には「非常に高度な米国の謀略」があり、その背後には「謎の世界政府(インナーサークル)」の存在があると指摘する。

『紺碧の艦隊』第四巻の「あとがき」で荒巻は、自らの作品が「基本仮説としての歴史修正主義」にもとづくことを認めている。

本シリーズの基本にあるのは、アカデミズムではほとんど認められてはいない、歴史修正主義の考えかたです。本文でも触れてありますが、ずばり開戦挑発説です。日本軍部は、アメリカ側の罠にはめられ、この必敗確実の大戦争に引きずりだされてしまったのではないか、という考えかたです。[32]

架空戦記が一大ブームを巻き起こした一九九五年には、藤岡信勝らによる自由主義史観研究会が発足している。この研究会は、九六年一二月に「新しい歴史教科書をつくる会」へと発展し、教科書問題で物議を醸すようになる。史実以外の「ありえたかもしれない可能性」に思いを巡らせる反実仮想の発想は、偽史や歴史修正主義と紙一重であった事実を忘れてはならないだろう。

ただし、「本来はそうなるべきではなかった」、「こうなってほしかった」という主張は、「それが起きてはならない」、「こうなってほしい」というように、未来に対する願望の投影と読み解くことも可能かもしれない。一九九〇年代日本の言説空間に大きなインパクトを残した架空戦記の大半は過去戦記であったが、その中身を吟味してみれば、シミュレーションのベクトルが未来方向という、「偽装された未来戦記」である場合も少なくなかった。少なくとも荒巻の作品にはそうした傾向が強かった。

荒巻は、『紺碧の艦隊』第三巻の「あとがき」で、過去戦記と未来戦記の類似性をこう指摘している。

> 『紺碧の艦隊』では、前世に対する後世世界を小説装置として使いながら、太平洋戦争をもう一度やりなおしているわけですが、この後世大戦を二十年後に勃発するかもしれない、第二次太平洋戦争と読み替えても、いっこうに構わないのです。[33]

『紺碧の艦隊』が刊行されはじめた一九九〇年は、イラクがクウェートに侵攻した年にあたり、安全保障に関する問題がクローズアップされた。荒巻は、ありえたかもしれない「もうひとつの太平洋戦争」は、今後の日本の戦略を考えるうえで格好の題材になると考えていた。新聞記者から「艦隊シリーズはなぜ売れるか」と聞かれた荒巻は、こう答えたという。「それは多分、シミュレーション小説という容器を使い、現代を書いているからでしょう」。荒巻は『紺碧の艦隊』第一三巻の「あとがき」で次のように説明している。

> 読者ならおわかりのとおり、作者は、仮想的第二次大戦を舞台としながら、実は現代という極

めて生きのいい素材を解析しているのである。一番わかりやすい例は、後世世界の三極構造である。つまり、日本・アメリカ・第三帝国の構図は、亜細亜・EC・アメリカという三つの経済ブロックに対応しているのである。つまり、いわゆる皆さんのもっとも知りたい現代の問題が、艦隊シリーズを読むことによって、一応わかる仕掛けになっているのである。[34]

だとすれば、作品が執筆された当時の価値観や未来像を把握する手段として、架空戦記は、重要な役割を果たすことになる。つまり、本書「はじめに」でも触れたように、二一世紀の反実仮想研究が、「歴史のなかの未来」を明らかにしようとするのであれば、架空戦記を単なる歴史修正主義として捉えるのではなく、その当時（一九九〇年代）の人々が未来に対して発したメッセージの一つの表象として考えることも必要なのかもしれない。

本書では、若い世代を惹きつけたゲームの要素を、「艦隊シリーズ」より前の「要塞シリーズ」が積極的に取り入れた点にも注目してみたい。以下では、「要塞シリーズ」の読者共同体が「期待」したものの中味に焦点を当ててみたい。

3　ガラパゴス化する日本の「歴史のｉｆ」

読者参加型小説の可能性

架空戦記とシミュレーションゲームの類似性は、しばしば指摘されてきた（図2－4）[35]。仮想空間において、「もうひとつの現実」を疑似体験するシミュレーションゲーム（ＳＬＧ）は、ある戦闘状況を想定し、そこで生じる一連の出来事に対応しながらどう作戦立案するかをシミュレーションする兵棋演習《へいぎ》がもとになっている。それがボードゲームに取り入れられ、第二次大戦後に発展し、日本にも普及した。八〇年代になると、ゲームソフト《信長の野望》（一九八三年）や《提督の決断》（八九年）などの戦争シミュレーションゲームが人気を集めた。

プレーヤーの判断次第では、日本の勝利もありえた《提督の決断》が架空戦記に与えた影響を指摘する論者もいた[36]。ただし、当時はパソコン・ゲームが高価であったために、特に中高生は、比較的簡単に手に入る新書判（ノベルス）の架空戦記を通して、シミュレーションゲームの面白さを体感していった[37]。

たとえば、檜山良昭の「大逆転！シリーズ」の一冊である『新・大逆転！　太平洋戦争を阻止せよ』（一九八九年）を見てみよう。主人公の西条秀彦は、一九三六年からの六年間、日本の首相になり代わる体験型のシミュレーションゲームに参加することになる。この設定からわかるように、これは、米ソの指導者として八年間の任期満了を目指すパソコン用ゲーム《バランス・オブ・パワー》（一九八五年）の小説版と言えよう。

『新・大逆転！　太平洋戦争を阻止せよ』に登場するプレーヤーは、国内政策、経済政策、軍事政策、植民地政策、外交政策を順に実施していき、毎年三月には年度予算編成も行う。国内の社会グループは表2－1の通りである。内閣への信頼度が「0」となり、政治力が「100」とな

図2－4

1995年（平成7年）8月13日　日曜日　朝日

太平洋戦争で日本勝利!?

ゲーム感覚　売れる架空戦記

自衛隊と米軍戦うストーリーも

「太平洋戦争で日本勝利!?　ゲーム感覚　売れる架空戦記」『朝日新聞』1995年8月13日朝刊

ると、クーデタや革命が起こってゲーム終了の恐れがある。国内外の情勢に目を配り、一九四一年まで日本が戦争で敗北しなければ、あるいは、日本の方から戦争を仕掛けなければ、プレーヤーの勝利となる。

チャンスは三回まで与えられているが、主人公は、「こちらを立てれば、あちらが立たず」の状況に苦心する。初回は、急進派の青年将校に睨《にら》みを利かせられる人物を陸軍大臣に据えたところ、あっけなくクーデタにあってしまう。西条は、思わずこう呟く。

表 2-1

社会グループ	政治力	内閣への信頼度
重臣	55	80
議会	40	50
財界	40	70
都市中間層	20	50
農民	30	40
労働者	15	20
左翼勢力	5	5
右翼勢力	60	5
陸軍	70	10
海軍	40	70

檜山良昭『新・大逆転！　太平洋戦争を阻止せよ』（1989年）、21頁より作成

あとの時代の人間はこの時代の政治について、ああすべきだった、こうすべきだったと、いろんなことを言っているが、そんなに簡単なことではなかったのだろう。そう考えると、自分も無責任なことを言ってきたのが、恥ずかしくなってきた。[38]

荒巻の「要塞シリーズ」は、米ソの対立構造を想起させるような覇権争いを扱った一種のゲーム小説であり、「仮想地球（ヴァーチャル・グローブ）」が語源と思われる「グロブロー」と呼ばれるゲーム・マシンも登場する。さらには、読者が「志願届」を出版社に送ると、作中に読者の

名前が登場したり階級が上がったりと、読者の「参加感覚」が強化されるような仕組みが施されていく。

『十和田要塞1991』第三巻の「あとがき」で、荒巻は次のような告知を行っている。

読者のかたで、ぜひご自分を、要塞シリーズに登場させて欲しいとご希望されるかたがおりましたら、編集部経由で著者までお知らせください。パイロットとか戦車乗りとか情報部員とか、どういう軍種がご希望であるかもお知らせください。[39]

物語のなかに読者を実名で登場させるアイディアは、大きな反響を呼んだ。編集部には、応募が殺到し、『阿蘇要塞1995』の第一巻では、「志願届（愛読者カード）」の形式が統一された。希望者は、氏名、住所、年齢、「軍種希望」、「あなたの自己紹介」を書いて、中央公論社ノベルス編集部宛てに郵送した。「軍種希望」の欄は、「○○に搭乗したい」、「○○の部隊に入りたい」などの具体的な希望も可とされた。

「要塞シリーズ」第三弾となる『阿蘇要塞1995』（全五巻）には、約三五〇名の読者が作品内に登場している。名前だけ登場したり、台詞があったり、場合によっては、ある一場面の主役になる読者もいた。階級が上がることもあったが、戦死などの憂き目にあうこともあった（戦死者・行方不明者・戦傷者名簿が巻末に掲載された）。登場人物が、どのような運命をたどるかは、読者からの手紙の内容をもとに荒巻が決めていた。戦死者についても、荒巻がサイコロを振るなどして決めていた。高校生に戦死者が多い理由について荒巻は、「こちらの戦争ではなく、現実世界における受験戦争のほうに、鋭意専念していただくため」と説明している。ただし、たとえ物語のなかで戦死しても、「コードが変わったら、また復活のチャンスもある」とされたため、「助命懇願書」も殺到した[40]。

「要塞シリーズ」第四弾となる『琵琶湖要塞1997』には、一九九一年六月末の時点で、約五〇〇名の応募があった。荒巻は、パソコン上で応募者のデータを整理し、その平均年齢が二二歳であったと報告している（年齢幅は一二歳～六九歳）。一九九一年一一月発売の『琵琶湖要塞1997』第三巻では、応募者が一〇〇〇名を突破したことも報告されている[41]。

「要塞シリーズ」の巻末には、読者からの手紙も紹介された。まず、『阿蘇要塞1995』第一巻から引用してみよう。引用文中の「註」は、荒巻によるものである。

〇白木周望さん……二十歳の学生ですが、スミノフのファンです。政治参謀にしてください（註、どうも女性らしい）

〇清谷震壱さん……私はサバイバル・ゲーム・チーム「仔熊のミーシャ」のリーダーをしています。当チームはKGB国境警備隊のユニフォームとAK74を採用しており、〝背中から射て〟をモットーにゲリラ戦法が得意。精強を以て近在のチームの敵役として親しまれています。

私のチームのメンバーも出していただければ、幸いです。（註、ご希望を察して、スミノフ側に配属しました）[42]

男性からの投稿が大半であったが、女性からもまれに投稿があったようだ[43]。手紙の多くは、自分の名前を作中に使ってほしいというアピールだったが、自分の名前を発見したという報告もあった。『阿蘇要塞１９９５』第四巻には、自分のみならず周囲の人間の名前を発見した驚きの声が紹介されている。

○香川智彦さん……（中略）『阿蘇』第一巻第五話のところで、自分が95式地竜の車長、都竹准尉に怒鳴られて戦車を停めるところなど、あまりに自分にそっくりなので、おもしろいやら、なさけないやらで、自分に「がんばれ」と言いたくなるほどです。しかし、自分は、高校卒業後は陸上自衛隊に入隊したいと考えている次第です。（中略）びっくりしたのは、妹が志願していたことです。兄にはひと言も言ってくれませんでした。（中略）これもびっくりしたことは、南郷谷航空団に住家良空曹がいたことです。彼は中学時代の親友です[44]。

「要塞シリーズ」には、自衛隊への入隊を希望する声や、現役自衛官からの応募も少なくなかった。荒巻の架空戦記（未来戦記）は、戦後長らく「日陰者」として肩身の狭い思いをしてきた自衛官やその家族の声をすくい上げたという側面があることは事実だろう。荒巻は、自衛官だけは実名で登場させず、本人にのみ分かるような仮名を用いた。自衛官からの投稿は、以下のように名前・所属をぼかした形で紹介された。

○田辺Xさん……某戦車大隊に所属し、砲手をしております。空想の世界では部隊指揮官になりたいと思い、志願しました。

○野田Xさん……『ニセコ要塞』を初めて読んだときはまだ高校生でした。そのころから将来は自衛官にと思っていたのですが、まさか『ニセコ要塞』登場部隊に配属されるとは！（中略《ママ》）それやこれやで、『ニセコ』『十和田』とつづけて読むうちに、だんだん歩兵の活躍場面が少なくなってきた――と、思っていましたから、ついに出たッ！　その名も超歩兵。これは凄いと思いまして、元機械化歩兵（11普連）の意地もあり、ぜひ、村上大佐の率いる対馬兵団にッ[45]！……。

『阿蘇要塞1995』第三巻には、こんな投稿も掲載された。

○松井孝さん……（中略）毎日、町の本屋さんに通っておりましたが、ついに二巻を見付け、真っ先に辞令が目に入りました。不安のとおり名前が行方不明欄にありましたが、読み進めるうちにぼくが提案したと思える個所があり、感動しながら読了しました。反面、仁科機の墜落や、とても好感を抱いていた吉野・吉田両空曹の戦死が悲しく、戦争の悲劇を改めて感じました。（中略《ママ》）先日、きれいなシルク刷の隊員証が届き、とても喜びました。[46]

ここで言及されている「隊員証」には、「日本列島防衛軍隊員証」と「スミノフ電理帝国隊員証」の二種があった。図2－5は、実際に応募者に送られた隊員証である。

荒巻は、未来戦記「要塞シリーズ」で成功を収めた読者との交流の仕方を、過去戦記である「艦隊シリーズ」でも採用していく。そこでも読者から、軍事・戦略に関する情報提供（艦隊など兵器のアイディアも含む）、軍事・戦略以外の情報提供（関連書籍・資料の紹介・感想・譲渡など）、読者の自己紹介などが寄せられたという。レポート、歌、楽譜、漫画同人誌、模型・プラモデルの写真などを送ってくる読者も少なくなかった。[47]

荒巻は、「要塞シリーズ」とい

図2－5

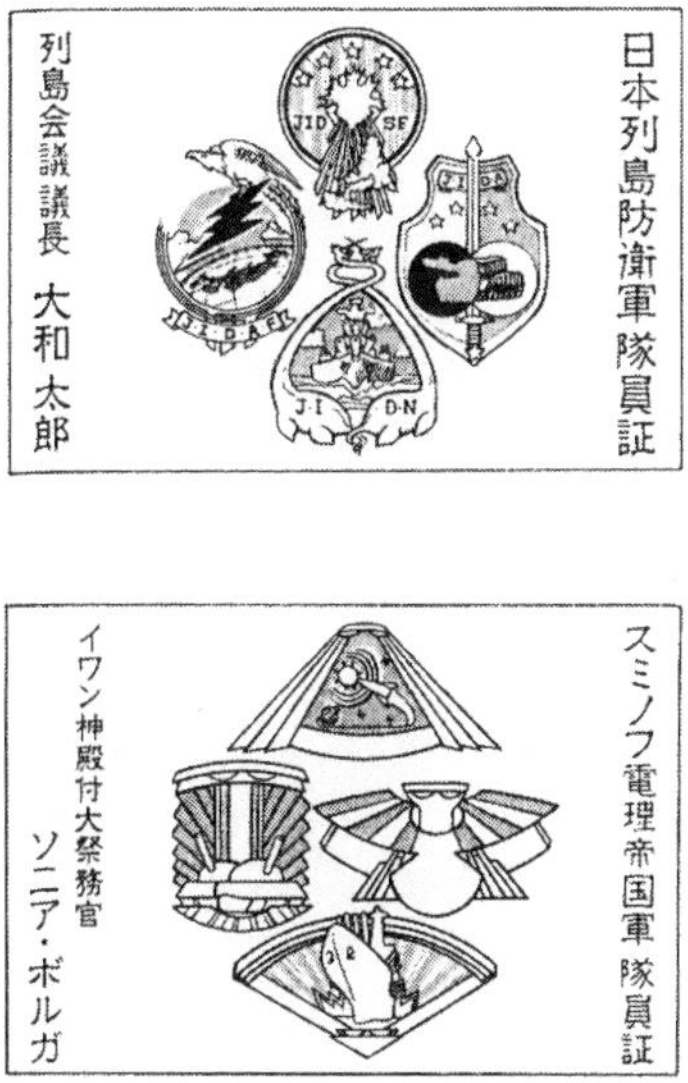

「日本列島防衛軍隊員証」と「スミノフ電理帝国隊員証」（『阿蘇要塞1995　第3巻』（中央公論社C・NOVELS、1990年）、230頁）

う「もうひとつの物語」に、自分（もうひとりの自分）が参加することに快感を覚える読者の存在を指摘している。以下は、『文藝春秋』（一九九二年二月号）に掲載された荒巻のエッセイからの引用である。

私のところにも、十代から七十代まで幅広い手紙が来る。これらを読みながら感ずる一つの答えは、読者が自己の分身を求めていることである。『要塞シリーズ』と呼ばれる疑似世界の中で、読者はもう一つの人生を生きる。本の中で自分の名前を発見した時感ずる興奮は、なんともいえないというのである。[48]

読者の意見をもとに物語を展開する手法は、一八世紀のイギリスの小説家サミュエル・リチャードソンがすでに行っていた。SF作家の筒井康隆も、『朝日新聞』（一九九一年一〇月一八日から九二年三月三一日まで）に連載した『朝のガスパール』で、同じ手法を採用している。こちらは全国紙での連載であり、三〇〇人近い参加者が、計一三八〇五件のメッセージを寄せた。『朝のガスパール』は、新聞という媒体を用いて、投書やパソコン通信による読者のコメントを、リアルタイムで物語に反映させるという斬新な試みであった。

読者参加型の手法は、決して架空戦記の専売特許ではない。しかし、ありうるかもしれない（ありえたかもしれない）「もうひとつの歴史」と相性が良かったのは間違いない。そこにおいて読者は、「他でもありうる（えた）」という可能性感覚を持つことができ、その世界に関与する余地が開かれていく。

荒巻は、日本の「ポピュロポリス」と呼ばれるパソコン上の仮想空間を、前記のエッセイで紹介している。パソコン通信を用いてまったく別の人格（キャラクター）に扮した利用者は、好きな職業に就き、この世界の住人同士で友人関係や婚姻関係を築きあげていった。荒巻は、パソコン・ネットワークの発達に伴い、新しいメディア社会が到来することを予想している。

目覚めた大衆は、一方的なチャンネルで上から下へ流されてくる、いわば権威情報（芸術をも含む）に飽きたらず、伏流的な自分たちだけの相互往復的なネットワークを築く。まさに名実共に、大衆情報社会が出現するのだ。（中略）過労死や受験地獄など、現実社会の不毛性にも人々は気付いており、その心が、疑似家族や疑似社会を探し、様々な彼らの王国をつくる。それは電子の社会であるので、決して目には見えない。だが、確実に存在するのだ。大衆は日本的縦社会の過酷さを疎み、心が現実に反逆しているのかもしれない。（中略）もはや小説家は、己の描く世界の絶対者（神）ではなく、大衆社会のホストなのである。[49]

二一世紀では、インターネットを中心とした情報空間の発達によって、「もうひとつの世界」はより身近なものになってきた。たとえば、物語（フィクション）の世界では、結論が複数用意されていたり、映画のＤＶＤ特典では「もうひとつのエンディング」が収録されていたりする（映画《28日後…》（二〇〇二年）など）。自分の好きなエンディングを選ぶオープンエンディング、原作のキャラクターを利用して独自の物語を作りあげる二次創作あるいは三次創作も、ネット世代にとっては珍しいものではない。荒巻の「要塞シリーズ」や「艦隊シリーズ」は、こうしたメディア状況を先取りし、しかもノベルス（新書）という紙媒体の上で実現させたという点で斬新であった。

「艦隊シリーズ」から《艦隊これくしょん》へ

一九九〇年代日本の架空戦記ブームは、二一世紀に入ると終息に向かう。「架空戦記はなぜ衰退したのか？」という問いがネット上で発せられ、二〇一二年に放送が開始されたアニメ《ガールズ＆パンツァー》や、二〇一三年にサービスが開始されたインターネットゲーム《艦隊これくしょん》などが現代版の架空戦記だという指摘もなされている。

《ガールズ＆パンツァー》（ガルパン）は、女子の嗜《たしな》みとして、茶道や華道と同じように、「戦車道」という文化が発展した世界において、「戦車道」の全国制覇を目指す女子高生たちの物語である。《艦隊これくしょん》（艦これ）は、第二次世界大戦で活躍した日本海軍の空母や艦艇を擬人化したシミュレーションゲームである。プレーヤーは提督となって、美少女に見立てた「艦娘（かんむす）」を育成しながら、敵である「深海棲艦」と対峙していく。いずれの作品も「もうひとつの世界」で女性キャラクターが活躍する設定になっている。架空戦記の「萌え」化と呼ぶべき現象を九〇年代の「遺産」として捉えるべきか否かは議論の分かれるところだろう。

ここで指摘しておきたいのは、世界の潮流と比較して独自の発展を遂げたのは、架空戦記の「萌え」化が初めてではないという点だ。英米を中心とした各国では、歴史改変SF（フィクション）も人気を集めたが、歴史学者などによる学術的な試みである「反実仮想の歴史」にも光が当てられようとしていた。これに対して日本では、九〇年代にピークを迎える架空戦記の圧倒的な存在感によって、学術面での展開は大幅に後れを取っていく。本節のタイトルを「ガラパゴス化する日本の「歴史のｉｆ」」と名づけた所以《ゆえん》である。

日本でも「反実仮想の歴史」に相当するような取り組みが皆無だったわけではない。小松が「地には平和を」を出版したのと同じ年に、哲学者の市井三郎が「反実仮想の歴史」に関する先駆的な試みを行っている（これに関しては、第四章で詳しく紹介する）。

九〇年代には、架空戦記とシミュレーション戦記は別ものであるという議論もなされている。檜山良昭は『大戦略　日独決戦』（全五巻、一九九二年〜九七年）に関連するインタビューで、以下のように答えている。『大戦略　日独決戦』は、一九四二年にスターリンが暗殺されたことで、ナチスと日本が極東（満洲）で対峙する世界を描いた作品である。

架空戦記と、シミュレーション戦記とはまったく違うと思うんですよ。架空戦記の場合だったら、そりゃどんな架空の兵器が出ようが何だろうが、そりゃ想像の世界ですから、かまわないと思うんです。シミュレーションと言ったからには、現実にあったものを土台にして、その中の決定的かつ重要なモーメントが変化したときに、その後の歴史の展開はどうなるだろう、ということを想像していくべきだと思う。忠実にね。[50]

檜山の作品のなかにも、『大逆転！ ミッドウェー海戦』（一九八八年）から始まる「大逆転！シリーズ」のように、タイムスリップを多用した娯楽色の強い作品は存在する。しかし、檜山のシミュレーション戦記は、史実にもとづいたものとして、おおむね評価が高い。[51]このほか、谷甲州『北満州油田占領』（一九九一年）のように厳密な歴史考証にもとづく作品や、霧島那智『帝国海軍大戦略』（一九九四年）のように、実在した人物や武器に限定してストーリーを展開する作品もある。[52]

戦史研究者の秦郁彦は、二〇〇二年に編著『太平洋戦争のｉｆ　絶対不敗は可能だったか？』を刊行している。この本には、『歴史と人物――太平洋戦争シリーズ』（一九八五年八月号）に掲載された秦の論考「絶対不敗態勢は可能だったか――機雷堰に守られて」を中心として、土門周平「日ソもし戦わば――関特演の夢は」、野村実「真珠湾攻撃　三つの想定――奇襲か強襲か」、檜山良昭「日本本土決戦となれば――犠牲者は数千万人？」などの論考が収録されている。

『太平洋戦争のｉｆ』の「序」で昭和史研究家の半藤一利は、「空想によって造られた新兵器とか、現実には存在しない人物とか、考えられない超ならびに非現実的な戦略戦術構想などとは、本書の各章は無縁である」と述べている。ただし、「あとがき」で秦は、この本が「史実を史実として線引きした上で、想像力を駆使してフィクションの世界を描き出す手法」によって書かれており、「読者にそれをノンフィクションと錯覚させることはきびしく排したつもりだ」と述べている。[53] 秦が想定していたのは、偽史や歴史修正主義との区別であろう。秦には、偽史や歴史修正主義を批判した編著『検証・真珠湾の謎と真実　ルーズベルトは知っていたか』(二〇〇一年)や『陰謀史観』(二〇一二年)がある。同じ本でも、リアリティを重視したとする半藤と、あくまでフィクションだと主張する秦で、議論の軸足をどこに置くかについて完全な一致をみていない。

ノンフィクション作家の保阪正康も、「歴史のｉｆ」に積極的に取り組んできた一人である。保阪は、『幻の終戦　もしミッドウェー海戦で戦争をやめていたら』(一九九七年)の第一部「ミッドウェー作戦崩壊の現実」で、ミッドウェー海戦の敗戦が太平洋戦争における「ポイント・オブ・ノーリターン」であったとし、次のように述べている。

ミッドウェー海戦をもって戈《ほこ》をおさめ、外交交渉にはいったなら、その後の世界史は大きく変わることになろう。日本が歴史を動かすことによって、政治的素養をもつ国家、偏狭な主観主義を排した国家というイメージができあがったことはまちがいない。そのイメージは、その後の日本にとってはプラスになるはずであった。[54]

保阪は、ミッドウェー海戦の敗戦が確定した時点で、終戦手続きに入るべきであったと主張した。同書第二部「一九四二年新体制国家の真実」では、歴史上は実現しなかった第四次近衛内閣の終戦工作について検証している。こうした作業を保阪は「知的なゲーム」と位置づけている。「もし」という尺度をもって史実の内側にはいりこむといった作業は、当然なことに「もし」から派生するであろう現実をつくりださなければならないとの責務を伴っている。それも、多くの資料と証言を用いたうえに想像力も駆使しなければならない。あえてこの作業を知的なゲームという所以は、その点にある。[55]

だが、特にこの第二部は、史実に準拠した記述なのか、完全なフィクションなのか分かりにくいところもある。近世史を専門とする山本博文は、『歴史をつかむ技法』（二〇一三年）で、保阪の本に言及しつつ、「歴史のｉｆ」の学術性を明確に否定している。

歴史に一つの「もし」を設定すると、どうしても次の「もし」が必要となり、結果として最後には歴史とはかけ離れたものになることがほとんどだからです。これは、歴史研究とはまったく別の知的エンターテインメントとして考えなければなりません。皆さんがｉｆを楽しまれることはまったく構わないのですが、この違いには大きな注意を払ってもらいたいと思います。[56]

こうした状況に鑑みると、学問としての「歴史のｉｆ」については、十分に議論が尽くされてこなかったと言えそうである。なぜ日本の「架空戦記ブーム」がガラパゴス的な展開を示していたと言い切れるのか。そのことを明らかにするためにも、次章では海外の研究状況に目を向けてみたい。

1――小松左京『地には平和を』角川文庫、一九八〇年（初出は一九六三年）、五二頁。
2――「東大教師が新入生にすすめる本」『ＵＰ』二〇一七年四月号、二四頁。
3――推理作家の高木は、学生時代から手相や占いに強い関心を持っており、運や偶然性への興味が架空戦記を執筆する動機になったと推測できる。高木は「源義経＝ジンギスカン」説を唱えた推理小説『成吉思汗の秘密』（光文社、一九五八年）や『邪馬台国の秘密』（光文社、七三年）といった一種のオカルト本も出版している。一九七三年にはコリン・ウィルソン『オカルト』が翻訳され、五島勉『ノストラダムスの大予言』も出版された。七四年には映画《エクソシスト》が公開され、超能力者ユリ・ゲラーも来日した。近代日本文学を専門とする吉田司雄は、七〇年代に架空戦記の原型が誕生した社会的背景の一つとして、「大きな物語」の喪失とオカルトブームの結びつきに注目している（吉田司雄「代替歴史小説の日本的文脈」『思想』二〇〇六年四月号、一一五－六頁）。
4――佐渡正昭『小説　本土決戦』北方文化社、一九七〇年、二六七－八頁。
5――那須正幹『屋根裏の遠い旅』偕成社、一九七五＝九九年、二九八頁。
6――対談「那須正幹vs古田足日――那須正幹が作家としての二十年の軌跡を語る」石井直人・宮川健郎編『ズッコケ三人組の大研究――那須正幹研究読本』ポプラ社、一九九〇年、一七九－八一頁。
7――佐藤健志「『宇宙戦艦』と『沈黙の艦隊』」『諸君！』一九九一年八月号、一八八－二〇一頁。

8――「シミュレーション戦記　新ジャンル確立の勢い」『読売新聞』一九九二年三月二三日朝刊、七頁。
9――檜山良昭「シミュレーション小説を語る」『セキュリタリアン』一九九五年六月号、一五―六頁。
10――「若者たちを虜にする『ｉｆ戦記』の危ない一面」『週刊ポスト』一九九二年四月二四日号、五〇頁。
11――『沈黙の艦隊』は歴史改変ＳＦではなかったが、かわぐちかいじは、海上自衛隊のイージス艦がミッドウェー海戦直前の太平洋上にタイムスリップしてしまう漫画『ジパング』（二〇〇〇年から〇九年まで『モーニング』（講談社）で連載）も発表している。
12――荒巻は、『旭日の艦隊』（第五巻、中央公論社、一九九三年）の「あとがき」で、『旭日の艦隊』の販売部数が各一七万部のレベルで推移し、『紺碧の艦隊』では二〇万部を超える巻が出始めたことを報告している（一九六頁）。
13――入江和夫「戦争シミュレーション小説の流行るわけ」『諸君！』一九九四年一一月号、一九一頁。
14――荒巻義雄「人生はＳＦだ」巽孝之・三浦祐嗣編『時の葦舟（定本荒巻義雄メタＳＦ全集 第五巻）』彩流社、二〇一五年、三四六―八頁。荒巻は、『旭日の艦隊』のスピンオフ企画として、「艦隊シリーズ」の基本設定を使って、新人作家に「もうひとつの物語」を自由に展開してもらうという試みも行っている（『旭日の艦隊――後世欧州戦史』全五巻、中央公論社、一九九四年〜九六年）。このほか、コミック版として、居村眞二・作画『紺碧の艦隊』（全二二巻、徳間書店、一九九二年〜二〇〇一年、これとは別に愛蔵版も四冊発売）、同『新・紺碧の艦隊』（全四巻（〇巻〜三巻）、徳間書店、二〇〇二年〜〇四年）、笠原俊夫・作画『旭日の艦隊』（全一〇巻、中央公論社、一九九三年〜九九年）、飯島祐輔・作画『新・旭日の艦隊』（全二二巻、中央公論社（三巻からは中央公論新社）、一九九八年〜二〇〇六年）も刊行された。
15――スタジオ・ハード編『架空戦記スペシャルガイド』光栄、一九九五年、三頁。架空戦記については、以下の先行研究を参照のこと。喜多哲士「歴史を変えるということ――日本架空戦史小説総括」『ＳＦマガジン』一九九六年三月号、一六―二一頁。石田あゆう「日本の敵はどいつだ？　日独決戦の行方」佐藤卓己編『ヒトラーの呪縛（下）　日本ナチカル研究序説』中公文庫、二〇一五年（単行本二〇〇〇年）、二一四―六八頁、大森望「日本ＳＦが描く戦争――黎明期からＳＦが見てきた科学技術と戦争の関わり」浅田次郎、奥泉光、川村湊、高橋敏夫、成田龍一編集委員『〈戦争と文学〉案内―典（コレクション戦争と文学別巻）』集英社、二〇一三年、一六八―九一頁。
16――社団法人全国出版協会出版科学研究所『出版指標・年報　一九九四年度版』一九九四年四月、七五頁。なお、『現代用語の基礎知識』では、一九九三年から九八年まで「シミュレーション小説」という項目が立てられている。

17――「仮想戦記人気ランキングベスト二〇発表！」『歴史群像』第六巻三号、一九九七年八月、一五一頁。

18――蔵原大「近現代ウォーゲーム（兵棋演習）の概史――二百年の変遷」『遊戯史研究』第二五号、二〇一三年、六－七頁。数学者のフォン・ノイマンは、核遮蔽問題を扱う際に、コンピュータによる模擬実験を提案している（長尾真ほか編『岩波情報科学辞典』岩波書店、一九九〇年、三〇六頁）。

19――平井聖司「シミュレーションと小説の形式」『創文』一九八二年一月号。堺屋は、この小説を一九七三年秋に書き上げていたが、本当に石油危機が発生してしまったため、出版時期を遅らせた（『油断！』日本経済新聞社、一九七五年）。

20――第二次世界大戦後のソ連（ロシア）を扱った仮想戦記を論じた重要な研究として、佐藤亮太郎「北海道「侵略」小説と第二次大戦の記憶」『苫小牧駒澤大学紀要』（第三〇号、二〇一五年三月）がある。

21――宗像和広『戦記が語る日本陸軍』銀河出版、一九九六年、一五四、七二、七三頁。宗像は、ハケットの『第三次世界大戦』に端を発する一九七八年から八〇年頃のブームを「第一次「近未来戦」小説ブーム」、一九八〇年頃から九〇年にかけてを「第二次「近未来戦」小説ブーム」と位置づけている。

22――他にも、アメリカとの戦争を描いた志茂田景樹『覇す』広済堂出版、一九九四年、中国との戦争を描いた生田直親『凄絶！　香港大会戦』徳間書店、一九九二年といった作品が刊行された。（山家歩「偽史への意志――歴史修正主義と『五分後の世界』」鈴木智之、西田善行編『失われざる十年の記憶』青弓社、二〇一二年、一四七頁）。

23――『中央公論新社一二〇年史』中央公論新社、二〇一〇年、二九八－九頁。

24――荒巻義雄『ニセコ要塞1986』第一巻、中央公論社、一九八六年、二二三頁。

25――荒巻義雄『琵琶湖要塞1997』第三巻、中央公論社、一九九一年、一九四頁。

26――荒巻義雄『阿蘇要塞1995』第四巻、中央公論社、一九九〇年、二〇三頁。

27――なお、「シミュレーション」と「小説」を掛け合わせたタイトルを最初に用いたのは、前述の檜山良昭の『新・大逆転！　太平洋戦争を阻止せよ』（光文社、一九八九年）である。過去戦記に分類されるこの本の副題には、「長編シミュレーション・ゲーム小説」と記されている。

28――荒巻義雄『シミュレーション小説の発見』中央公論社、一九九四年。

29――荒巻義雄『紺碧の艦隊』第五巻、徳間書店、一九九二年、一九九頁。

30――「戦争回避のシミュレーション」『ＡＥＲＡ』一九九二年一一月五日号臨時増刊、二二二頁。

31――「『紺碧の艦隊』の危険なゆくえ」『赤旗』一九九三年一〇月一一日付、九頁。Andrew Pollack 1995, "Japanese Refight the War, And Win, in Pulp Fiction", *The New York Times*, Mar. 4.
32――荒巻義雄『紺碧の艦隊』第四巻、徳間書店、一九九一年、一九七頁。荒巻は、カーチス・B・ドール『操られたルーズベルト』(馬野周二訳、プレジデント社、一九九一年)を例に挙げ、フランクリン・ローズヴェルト大統領が、参戦に消極的なアメリカ世論を変えさせるために、真珠湾攻撃へと日本を誘導したとする説を紹介している。
33――荒巻義雄『紺碧の艦隊』第三巻、徳間書店、一九九一年、一九九頁。
34――荒巻義雄『紺碧の艦隊』第一三巻、徳間書店、一九九四年、一九四頁。
35――「漂流する「戦争」①虚構と現実　歴史改変する"戦略"小説　加害責任を書く教科書」『朝日新聞』一九九四年九月五日夕刊、七頁。
36――山下恒男『テレビゲームから見る世界』ジャストシステム、一九九五年、六七頁。
37――光文社のカッパノベルス編集部では、「読者の六割を十、二十代の男性が占めており、ゲーム感覚で楽しんでいる」と分析していた(「「仮想戦記」ブームに、第二次大戦題材に史実とは別の結末――読者の六割、若い男性」『日本経済新聞』一九九三年一二月八日夕刊、一四頁)。
38――檜山良昭『新・大逆転!　太平洋戦争を阻止せよ』光文社カッパ・ノベルス、一九八九年、六六頁。この小説が出版された一九八九年に、檜山も発起人に名を連ねた日本シミュレーション&ゲーミング学会(現・JASAG)が設立されている。
39――荒巻義雄『十和田要塞』第三巻、中央公論社、一九八九年、二一四-五頁。
40――荒巻義雄『阿蘇要塞1995』第一巻、中央公論社、一九九〇年、二一〇-一頁。同第二巻、一九九〇年、二〇七-八頁。同第三巻、一九九〇年、二〇八頁。同第五巻、一九九一年、二一一頁。
41――荒巻義雄『琵琶湖要塞1997』第一巻、中央公論社、一九九一年、二一一頁。同第三巻、一九九一年、一九五頁。
42――荒巻義雄『阿蘇要塞1995』第一巻、中央公論社、一九九〇年、二一二頁。
43――荒巻は次のようにも指摘している。「登場希望者は女性にかぎり優先的に扱っております。が、『紺碧』は、内田康夫先生とは異なり、女性読者は圧倒的に少ない。」(荒巻義雄『紺碧の艦隊』第一七巻、徳間書店、一九九五年、二〇九頁)。

44――荒巻義雄『阿蘇要塞1995』第四巻、中央公論社、一九九〇年、二一二頁。
45――荒巻義雄『阿蘇要塞1995』第三巻、中央公論社、一九九〇年、二一五―六頁。
46――荒巻義雄『阿蘇要塞1995』第三巻、中央公論社、一九九〇年、二一三頁。
47――ただし、二〇万部を超える部数が出始めた「艦隊シリーズ」で読者交流を継続させるのは難しく、「今、平成七年九月の時点で、二年ほど前のお手紙を読んでおります」など、掲載が追い付かなくなる様子も紹介されている（荒巻義雄『紺碧の艦隊』第一七巻、徳間書店、一九九五年、二〇一頁）。
48――荒巻義雄「読者実名登場小説」『文藝春秋』一九九二年二月号、八一頁。荒巻によると、「志願理由」は、大きく分けると、「果たせなかった自分の夢を叶えたい」、「親、兄弟、親戚に〝コード1941〟の軍関係者がいた（引用者注：〝コード1941〟は太平洋戦争のこと）」、「身を以て故郷の土地を守りたい」、「パソコンで戦略ゲームをしている」の四種類であったという（『阿蘇要塞一九九五』第三巻、中央公論社、一九九〇年、二〇六頁）。
49――荒巻義雄「読者実名登場小説」前掲誌、八二頁。
50――檜山良昭「石原莞爾を生かしたかった！」『奇想艦隊　スーパー・シミュレーション大冒険王』一九九三年春号、二二五頁。
51――日本の戦争責任を追及した歴史学者・吉田裕も、戦場の残酷な場面が描かれているとして、檜山の小説に一定の評価を与えている（吉田裕『日本人の戦争観――戦後史のなかの変容』岩波現代文庫、二〇〇五＝一五年、二四九―五〇頁）。
52――『北満州油田占領』は、中国大慶油田を関東軍が発見していたらという着想にもとづく作品である。谷甲州の作品については、林譲次「覇者の戦塵――歴史構築という工学」（『ＳＦマガジン』二〇〇五年二月号）を参照のこと。霧島那智は、四人の若手作家の合名であり、若桜木虔が中心の作家集団であった。
53――秦郁彦編『太平洋戦争のｉｆ　絶対不敗は可能だったか？』中公文庫、二〇一〇年（単行本二〇〇二年）、七―八頁、三三六頁。架空戦記を多数出版してきたＫＫベストセラーズも、一九九三年に「バーチャル戦史」シリーズの刊行を開始する。第一弾となる『旭日の残光――日本海軍の秘策』（一九九三年）には、荒巻義雄「世紀末戦争の虚と実」、半藤一利「幻のミッドウェー作戦」、秦郁彦「幻の北アフリカ進攻作戦」などの論考が掲載された。このシリーズは一九九七年まで続き、計一五冊が出版されている。
54――保阪正康『幻の終戦　もしミッドウェー海戦で戦争をやめていたら』中公文庫、二〇〇一年（単行本一九九七年)、一七頁。

55――保阪正康、前掲書、一一―二頁。この他、保阪は『サンデー毎日』の連載「昭和史の大河を往く」(二〇〇六年一月~二〇一一年一二月)でも「歴史のｉｆ」を多数取りあげている。これらは毎日新聞社から単行本化されている(『本土決戦幻想――オリンピック作戦編』(第七集、二〇〇九年)、『本土決戦幻想――コロネット作戦編』(第八集、〇九年)、『仮説の日本史(上)』(第一二集、一二年)、『仮説の日本史(下)』(第一三集、一二年))。

56――山本博文『歴史をつかむ技法』新潮新書、二〇一三年、二四七―八頁。

第三章

ファーガソンの「仮想歴史」

1　ヴァーチャル・リアリティ時代の歴史学

希望的観測の罠

日本で架空戦記がブームとなっていた一九九〇年代。アメリカやイギリスでは、反実仮想の問題が歴史学の専門誌で取りあげられ、学術書も多数出版されはじめた[1]（巻末の資料②）。

第一章で詳しく論じたように、「歴史のｉｆ」には大きく分けて二つの種類がある。フィクションである歴史改変ＳＦ（alternate history）と、学術的な意味合いを持つ「反実仮想の歴史」（counterfactual history）であった[2]。

本章では、「反実仮想の歴史」の代表作として、イギリスの歴史学者ニーアル・ファーガソンの編著『仮想歴史（*Virtual History*）』（一九九七年）に注目したい（図３－１）。『仮想歴史』が出版された時、ファーガソンはまだ三〇代であり、気鋭の歴史学者として将来を嘱望されていた[3]。この本は全九章からなり、ナチスやケネディ暗殺など、欧米を舞台とした歴史のターニングポイントが仔細に検討されている。『仮想歴史』の章立ては次のとおりである。

はじめに：仮想歴史――カオス理論の過去へ（ニーアル・ファーガソン）

第一章：クロムウェルなきイングランド――もしもチャールズ一世がイングランド内戦を回避していたら（ジョン・アダムソン）

第二章：イギリス領アメリカ――もしもアメリカ独立戦争がなかったら（ジョナサン・クラーク）

第三章：イギリス領アイルランド――もしも一九一二年にアイルランド地方自治法が成立しなかったら（アルビン・ジャクソン）

第四章：ドイツ皇帝の欧州連合――もしも一九一四年八月にイギリスが「中立」を維持していたら（ニーアル・ファーガソン）

第五章：ヒトラーのイングランド――もしも一九四〇年五月にドイツがイギリスに侵攻していたら（アンドルー・ロバーツ）

第六章：ナチスのヨーロッパ――もしもナチス・ドイツがソ連を破っていたら（マイケル・バーレイ）

第七章：スターリンの戦争と平和――もしも冷戦が回避されていたら（ジョナサン・ハスラ

図3－1

ニーアル・ファーガソンの編著『仮想歴史（*Virtual History*）』（1997年）
写真は、2011年発売のペーパーバック版。イギリスの切手にヒトラーが描かれている。

ム）
第八章：キャメロット存続――もしもJ・F・ケネディが生きていたら（ダイアン・クンツ）
第九章：ゴルバチョフのいない一九八九年――もしも共産主義が崩壊していなかったら（マーク・アーモンド）
おわりに：ある仮想歴史、一六四六～一九九六（ニーアル・ファーガソン）

本書では「反実仮想の歴史」を、実質的には歴史改変SFと近い内容の「エッセイ型」と、学術的な観点から厳密に反実仮想の分析を行う「学術分析型」に分けて考察してきた（本書第一章七三頁の図1－3）。『仮想歴史』に収録された論文には「エッセイ型」に分類すべきものも少なくないが、九〇ページにもわたるファーガソンの「はじめに」は、「歴史のｉｆ」の理論的系譜を丁寧に整理した「学術分析型」である。ここでは、その内容を詳しく見ていくことにしよう。

ファーガソンは「歴史のｉｆ」を扱った論考をいくつも取りあげ、検証している。そのなかで、本書第一章で詳しく論じたJ・C・スクワイアが編者を務めた論文集『もしも別様に起こっていたら（*If it had happened otherwise*）』（一九三一年）については、その分析視角が曖昧であるとし、次のように批判した。

過去の出来事を扱う時に、それよりも後に起こった出来事については触れないようにするものだが、この本では執筆時〔引用者注：一九三一年段階〕の問題関心をもとに、各章が構成されている。「第一次世界大戦の惨劇はいかにして防ぎえたか？」という記述は、突き詰めれば、「あの時、こうすればよかったのになあ」という希望的観測にすぎない。[4]

ファーガソンによると、『もしも別様に起こっていたら』の執筆者（一一名）のなかで、実際の史実よりも「悪く」描いたのは、わずか一名であったという。反実仮想の提唱者が歴史修正主義者と混同されてきたことにも象徴されるように、「ありえたかもしれない過去」を自らの主義主張に沿う形で描きだすのはたやすい。ファーガソンは、後になってわかった事実に依拠すると、自らの希望を交えた歴史解釈、すなわち「希望的観測（wishful thinking）」の罠に陥ってしまうと、注意を促している。

ファーガソンは、ダニエル・スノーマンの編著『もしも私だったら…（*If I Had Been...*）』（一九七九年）もやり玉に挙げている。本書第一章で紹介したように、編者のスノーマンは、「過去」と「現在」の視点の違いについて論じていた。しかし、スノーマンの編集方針が守られることはなかった。ファーガソンはこう断言している。

明らかに言えるのは、この本のどの章も後知恵に頼りきってしまっているということだ。それぞれの章が、問題になっているその当時、実際に入手可能だった数字上のデータや選択肢ではなく、現在のわれわれだからこそ知りうる過去の結果にもとづいた議論となってしまっている。[5]

ファーガソンは、さまざまな歴史家の言葉を引くことで、「視点」をどこに置くかを明確にすべきだと訴えた。その際、彼が参照したのは、イギリスの歴史家ヒュー・トレヴァ＝ローパーの言葉であった。トレヴァ＝ローパーは、「歴史と想像力（History and Imagination）」（一九八一年）という論考のなかで、次のような言葉を残している。

過去の分岐点よりも前の、（中略）流動的で、まだ問題が何も解決されていない地点に身を置き、これからやってくる未来としてその問題と対峙することによってのみ、（中略）われわれは歴史から教訓を引き出すことができる。[6]

さらにファーガソンは、マルク・ブロック『歴史のための弁明』（一九四九年）の言葉を引いて、「過ぎ去った事件の確率をたずねる歴史家は、精神の大胆な活動によって、その事件そのもの以前に身を置」く必要があると論じている。[7] 歴史の当事者にとって、事件の起きる確率というのは、未来の問題だからだ。

ファーガソンが、仮想現実（virtual reality）を連想させる著書『仮想歴史（*Virtual History*）』でこだわったのは、「視点」をどこに置くかであった。想像力を最大限に活用して、当時の人々と、できうる限り同じ視点で歴史上の出来事を眺める。それによって、「歴史のｉｆ」の学術性を確立させようとした。

ファーガソンのこの発想は、認知心理学者バルーク・フィッシュホフが提唱した「後知恵バイアス（hindsight bias）」を下敷きにしている。「後知恵バイアス」とは、後から得られた知識によって、過去の理解が歪《ゆが》められる現象を指す。フィッシュホフは、米国のニクソン大統領の中国訪問（一九七二年）に際して、その時点では不確定な出来事（たとえば、「ニクソンは毛沢東と会談を行う」といったこと）が起こる確率を被験者に予想してもらった。すべての出来事が明らかになった後で、同じ被験者に自分が予想した確率を思い出してもらうと、実際に起こった出来事に引きづられて、多くの被験者が自分の事前予想を正確には再現できなかったという。つまり、「知ったかぶり」の態度を示す被験者が少なくなかった。[8]

アメリカの心理学者フィリップ・テトロックと社会学者アーロン・ベルキンが編者を務めた『世界政治に見る反実仮想の思考実験（*Counterfactual Thought Experiments in World Politics*）』（一九九六年）は、「後知恵バイアス」から生じる確信のことを「忍び込む決定論（creeping determinism）」と呼んでいる。「知ったかぶり」は、決定論における思考パターンと同じように、その出来事が起こるべくして起こったと考えるからだ。テトロックとベルキンは、反実仮想を用いれば、その当時の視点を回復することができるので、「後知恵バイアス」を回避する手段として有効だと指摘している。[9]

「仮想歴史」は、ファーガソンの独創的な発想というわけではないが、これまでの研究を存分に活用し、そこに二〇世紀の新たな理論であるカオス理論を結びつけた点に独自性があった。

CHAOZTORY

ファーガソンは『仮想歴史』の「はじめに」で、古くは神の予定説からヘーゲル、マルクス主義者らの科学的決定論に至るまで、いかにして決定論が力を持っていたかを論じていく。そのことは、以下に示す「はじめに」の小見出しからもわかるだろう。「神の干渉と運命予定説」、「科学的決定論――物質主義と理想主義」、「偶然性、運、そして因果関係への反乱」、「科学史――続き」、「物語決定論――歴史を発明してはいけないのか?」、「八岐《やまた》の園」、「カオス、そして科学的決定論の終わり」、「カオス物語（Chaostory）へ」[10]。

決定論では、「ある条件のもとではある現象が必ず起こる」と考えるため、歴史の複数性や未来の不確定性が入り込む余地はない。決定論を信じる人々は、戦争など予期せぬ出来事の犠牲となり、悲劇的な結末を迎えてきた。「仮想歴史」こそがそうした決定論の「解毒剤」になると考えたファーガソンは、決定論的な歴史観を次々と論破していく。一般的には決定論と思われていないものでも、決定論の痕跡がわずかでも見出せようものなら、ファーガソンの批判の手が緩むことはなかった。たとえば、イギリスの歴史家E・H・カーは厳密な意味での決定論者ではなかったが、ファーガソンは、すべてのものに原因を求める点でカーは決定論者と同じだと批判した[11]。

ファーガソンは、すべての歴史的過程を決定するような巨大な力を「新しい種類の決定論」と呼び、マルクス主義者が重視した下部構造（経済的要因）や、フェルナン・ブローデルが『地中海』で注目した「長期持続 long durée」（地理学的要因）も決定論の一種だとした。

さらにファーガソンは、エドワード・ギボンの『ローマ帝国衰亡史（*The History of the Decline and Fall of the Roman Empire*）』（一七七六年〜八八年）が、「衰亡」という「目的」に適《かな》うように書かれた本だと批判した。ギボンの本は、「衰亡（the Decline and Fall）」というダイナミズムを意識したことで、全世界で読み継がれる名著になった。もしもこの本のタイトルが、『ヨーロッパと中東の歴史、西暦一〇〇年から一四〇〇年まで（*A History of Europe and the Middle East, AD100-1400*）』などであったら、内容も平凡なものになっていたかもしれない。ファーガソンは、目的論的なタイトルを冠したギボンのこの本は、物語のように結論が明示される形で書かれた歴史、すなわち「物語決定論」に陥っていると批判した。[12]

一九七〇年代以降のポストモダニズムの流行によって、歴史は解釈であり、話者の主観的な「物語」だという新たな主張が展開された。アーサー・C・ダント『物語としての歴史』（一九六五年）やヘイドン・ホワイト『メタヒストリー』（一九七三年）が大きな影響力を持ち、歴史学の王道である史料実証主義の方法的前提を否定した。たとえば、一九一四年の時点において「第一次世界大戦が開始された」という記録は成り立たない。その段階では、目の前で起こっている戦争が「世界大戦」と呼ぶべきものなのか不明だからだ。ましてや第二次世界大戦と区別するために、「第一次」世界大戦と呼ばれる事実など、当時の人は知りようがない。「物語としての歴史」理論では、歴史上の出来事をもとにした対話（＝物語り行為）が重視され、真の意味での歴史叙述は「現在の視点」の介在なくしてありえないとされた[13]。

ファーガソンの「仮想歴史」と、ポストモダンの影響下にある「物語としての歴史」理論は、従来の歴史学の方法論に一石を投じたという点で共通している。ただし、両者を比較したときに決定的に異なるのが、視点の置きどころだ。ファーガソンは、「小説や劇のように歴史を書こうとするならば、過去に対する新しい種類の決定論を意味する」と指摘し、事後的あるいは回想的な視点に重点を置く「物語決定論」と距離を置いている[14]。

さらにファーガソンは、カオス理論という二〇世紀の新たな理論を加えることで、反実仮想を現代思想の流れのなかに位置づけようとした。カオス理論では、初期段階での小さな変化が、結果として大きな変化を生み出すと考えられてきた。ビリヤードの球を例に考えてみよう。ビリヤード台に置かれた球の位置とそこに加える力の強さがわかれば、その球がどのような軌道を描くかは完全に予測できるはずだ（球の回転運動や摩擦は無視する）。しかし、初期段階で力の向きがほんの少しずれるだけで、球はまったく違った軌道を描く。ましてや図のように何か障害物があれば、予測はまったく不可能となる[15]（図3－2）。

カオス理論の例としては、一匹の蝶の羽ばたきが遠く離れた場所の天候に影響を与える「バタフライ効果」が有名だ。ＳＦ小説でも、レイ・ブラッドベリの短篇小説「雷のような音」（一九五九年）でこのテーマを扱っている。時間旅行に参加した主人公が白亜紀に生息する一匹の蝶をうっかり踏みつぶしてしまう。旅行会社からは、「ここでは取るに足らぬ過ちが、六千万年後には、恐るべき結果に拡大されます」と注意を受けていた。主人公が、元の世界である二〇五五年に戻ってみると、大統領選の結果がまったく変わってしまっていた。アイザック・アシモフの短篇小説「ZをSに」（一九五八年）の場合、科学者の名前（Zebatinsky）をたった一文字変えるだけで、核戦争の危機が消滅する。[16]

図3－2

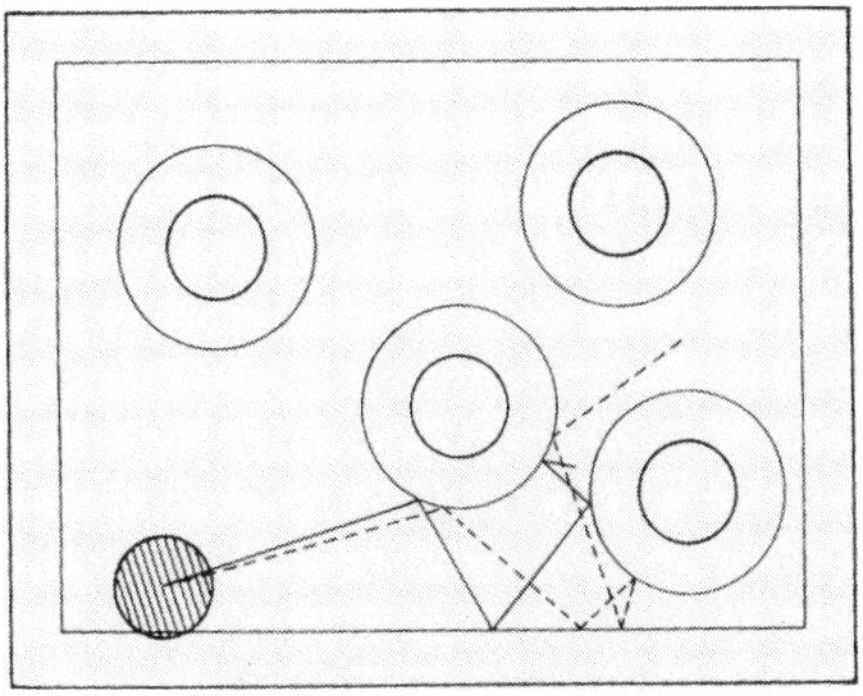

D・ルエール『偶然とカオス』青木薫訳、岩波書店、1993年（原著1991年）、57頁

ファーガソンが、「視点」の置きどころを明確にして、物事が起こる前の状態から考察する必要性を訴えたのは、カオス理論と深い関係がある。カオス理論では、短期的な変化は決定論的な法則によって予測が可能だが、長期的な変化はまったく偶然的で予測不能とされるからだ。[17] ファーガソンは、出来事の初期段階では複数性に開かれていた未来の可能性を、別言すれば、ひとたび方向性が定まってしまえば消え去ってしまう「ありえたかもしれない未来」を描き出そうとしたのである。

2　反実仮想はシミュレーション

それが本来いかに起こらなかったか

「歴史のなかの未来」の救済を目指した「仮想歴史」の方法論について、ファーガソンはどのように考えていたのだろうか。カリフォルニア大学バークレー校のホームページに公開されているインタビュー（二〇〇三年一一月）で、ファーガソンは「証拠」の重要性を強調している。

想像上のシナリオは、まったく何もないところから取り出してくるわけではありません。仮想歴史は、それが同時代の人が真剣に考えた選択肢だという証拠を示すことができて初めて正当性をもつのです。遊び半分に「歴史のｉｆ」に手を出そうとする人には、なかなか理解してもらえないのですが、これはとても重要なポイントです。私の編著『仮想歴史』では、それぞれの執筆者に、もうひとつのシナリオの根拠は何かを明確に示すよう求めています。[18]

「仮想歴史」の最大の難点は、実際には起こらなかった出来事の具体的な証拠を示さなければならないという点にある。アクロバティックに見えるこの方法について、ファーガソンは以下のように説明している。

別に難しいことを言っているわけではないのです。今だってわれわれは未来のことを知りようがありません。われわれが対峙しているのはそうなるかもしれない未来です。われわれは、計画を立て、シナリオを練り上げる。これから一年、どんなことが起こるのかさっぱりわからないのですから、日々この繰り返しです。[19]

ファーガソンは『仮想歴史』に「ドイツ皇帝の欧州連合」と題する論考を執筆し、「もしもイギリスが第一次世界大戦に中立を維持していたら……」という反実仮想を展開している（同書第四章）。ファーガソンはこの設定を例に出し、インタビューに次のように答えている。

一九一四年に戻るのはそれほど難しいことではありません。（中略）一九一四年当時のイギリスの政治家たちは、〔引用者注：ドイツに対する〕内政不干渉も含めて、ありうるかもしれないシナリオを想像していただけです。そうやって彼らは決断を下していきました。シナリオを並べて、議論して、最終的には干渉（交戦）という選択を行ったのです。イギリスの政治家たちは、ドイツにヨーロッパ大陸が占領されてしまう最悪の未来像を警戒したのです。同時代の人々が考えた「もうひとつのシナリオ」を凝視しなくてはならないというのが重要なポイントです。[20]

ここでファーガソンが強調するのは、「仮想歴史」が対象とする「もうひとつの歴史（alternate history）」は、あくまで当時の人々が実際に考えた「ありえたかもしれない未来（alternate future）」に依拠しているということだ。過去の歴史において重要な決定に至る過程を分析する際に、われわれが知っている「結果」に囚《とら》われることなく、当時の人々の視点に立ち、どのような別の選択肢がありえたのかを慎重に分析する。実際には、当時の人々が予期しなかったことがしばしば起こる。その場合、「仮想歴史」では、当時の人々の予想どおりに物事が進んでいったらどうなっていたかを検証する。それによって、なぜ現実には人々の予想と異なることが起きたのか（なぜ当時の人々が予想していなかった展開となったのか）を理解するヒントを与えてくれる。

ファーガソンは『仮想歴史』のなかで、史料を厳密に用いることによって、「ありえたかもしれない未来」をきちんと検証すべきだと提案している。

われわれは、同時代の人々が考えたというだけではなく、紙（あるいはその他の記録媒体）に残っているシナリオだけを、実際にありえたかもしれない未来としてきちんと検討しうるのだ。しかも、検討の対象になるのは、歴史家が確かなものだと認めた記録に限られる。どの記録が残るかは予測不可能であるから、偶然に左右される部分が大きくなるのはたしかだ。しかし同時に、同時代の史料に頼ることが「仮想歴史」を実行可能なものにするのだ。[21]

反実仮想の歴史と「物語としての歴史」は、歴史の改変可能性を認める点では同じであり、「歴史のｉｆ」もポストモダニズムの流行に棹差すものだと一般的には考えられてきた。しかし、ファーガソンの論考をよく読めば、彼が反実仮想を、従来の歴史学の手法にのっとった形で捉えていたことがわかる。歴史学において異端視されつづけた反実仮想であるが、ファーガソンの方法論を整理していくと、史料批判を軸とした正統歴史学の系譜に位置づけ得ることがわかる。

ファーガソンは『仮想歴史』のなかで、史料の批判的検討によって客観的で正確な歴史叙述を目指したレオポルト・フォン・ランケの言葉「それが本来いかにあったか」を引用し、次のように述べている。

> 「それが本来いかにあったか（how it actually was）」を理解しようとすれば、「それが本来いかに起こらなかったか（how it actually wasn't）」の理解が必要になってくる。——それは、当時の人々にとっては「ありうるかもしれない未来」であったのだ。このことは、実際に起こったことが誰も予期しない結果であった場合にさえあてはまる。その結果は、それが実際に起こるまでは時代を反映するような思想ではなかった。[22]

当時の人々が期待／不安視した「ありうるかもしれない未来」は、ある時期が来れば、「ありえたかもしれない過去（歴史）」へと変換されてしまう。この「もうひとつの歴史」は、史実と照らし合わせてみれば、たしかに実現しなかった出来事ではある。だが、当時の人々が思い描いた「ありうるかもしれない未来」を、きちんとした証拠にもとづき、たしかに存在したと後世の人間が認めることができれば、それは客観的な「もうひとつの歴史」だと言える。誰も予期しなかったことが実際に起こるケースも考えられるが、それは当時の人々が期待あるいは不安視した未来像が実現しなかったことの裏返しである。いずれにせよ、歴史の当事者の視点に立って、「それが本来いかにして起こらなかったか」を理解することがなければ、「それが本来いかにあったか」は理解できないとファーガソンは主張したのである。[23]

「もうひとつの歴史」が起こる確率

しばしば指摘されるように、「現在」のわれわれが「過去」と見なしているものも、かつては「未来」であった。歴史の必然性が強調される場合もあるが、それは後から振り返った回顧的な見方であり、歴史の当事者の視点に立って見れば、期待や不安に満ちた不確定な未来が目の前に広がっている。ただし、ファーガソンのこの主張を徹底しすぎると、史実の背後に存在した（かもしれない）「もうひとつの未来」をすべて検討しなければならなくなる。

ファーガソンが『仮想歴史』で浮かびあがらせようとしたのは、蓋然性（probability）の高い反実仮想であり、その手法はシミュレーション分析ともよく似ていた。

われわれは、妥当性を持つと判断する「ありえたかもしれない歴史」を絞り込むことによって——つまり、「可能性（chance）」という得体の知れないものを、蓋然性（probabilities）の判断へと発想を転換させることによって——、「唯一の決定論的な過去」と「扱いづらいほどに無数に存在する反実仮想」という究極の選択を回避できる。つまり、反実仮想のシナリオは、単なるファンタジイではなく、シミュレーションでなければならない。複雑化する世界においてわれわれは、実際には起こらなかったが、起こってもおかしくなかった出来事の相対的確率を算出しようと試みる（「仮想歴史（virtual history）」と命名した所以である）[24]。

歴史学においては、実際に「生起したこと」を含む「起こりえたはずのこと」と「起こりえなかったこと」は区別して論じられる。「仮想歴史」においても、蓋然性の高いものから順に配置し、「起こってもおかしくはなかったが、実現しなかったこと」と「起こりえなかったこと」を区別すべきだとファーガソンは主張した[25]。

ファーガソンが「起こりえなかったこと」の具体例として挙げているのは、一八四八年のフランス二月革命に際して、「もしもパリの住民全員に翼が生えてきたら……」という反実仮想であった[26]。これは極端な例かもしれないが、「もしもヒトラーがユダヤ人を人種的に優れた人々だと見なしていたら……」といった反実仮想も、ヒトラーがヒトラーたる所以を否定してしまっているので、史実として絶対に起こりえない事象である。

ファーガソンは、「もうひとつの歴史」の相対的確率を算出するにあたって、出来事の原因を推定し、「もしも○○がなかったら」という問い（'but for' questions）を当てはめていく手法を提案した。それによって、「もうひとつの歴史」が因果関係や論理的必然性を保持しているかどうかを判断しようとした。[27]

たとえば、本書の序章でも紹介したように、第一次世界大戦の「原因」は一九一四年六月二八日にオーストリアのフェルディナント皇太子が暗殺されたサラエヴォ事件だとされる。もしもサラエヴォ事件が起こらなければ、皇太子が暗殺されることはなく、第一次世界大戦も起こらなかったのだろうか。それともサラエヴォ事件が起こらなくても、遅かれ早かれ皇太子は暗殺されてしまったのだろうか。こうした思考実験によって、第一次世界大戦の「原因」たるサラエヴォ事件の重要度が明らかとなる。あるいは、「もしもイギリスの参戦がなかったら……」、「もしもアメリカの参戦がなかったら……」といった別の反実仮想によって、想定されうる原因の序列化を行うこともできる。

ファーガソンは、複雑な計算式を用いるのではなく、歴史学の方法論の範囲で、歴史上の出来事が起こりえた確率について記述しようとした。ただし、仮想空間におけるシミュレーションが重要な役割を果たすとも考えていた。歴史学習シミュレーションゲーム《メイキングヒストリー》の開発にも携わったファーガソンは、歴史教育にゲームを取り入れることに積極的であった。《メイキングヒストリー》は第二次世界大戦のシミュレーションゲームで、プレイヤーは11ヵ国から好きな国を選ぶことができる。各国の軍事力や経済状況のバランスが画面に示される。ファーガソンは、一九三八年の時点でイギリスが宣戦布告をすれば、ドイツに勝利できたと考えていた。しかし、このゲームを使ってシミュレーションしてみると、対独包囲網が十分に機能しないということが明らかになった。フランスと協定を結ぶための時間が短すぎて、イギリスはフランスから同盟の申し出を断られてしまうのだ。ファーガソンは次のように指摘する。

「もしもDデイ〔引用者注：ノルマンディ上陸作戦〕がうまくいかなかったら？」は、歴史家が戦争について言及する反実仮想の一例だ。（中略）こうした問いは、理論的には、コンピュータゲームが当然のごとく答えを導き出すのを助けてくれる問いであるのだが、私の知る限り、軍事史はそれを使いこなしていない。これは驚くべきことだ。軍事学校でウォーゲーム〔引用者注：作戦行動を図上で再現する兵棋《へいぎ》演習のこと〕を用いるという長きにわたる良き伝統があるだけでなく、冷戦期の戦略においても、数学の応用であるゲーム理論が中心的な役割を果たしてきたのだ。[28]

ヴァーチャル空間における歴史ゲームは現在も発展を続けており、教育現場への導入の可能性について、今後もその動向を見守っていく必要があるだろう。「仮想歴史」のさらなる発展のためには、歴史学や政治学だけではなく、数学や経済学などの知見も導入した、領域横断的なアプローチにも期待すべきであろう。

ファーガソンの手法は、第一章で紹介したロバート・W・フォーゲルの手法とよく似ている。フォーゲルは、ある領域において将来がどうなるかを、現在のデータを入力して予測するモデル・シミュレーションの手法を歴史分析に応用しようとした。ただし、フォーゲルがシミュレーションした「鉄道のないアメリカ社会」は、歴史的事実の裏づけを極端に欠いていた。そのためファーガソンは、フォーゲルの試みを反実仮想研究として認めなかったのだが、歴史の客観的な事実を明らかにするという目的から逸脱しなければ、フォーゲルが用いたこの手法は大いに活用の余地があると言えるだろう。[29]

歴史学からの反論

ファーガソンの「仮想歴史」を真っ向から批判した歴史家もいる。ナチス研究で知られるイギリスの歴史家リチャード・J・エヴァンズである。序章でも紹介したが、エヴァンズは、ファーガソンが『仮想歴史』を発表したのと同じ年（一九九七年）に、歴史学がポストモダニズムへ傾斜するのを批判した『歴史学の擁護――ポストモダニズムとの対話』を刊行している。[30]翌年、ファーガソンと同じＴＶ番組に出演したことがきっかけとなって、エヴァンズは「歴史のｉｆ」に関心を抱きはじめる。二〇〇二年一〇月には、カナダのクイーンズ大学で反実仮想に関する講義を行い、その内容をまとめた論文では、『仮想歴史』の執筆メンバー（ジョン・アダムソン、ジョナサン・クラーク、アンドルー・ロバーツ、マイケル・バーレイ、マーク・アーモンドの五人の論客）を「若いけれども時代遅れの学派（The Young Fogey School）」と呼んで厳しく批判している。[31]

このエヴァンズの論文が重要なのは、ファーガソンが展開した「仮想歴史」の方法論への批判にもなっているからだ。エヴァンズが反実仮想の問題点として挙げたのは、同時代の人々が予期したことに考察の対象を限定した時に、政治史、政策史、外交史、軍事史など、狭い分野の歴史に対象が制限されてしまう点についてであった。[32]ファーガソンは、紙やその他の記録媒体に残ったものを証拠として考えていたので、政府の各種議事録、政治家の日記、新聞や雑誌に掲載された記事や論考などが採用されやすくなってしまう。そうしたアプローチでは、ひと握りの人たちの言説にしか光が当たらない。「下からの歴史」を実現しようとしたエヴァンズは、従来の歴史学からはこぼれ落ちてしまうものに関心を寄せていた。「仮想歴史」は、歴史の「もうひとつの時間」に視野を限定する傾向があるので、歴史のなかの「もうひとつの声」に耳を傾けるべきだというエヴァンズの指摘は重要だ。

エヴァンズは、反実仮想を論じる範囲についても考慮すべきだとしている。「歴史のｉｆ」では、「歴史上の主要人物が暗殺されなかったら」といった短期的な事柄に光が当てられがちだが、歴史の過程（processes）や構造（structures）といった長期的な視点を必要とする事柄についても、その方法論は有効なのだろうか。この問題は、個人レベルと社会レベルの現象に置き換えて考えることもできる。エヴァンズは、当時の人々が予期していたものを救済すべきだとしたファーガソンの主張を次のように批判している。

歴史上の主要な問題は、本質的に個人レベルを超えて、特に経済、社会、文化の歴史の領域において説明を行うことが求められる。同時代人がどう思ったかなどは、実際に起こったこととはまったく関係がないのである。[33]

一八世紀から一九世紀の人々にとって、田舎の風景が変わらずに存在しつづけるだろうという予期は重要かもしれないが、産業革命について説明する時にそれは何の役にも立たない。エヴァンズは、同時代の人々が脳裡に思い描いた未来図や願望を調べることと、そこから飛躍して、同時代の人々がけっして想像もしなかった反実仮想、つまり長期的な視点を必要とする反実仮想を導き出すことはまったく別のことだと論じている。

「起こらなかったこと」を論じる難しさについては検討すべき点が多々ある。たとえば、実行されることのなかった暗殺計画などは、どう評価すればよいだろうか。計画やそれに類する証拠が見つかったとしても、その実行可能性をどう判断するかは難しい問題であろう。それとは逆の事例も考えられる。史料からは、ある選択肢が真剣に検討された痕跡を読み取れるのだが、政治的な理由でその問題を取りあげたように見せかけただけで、実際にはほとんど重視されていなかったという場合もあるだろう。[34] ファーガソンが例に挙げたように、「もしもパリの住民全員に翼が生えてきたら……」といった馬鹿げた反実仮想であればわかりやすいが、取りあげるに値する未来像とその必要のない未来像とのあいだに、判別の難しい「グレーゾーン」が残ることにも注意を向けなければならないだろう。

3　操作された歴史？

「もしも……」のパラドックス

エヴァンズは、反実仮想批判の書である『操作された歴史（*Altered Pasts*）』を二〇一四年に刊行している（図3-3）。この本の構成は、第一章「希望的観測」、第二章「仮想歴史」、第三章「未来小説」、第四章「可能世界」となっている。このなかでエヴァンズは、「自分が最初に感じた「反実仮想アレルギー」を見直す必要がある」と述べていて、「反実仮想の歴史」が学問として一定の水準にあることを認めている。[35] ただし、歴史がエンターテイメントとして消費されることへの強い危機感を抱いていたエヴァンズは、わざわざ反実仮想を用いなくとも、歴史学の応用で事足りるとしている。[36]

図3－3

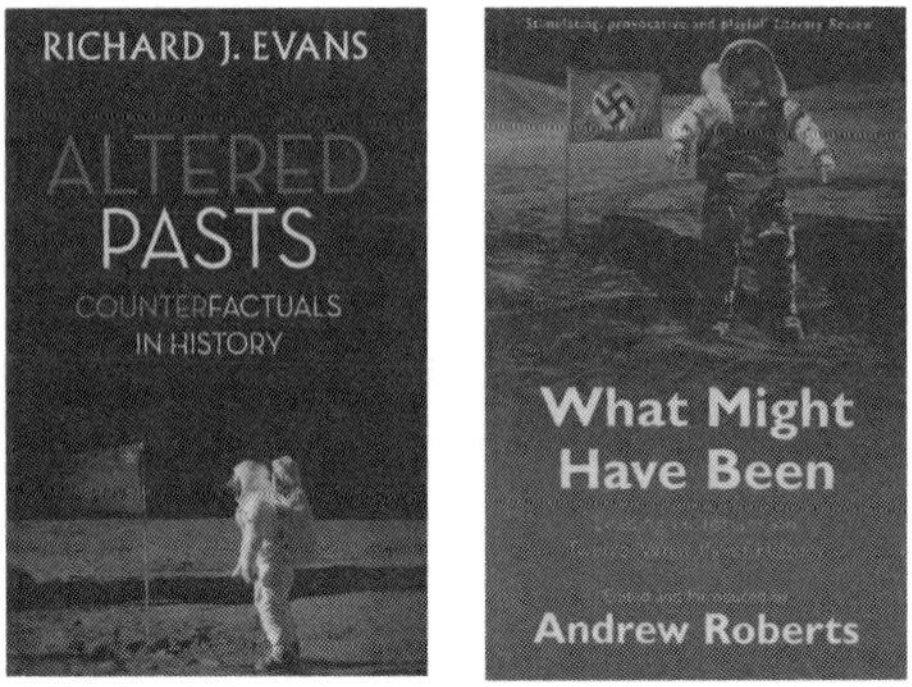

左：リチャード・J・エヴァンズ『操作された歴史（*Altered Pasts*）』（2014年）、右：アンドルー・ロバーツの編著『歴史に「もし」があったなら（*What Might Have Been*）』（2004年）
月面着陸を最初に実現したのは、中国だったかもしれないし、ナチス＝ドイツだったかもしれない。ロバーツの本は、邦訳あり（近藤裕子監訳、バベルプレス、2006年）。

　エヴァンズは、九〇年代以降の反実仮想研究の特徴として、歴史における偶然性や自由意志に対する信頼が非常に高いことを挙げている。たとえば、ファーガソンの『仮想歴史』は、一九三三年にヒトラーが政権を獲得した原因に関して、ドイツの歴史家フリードリヒ・マイネッケの『ドイツの悲劇』（一九四六年）などを参照し、偶然性が一定の役割を果たしたことを強調していた。[37] これに対してエヴァンズは、ドイツ経済の低迷、ワイマール共和体制の弱体化、さらには入閣のタイミングを見極めたヒトラーの戦略など、経済的・文化的・社会的要因など総合的な観点からの検証が必要だと主張した。エヴァンズは、反実仮想論者は決定論か自由意志かという非現実的な極論から語りたがると批判し、人間の活動はこの二つの極論のどちらかではなく、両者のあいだに収まるものだと指摘した。[38]

　この書でエヴァンズは、先ほど指摘した、どの範囲で反実仮想を論じるかという問題について自らの見解を披露している。エヴァンズはまず、われわれがすでによく知っている事件や出来事が反実仮想の議論の「出発点」に置かれやすいと指摘する。本書でも、「もしもオーストリアのフェルディナント皇太子がサラエヴォ事件で暗殺されなかったら、第一次世界大戦は起こらなかったかもしれない」という反実仮想を紹介した。しかし、オーストリアの皇太子暗殺が未遂に終わったとしても、テロリストは成功するまで皇太子の命を狙いつづけ、結果として同じような衝撃を当時の人々に与えたかもしれない。別の原因が引き金となって大戦勃発に至った可能性も否定できない。そう指摘した上で、エヴァンズは次のように続ける。

これらの衝撃的な出来事は違った結果を容易にもたらすであろう。ただし、反実仮想の提唱者たちが時々主張するような結果になるには、歴史的な文脈のなかでより大きな変化が起こる必要があるだろう。[39]

エヴァンズのこの書のタイトル（*Altered Pasts*）からも明らかなように、反実仮想は、歴史の分岐点を「操作」することで、史実とは異なる結果を導き出そうと試みる。だが、「もしもあの時〇〇であったら、〇〇という結果が生じていただろう」という観点から出来事の因果関係を探る反実仮想の方法論にはそれ固有の避けがたい欠陥があった。

歴史の因果関係は、しばしばビリヤード台のボールの動きに喩《たと》えられる。手元のボールAが、狙い玉であるボールBに当たるとどうなるか。鍛え抜かれたプロの目をもってすれば、ボールB

がボールCに当たり、さらにボールDに当たるところまでは予測できるだろう。しかし、その先は誰も予測することができない[40]。

「もしもオーストリアのフェルディナント皇太子がサラエヴォで暗殺されなかったら」という反実仮想の場合、サラエヴォ事件が起こった一九一四年六月二八日をスタート地点として、セルビアに対する宣戦布告（同年七月二八日）のみならず、第一次世界大戦（一九一四年〜一八年）、ヒトラーの台頭（一九三三年）、第二次世界大戦（一九三九年〜四五年）にまで話が及ぶことも珍しくない。反実仮想は、議論の対象となる時間の幅が長くなればなるほど、正確性を欠くことになる。この点に関して、エヴァンズも次のように論じている。

> 長期間を想定した反実仮想の議論は、第一に、さらなる偶然の出来事がそれに続いて起こらないことを前提とし、第二に、最初のありえたかもしれない出来事が、続いて起こる予期せぬ出来事に何の影響も与えないということを前提としている。つまり、歴史から偶然性をほとんどすべて取り除いてしまっている。反実仮想は、過去に開いていたはずの未来を取り戻す試みであるはずなのに、これでは閉じきってしまっている[41]。

「もしも……」の思考方法が抱えるパラドックスは、「もうひとつの可能性」を選択することで、その他の可能性を排除してしまう点にある。とても皮肉なことだが、「他でもありえた」という事実を証明するために、反実仮想はそれ以外の可能性を消去し、「こうでしかなかった」という決定論的な考え方を引き入れてしまうのだ。反実仮想の発想は、決定論的な世界観を解体することを目的としていたはずだが、逆にそうした世界観を補強しまうとエヴァンズは批判した。[42]

反実仮想は右翼思想？

ファーガソンは『仮想歴史』のなかで、「歴史のなかの未来」の解明に第一の目標を置いていた。これを推し進める次なるステップとして、出来事の原因（因果関係）に焦点を当てたり、それに対する自らの見解を示したりすることを想定していた。反実仮想において、妥当性の高い「もうひとつの歴史＝もうひとつの未来」を作りあげるために、出来事の原因や因果関係を精査する作業は重要だ。ただし、それに対する歴史家の評価が必要かという点については、判断が分かれるかもしれない。先に引用したインタビュー記事で、ファーガソンは次のように答えている。

反実仮想の方法論の次なるステップは、過去の決断に対する評価や判断を行うことです。歴史家の責任について考えるときに、これは極めて重要な点だと私には思えます。（中略）言ってみれば、歴史は、ただ単に過去を描写したり、読者に選んでもらったりするだけではなかったのです。なぜこの決定がなされたか、そして他にどんなシナリオがありえたかを示すと、こう言わずにはいられなくなると思います（少なくとも、私は言わずにはいられません）。「ええ、実際のところ、彼らは良くない決定をしたかもしれませんね」と。[43]

学術性を担保しようとするのであれば、歴史家が価値判断を下すことに対しては、やはり慎重になる必要があるだろう。さらに注意すべきは、出来事の原因にのみ焦点を当て、「もしも○○がなかったらという問い（'but for' questions）」を強調しすぎると、さきほど指摘した、「もしも……」の思考方法が持つパラドックスに陥る可能性があるという点だ。それでは、歴史改変ＳＦのような物語（フィクション）との違いが判然としなくなってしまう。

ファーガソンが提示した反実仮想の理論は高く評価されているが、反実仮想の実際例となると、詰めの甘さが見られたのも事実であった。『仮想歴史』の第四章で、ファーガソンは「もしもイギリスが第一次世界大戦で中立を維持していたら、欧州には、今日のＥＵ（欧州連合）とは違う形の連合体が完成していたであろう」という反実仮想を展開している。以下、その概要を紹介しよう。

もしもイギリスが参戦しなければ、世界大戦は未然に防がれ、ドイツは欧州に限定された戦いで勝利を収めていたかもしれない。第一次世界大戦後、ドイツに課された莫大《ばくだい》な賠償金がヒトラー台頭の主因だとも言われているので、負債を抱える必要のなかったドイツは、ファシズムの温床になるどころか、ヴィルヘルム二世のもとで、欧州連合の中心的な役割を果たしていたかもしれない。この「もうひとつの歴史」では、世界大戦の緊張や重圧が存在しないことで、一九二〇年代から三〇年代にかけての経済状況はそれほど厳しいものではなかったかもしれない。ヴィルヘルム二世の勝利によって、ヒトラーは売れない画家として一生を過ごしていたかもしれない。さらにファーガソンは、アメリカの金融や軍事力が欧州に流入しないことで、世界経済に果たすイギリスの役割も盤石なものであり続けただろうと指摘している。[44]

これに対してエヴァンズは、次の四つの観点からファーガソンの主張を批判している。

一点目は、ファーガソンのこれまでの議論との矛盾である。ファーガソンは、第一次世界大戦を論じた『戦争の哀しみ（*The Pity of War*）』（一九九八年）において、イギリスはドイツに差し迫った脅威を感じてはいなかったが、ドイツの兵器は、低コストで効率的に敵を攻撃できる能力を保持していたと分析している。一九一四年夏の時点で、ドイツはイギリスの脅威ではなかったという議論は、ファーガソンのこれまでの議論と矛盾する。

二点目は、ファーガソンが「ありえたかもしれない歴史」の一つとして論じた、イギリスとヒトラーの和平案に関する矛盾である。一九四〇年春の時点で、イギリス外相ハリファックスによる和平交渉への期待が高まっていたが、ヒトラーやナチスの幹部が和平案を了承した証拠は残っていない。もし和平案が実現したら、ドイツは東部戦線に戦力を集中でき、戦局を優位に進めることができるため、結局はイギリスにとって不利に働くという見方は当時、根強かった。

三点目は、両世界大戦における政治的中立が「イギリス帝国」の存続につながったとする主張の、その根拠の脆弱さである。第一次世界大戦に勝利したドイツは、イギリスの主権が及ぶ中東やインドにも進出したであろうし、アメリカの台頭によって、インド、アフリカ、その他の植民地の勢力図は大きく変わっていたであろう。ファーガソンは、植民地を維持するのに必要となるさまざまなコスト面についての議論を行っていない。

四点目として、ドイツが中心的な役割を果たしたかもしれない戦時期のヨーロッパと二〇世紀のEUを比較することの困難である。一九九〇年代のドイツは、ベルリンの壁崩壊後の東ドイツを西側に復帰させるために、国内に目が向いていた。ヒトラーやナチスの建築家シュペーアが想定していたヨーロッパにおける「新秩序」と、現代のEUは完全に異質なものである。[45]

このようにエヴァンズは、歴史的な事実に依拠しながら、ファーガソンの反実仮想を支える論拠がいかに脆弱なものかを指摘していく。[46] さらにエヴァンズは、一九九〇年代以降に反実仮想が流行した背景として、イギリスのEU離脱支持者（Brexiteer）に反実仮想の支持者が多いという点にも注目している。

〔引用者注：一九九〇年代以降に反実仮想が流行した原因は〕ポストモダンの遊び心、知識の恣意性の強調、制御不能に見える世界への絶望、偉大な決定論的イデオロギーの喪失などである。そのなかのひとつとして、少なくとも一九八九年以降のイギリスでは、EUに対する保守層の嫌悪感が間違いなく存在し、そのことが、多くの反実仮想が右派から登場した主たる理由だと考えている。[47]

たとえば、『仮想歴史』の第五章を執筆したイギリスの歴史家アンドルー・ロバーツも、イギリスのEU離脱を早くから支持していた。ロバーツは、歴史家として研究成果を積み上げる一方で、近未来小説『アーヘン・メモランダム（*The Aachen Memorandum*）』（一九九五年）を刊行している。この作品は、ヨーロッパ統合の流れに抗することができずに、古き良き伝統を喪失してしまう二〇四五年のイギリスを描いた近未来小説である。つまりロバーツは、そうした未来が訪れないように、一刻も早くイギリスはEUから離脱すべきだと主張したのである。[48]「ありうるかもしれない欧州統合」という未来像を示すことで現在のEUへの不満を示したロバーツに対して、ファーガソンは「ありえたかもしれない欧州統合」という反実仮想を示すことで同じ目的を達成しようとした。ここでは、学術的なアプローチであるはずの反実仮想と、史実の裏づけを必要としない未来小説が同じ機能を果たしてしまっている。

エヴァンズは『操作された歴史』で、反実仮想が「希望的観測」の罠に陥りやすいという弱点を指摘し、あえて反実仮想を用いなくとも、歴史学の応用で十分だと結論づけている。このエヴァンズの主張は具体的な根拠にもとづいており、説得力がある。ただし、反実仮想が保守的あるいは右翼的な思想の独占物だという主張には注意が必要だ。たとえば、イギリスの歴史学者ジェレミー・ブラックは、「右派が反実仮想を採用し、左派が批判する」構図を「Left-Right dichotomy（左右二分法）」と呼ぶ。ブラックは、「もしもサッチャーがイギリス首相に選ばれていなかったら……」という反実仮想が、サッチャーの死後、左右両陣営から検証された例などを挙げて、「左右二分法」の不毛さを訴えている。[49]「What If…?（もしもあの時？）」の思考方法が、希望的観測を意味する「If Only…（あの時こうだったら）」に容易に変換されてしまうという問題は、政治的な立場に関係なく受け止めるべき課題であろう。

さらに言えば、左派も右派も、「もしもあの時○○であったら、○○の結果が生じていただろう」という観点から「歴史のｉｆ」を理解している点には注意が必要だろう。この反実仮想の定義からは、ファーガソンの「仮想歴史」の最大の目的を理解しそこなう恐れがあるからだ。最大の目的というのは、何度も述べてきたとおり、「もうひとつの歴史」の相対的確率や論理的必然性を確かめ、客観的な「もうひとつの歴史」を明らかにすることだ。「もしも○○がなかったら」という思考実験（'but for' questions）はあくまで手段であって目的ではない。

こうしたファーガソンの主張は、実は彼独自のものではない。次章では、少し時間を溯ってファーガソンとよく似た反実仮想の議論を紹介することで、「仮想歴史」に対する理解をさらに深めていきたい。

1――たとえば、イギリスの政治学者ジェフリー・ホーソンの『もっともらしい世界（*Plausible Worlds*）』（一九九一年）は、反実仮想という分野をメジャーなものに引きあげた一冊と言われている（Geoffrey Hawthorn 1991, *Plausible Worlds : Possibility and Understanding in History and the Social Sciences*, Cambridge University Press）。ホーソンの作品は、「一九七〇年代以降では、はじめてこの問題を哲学の領域からすくいあげ、社会科学の問題として真剣に取りあげようとした」と評価され、ファーガソンへの影響も指摘されている。れっきとした学術書でありながらも、しっかり売れるということを示したのも重要であった（Frederic Smoler 1999, "Past Tense," *American Heritage Magazine* 50, no.5, Simon T. Kaye 2010, Challenging Certainty: The Utility and History of Counterfactualism, *History and Theory* 49, pp.55-6)。

2――Gavriel D. Rosenfeld 2014, "Whither "What If" History?", in *History and Theory* 53, p.452-3.

3――イギリス近現代史を専門とする本田毅彦は、ファーガソンのほか、『仮想歴史』にも論考を寄せたアンドルー・ロバーツを取りあげ、以下のように紹介している。「英米の読書人層においては、中堅・若手歴史家中のいわば「スター」的存在として認識されており、近年、その多産な成果が歴史学界にインパクトを与え続けている」（本田毅彦「イギリス歴史学の新しい波―キャナダイン、ロバーツ、ファーガソン」『創文』二〇〇三年八月（四五六号）、九頁）。

4――Niall Ferguson 1997=2011, "Introduction", in Niall Ferguson (ed.), *Virtual History: Alternatives And Counterfactuals*, Picador, p.11.

5――Niall Ferguson, *op. cit.*, p.12.

6――Niall Ferguson, *op. cit.*, p.85. Trevor-Roper 1981, "History and Imagination", in Valerie Pearl, Blair Worden and Hugh Lloyd-Jones (eds.), *History and Imagination : Essays in Honour of H.R. Trevor-Roper*, Duckworth, p.365.

7――Niall Ferguson, *op. cit.*, p.84. マルク・ブロック『歴史のための弁明』讃井鉄男訳、岩波書店、一九五六年（原著一九四九年）、一〇一頁。

8――フィッシュホフは、ルース・ベイスとの共著論文「そうなることはわかっていた（I knew it would happen）」（一九七五年）を発表した。ダニエル・カーネマン『ファスト&スロー――あなたの意思はどのように決まるか？（上）』村井章子訳、ハヤカワ・ノンフィクション文庫、二〇一四年（原著二〇一一年）、三四九－六五頁。

9――Philip E. Tetlock, Aaron Belkin 1996, "Counterfactual Thought Experiments", in Philip E. Tetlock, Aaron Belkin (eds.), *Counterfactual Thought Experiments in World Politics: Logical, Methodological, and Psychological Perspectives*, Princeton University Press, p.15.

10――ファーガソンが「序章」の小見出しの一つに用いた「八岐の園」は、ホルヘ・ルイス・ボルヘスの短篇「八岐の園」（一九四一年）から取られたものだ。ボルヘスの代表的短編集『伝奇集』（一九四四年）に収録されたこの作品では、分岐するイメージで時間が捉えられ、幾重にも広がりうる未来の可能性がモチーフとされている（ボルヘ

ス『伝奇集』篠田一士訳、集英社、一九八四年)。

11——Niall Ferguson, *op. cit.*, p.53, pp.88-9. E・H・カーは『歴史とは何か』で、決定論を「すべての出来事には一つあるいはいくつかの原因があって、一つあるいは幾つかの原因のうちのあるものに変化がない限り、右の出来事に変化はあり得ないという信仰」と定義している（E・H・カー『歴史とは何か』清水幾太郎訳、岩波新書、一九六二年（原著一九六一年）、一三六頁）。ファーガソンの論じた決定論については、アビエザ・タッカーの論文に詳しい（Aviezer Tucker 1999, "Review of Ferguson, Virtual History (Historiographical Counterfactuals and Historical Contingency)", in *History and Theory* 38 no.2, p.266）。

12——Niall Ferguson, *op. cit.*, p.59,67. Niall Ferguson, op. cit., pp.64-5, p.450 (n. 140).

13——ファーガソンが引用したのは、ホワイトの別の論文やポール・リクール『時間と物語I——物語と時間性の循環 歴史と物語』（久米博訳、新曜社、一九八七年＝二〇一一年（原著一九八三年））であった。「物語としての歴史」理論については、野家啓一『物語の哲学』岩波現代文庫、二〇〇五年（単行本一九九六年）などを参照のこと。

14——Niall Ferguson, *op. cit.*, p.89.

15——Niall Ferguson, *op. cit.*, p.79. ジェイムズ・グリック『カオス——新しい科学をつくる』上田睆亮監修、大貫昌子訳、新潮文庫、一九九一年（原著一九八七年）、四五頁。

16——レイ・ブラッドベリ「サウンド・オブ・サンダー（雷のような音）」『太陽の黄金《きん》の林檎〔新装版〕』小笠原豊樹訳、ハヤカワ文庫、二〇一二年（引用は二一五頁）。アイザック・アシモフ「ZをSに」『停滞空間』伊藤典夫他訳、ハヤカワ文庫、一九七九年。

17——竹内啓は、偶然と必然をむすぶカオス理論について、次のように論じている。「カオスは短い時間の変化は比較的単純な微分方程式（あるいは差分方程式）によって表現できるという点で完全に決定論的であるが、長期の変動は初期条件の微細な変化によって大きく変わるという点で偶然的である」（竹内啓『偶然とは何か——その積極的意味』岩波新書、二〇一〇年、二一七頁）。

18——"Money and Power : Conversation with Niall Ferguson" by Harry Kreisler November 3, 2003.「Being a Historian」の項目に掲載されたインタビュー記事を参照のこと（http://glcbetrotter.berkeley.edu/people3/Ferguson/ferguson-con2.html）。二〇一八年八月三一日閲覧。

19——前掲のインタビューより。

20——前掲のインタビューより。

21——Niall Ferguson, *op. cit.*, p.87.

22——Niall Ferguson, *op. cit.*, p.87.

23——Niall Ferguson, *op. cit.*, p.87-8.

24——Niall Ferguson, *op. cit.*, p.85.

25——Niall Ferguson, *op. cit.*, p.84.　アイザィア・バーリン『歴史の必然性』生松敬三訳、みすず書房、一九六六年（原著一九五四年）、二〇六頁。

26——Niall Ferguson, *op. cit.*, p.83-4.

27——Niall Ferguson, *op. cit.*, p.87.

28——Niall Ferguson 2006, "How to Win a War," in *New York Magazine* (October 16) (http://nymag.com/news/features/22787/), Simon T. Kaye 2010, *op. cit.*, p.40.

29——Niall Ferguson 1997=2011, *op. cit.*, pp.17-18.

30——リチャード・J・エヴァンズ『歴史学の擁護——ポストモダニズムとの対話』今関恒夫、林以知郎監訳、佐々木龍馬、與田純訳、晃洋書房、一九九九年（原著一九九七年）。

31——Richard J. Evans 2004, 'Telling It Like It Wasn't,' *Historically Speaking*, March, p.12.　エヴァンズが反実仮想に興味を持つきっかけについては、Richard J. Evans 2014, *Altered Pasts: Counterfactuals in History*, Little, Brown, pp.i-V（preface）。

32——Richard J. Evans 2004, *op. cit.*, p.13.

33——Richard J. Evans 2004, *op. cit.*, p.13.

34——Jack S. Levy 2008, Counterfactuals and Case Studies, in Janet M. Box-Steffensmeier, Henry E. Brady, and David Collier (eds.), *The Oxford handbook of political methodology*, Oxford University Press, pp.636-7. Jack S. Levy 2015, "Counterfactuals, Causal Inference, and Historical Analysis", Security Studies (Volume24 Number3 July-September), pp.392-3.

35——Richard J. Evans 2014, *op. cit.*, p.iii, 47.

36——Richard J. Evans 2014, *op. cit.*, p.42, pp.175-6.

37——Niall Ferguson 1997=2011, *op. cit.*, p.48. マイネッケは、偶然の積み重ねによってヒトラーが政権を獲得するにいたったと論じている（「ドイツの悲劇」『マイネッケ　世界の名著六五』矢田俊隆訳、中公バックス、中央公論社、一九八〇年、四八九－五〇四頁)。

38――Richard J. Evans 2014, *op. cit.*, pp.54-5. ロバート・エドウィン・ハーツスタイン著、タイムライフブックス編集部編『ライフ第二次世界大戦史　ヒトラーとナチス第三帝国』小山田義文、山内満訳、タイムライフブックス、一九八〇年（原著一九七九年）も参照のこと。

39――Richard J. Evans 2014, *op. cit.*, p.61.

40――アンドルー・ロバーツ『歴史に「もし」があったなら――スペイン無敵艦隊イングランド上陸からゴア米副大統領の九・一一まで』近藤裕子監訳、バベルプレス、二〇〇六年（原著二〇〇四年）、一九頁。

41――Richard J. Evans 2014, *op. cit.*, p.87.

42――Richard J. Evans 2014, *op. cit.*, p.167. この点については、浅見克彦『時間ＳＦの文法』（青弓社、二〇一五年）の「タイム・パラドクスと決定論的世界」に言及した箇所を参照のこと（八三頁）。

43――前掲のファーガソンのインタビューより。

44――Niall Ferguson 1997=2011, "The Kaiser's European Union: What if Britain had 'stood aside' in August 1914?", in Niall Ferguson (ed.), *op. cit.*, pp.228-80.

45――Richard J. Evans 2014, *op. cit.*, pp.72-81.

46――Richard J. Evans 2014, *op. cit.*, pp.88-9. ファーガソンが執筆した「おわりに――ある仮想歴史、一六四六－一九九六」も、位置づけが不明なお粗末な内容になってしまっている。

47――Richard J. Evans 2004, 'Response', *Historically Speaking*, March, p.31.

48――Andrew Roberts 2004, "I lay claim to the title 'Nostradamus of the Right'", *The Daily Telegraph*, 22 April.

49――Jeremy Black 2015, "*Other Pasts, Different Presents, Alternative Futures*", Indiana University Press, pp.9-10. ローゼンフェルドも、戦後のイギリスで刊行されたナチスの勝利をテーマとした歴史改変小説を例に挙げて、保守派以外からも反実仮想の検討が行われてきたとして、エヴァンズを批判している。また、最近のイギリスでも、ナチスの過去から教訓を得ようと、リベラル派の作者が歴史改変小説を執筆していることも紹介している（Gavriel D. Rosenfeld 2014, *op. cit.*, pp.460-1, p.463)。

第四章

「歴史のなかの未来」学派

1　マックス・ウェーバーと市井三郎

ウェーバーがファーガソンを「真似た」？

歴史の当事者の視点に立って、客観的な「もうひとつの歴史」を探るファーガソンと共鳴するような考えを持つ人々を、本書では「歴史のなかの未来」学派と命名することにしたい。「もしもあの時○○であったら、○○という結果が生じていただろう」という視点に立つものの、それに固執しすぎないのがこの学派への「入会条件」である。

「歴史のなかの未来」学派として真っ先に名前を挙げるべきなのは、二〇世紀初頭に活躍した社会学者マックス・ウェーバーであろう。『職業としての政治』や『職業としての学問』、あるいは『プロテスタンティズムの倫理と資本主義の精神』の著者として知られるウェーバーは、「歴史のｉｆ」の学術的可能性に注目した先駆者であった。実は、私が本書のもととなった論文「学問としての「歴史のＩＦ」――「未来の他者」を見つめる歴史学」（二〇一五年）を書いた段階では、ウェーバーの重要性に気づいていなかった。しかし、社会学者の佐藤俊樹が、有斐閣のＰＲ誌『書斎の窓』で連載していた「ウェーバーの社会学方法論の生成」がヒントを与えてくれた。[1]

とても不思議なことだが、ファーガソンの『仮想歴史』の後にウェーバーの論文を読むと、ウエーバーがファーガソンの論考を「真似た」のではないかという感覚に襲われる。もちろん一八六四年生まれのウェーバーが、一九六四年生まれのファーガソンの論考を真似することなどできないわけだが、この不思議な感覚は容易には拭えない（念のために言っておくと、ファーガソンは独自のアプローチを取っており、ウェーバーの論考を「真似た」わけではない）。「未来の他者」の視点が加わることで物事の理解が深まる不思議な現象については、終章で論じる。

ウェーバーが社会科学における反実仮想を詳しく論じたのは、一九〇六年に発表されたドイツ語論文「文化科学の論理学の領域における批判的研究」においてである。この論文は、古代史を専門とした歴史学者エドワルト・マイヤーへの批判が大部分を占めるため、ウェーバー研究者のあいだでは「マイヤー批判論文」とも呼ばれる。[2]

マイヤーは、カルタゴの将軍・ハンニバルが活躍した第二次ポエニ戦争（紀元前三世紀）、プロイセンの「鉄血宰相」ビスマルクが率いた普墺《ふおう》戦争（一八六六年）などの例を挙げたうえで、「歴史のｉｆ」を「完全に答えることのできない、したがって無用の問題」だと切り捨てている。[3]それに対してウェーバーは、「たとえばもしビスマルクが戦争を決心しなかったとすれば、何が生じえたであろうか、といった問題設定は決して〝無用〟のものではない」と反論を加えていく。

このような問題の設定は、他ならぬこの結果が生ずるためにまさにこのようにであり他のようにでなく存在していなければならなかった無数の〝要素〟全体の中で、あの個人的決断には一体いかなる因果的意義が附与されるべきなのか、それ故また歴史の叙述においてこの個人の決断にふさわしい位置とはどのようなものなのか、といったことと決定的に関わるものだからである。歴史が注意すべき出来事や人物等の単なる年代記以上のものであろうとすれば、まさにこのような問題を設定する以外にいかなる方法も歴史には残されていない。[4]

ウェーバーの反実仮想論でまず注目すべきは、歴史の「行為者（Helden）」の視点と、それを振り返る「歴史家（Historiker）」の視点を区別した点だ。ウェーバーは、「〝外的〟諸条件」との関わり合いのなかで、行為者が自らの態度や行動を決定するとした。「〝外的〟諸条件」というのは、行為者が関わるであろう「未来」のことを指す。

行為者は、（中略）彼が関心を示している未来の発展の〝諸条件〟を、すなわち彼自身の〝外に〟横たわっており彼の認識の量に応じて現実に与えられる〝諸条件〟を考量し、そして彼自身の態度の種々様々に〝可能なとり方〟と、その態度のとり方とあの〝外的〟諸条件とが結びつく際にそこから期待できる成行きとを、因果連鎖的系列の中に思考的に組みいれてみるのである。[5]

これは、歴史の当事者たちが、未来のシナリオを暗中模索しながら描き出していくというファーガソンの指摘（本書第三章一六一頁の引用部分）と同じ事態を指している。一方で歴史家は、行為者のその行動の結果（＝行為者にとっての「未来」）を知っているので、彼らの「未来」の「見積もり」がどの程度正しかったか判断することができる。ウェーバーは、反実仮想によって、歴史の当事者たちの意図や未来の「予見能力」を客観的に捉えることで、歴史的事実の因果関係を捉えようとしていた。[6]

とはいえそれは、「明日何を食べようかな？」といった日常の些細な嗜好／思考を記録することを意味したわけではない。ウェーバーは、「無数の原因」を列挙するのではなく、因果的に重要なものとそうでないものを区別することが必要であり、そのためには「想像心像（Phantasiebildern）」――ウェーバーは反実仮想をこう呼んだ――が必要だと自説を展開していく。

因果帰属にとってまず最初の、そして決定的な操作は、我々が、事の成行きを事実上因果的に構成しているもろもろの構成分子の中から一つもしくは、二、三の分子をとりだし、それをある方向で変化させて考えることであり、そしてこのように変化を加えられた経過の諸条件のもとで（中略）実際と同じ結果が〝期待された〟であろうか、さもなければどのような違った結果が〝期待された〟であろうかを問うことに他ならない。[7]

歴史学の分野では、「〇〇だったかもしれない」という反実仮想は、客観的な事実に反するものとして排除される。それに対してウェーバーは、歴史の当事者たちの思考や選択が内包していた可能性に注目することで、歴史学の桎梏《しっこく》を乗り越えようとしていく。つまり、反実仮想を「もしもあの時○○であったら、○○という結果が生じていただろう」という、別の結果を導き出す連想ゲームとしてではなく、別の結果となりえた可能性を判断する思考実験と捉えていた。この可能性のことを、ウェーバーは「客観的可能性」と呼んだ。[8]

具体例を挙げて考えてみたい。ウェーバーは、西洋文明の運命を決したターニングポイントとしてペルシア戦争に注目していた。もしもアテネが紀元前四九〇年のマラトンの戦いに敗れ、ペルシアがギリシャを征服していたら、何が起こりえたのだろうか。当時のギリシャには、想定しうる「未来」が大別して二つ存在した。ひとつは、都市国家として文化的な発展を遂げていく「未来」であり、もうひとつは、ペルシアの支配者のもとで「神政的‐宗教的発展」をはたす「未来」であった。後者の「未来」は、実現しなかった「未来」だが、単なる「あてずっぽうな」発想ではない。ウェーバーは、この判断に至る過程を次のように説明している。

> 我々がマラトンの戦い（当然この戦いに附随する事実上の経過の相当数の他の構成要素もふくめて）をないものと考えたり、実際とは違った経過をたどったものと考える時に、一般的経験諸規則からみてこのような神政的―宗教的発展をひき起すのに積極的に――さしあたり犯罪徴証学の一般的用法にならっていうならば――〝適して〟いたある種の、歴史的所与としての構成要素

は客観的に存在していた、すなわちそれについて客観的に妥当する確証は可能である、という主張をあらわしているのである。[9]

専門用語が使われているのでわかりにくい部分があるが、順を追って解説したい。まず、ウェーバーの手法で注目すべきは、「文献に基づいてハッキリと証明できる」知識である「〝存在論的〟知識（»ontologisches« Wissen）」と、「自分自身の実生活や他人の振舞いについての知識からとらえた我々の経験知」である「〝法則論的〟知識（»nomologisches« Wissen）」の二種類を用いて、「客観的可能性」の証明を行おうとした点にある。[10]

当時の文献などを参照すれば、ギリシャにはその形態において東洋の宗教とよく似たものの存在を確認することができる。こうした宗教に関する知識（＝「存在論的知識」）をそのまま適用するのではなく、政治的な支配者は教権的・宗教的な支配を行うという規則性（＝「法則論的知識」）に照らし合わせることで、ペルシアの支配者のもとで「神政的‐宗教的発展」が進む「もうひとつの未来」は客観的に妥当だと判断できる。[11]

ウェーバーによれば、「客観的可能性」を判断するとは「程度の段階を判断すること」であり、いま述べた手法を用いて、「客観的可能性」が高いと思える因果連関は「適合的因果連関」、低いと思えるものは「偶然的因果連関」となる。[12]「適合的因果連関」とは、「法則論的知識」に適合すると考えられる因果連関を指し、「因果があるというのが適切である」という意味を持つ。[13]このような定義では、厳密性に欠けるように思えるかもしれないが、問題はない。「客観的可能性」の概念をはじめに提唱した生理学者のJ・フォン・クリースは、人間は全知全能の神ではないのだから、出来事の「客観的必然性」を理解することはできず、ただ「客観的可能性」を理解できるだけだと考えていた。「可能性」というのは、それが起きるかどうかは不確実な点があるということだ。[14]

注目したいのは、「適合的因果連関」の反対概念の一つが「偶然的」で、もう一つの反対概念が「必然的」であるという点だ。本書の序章で論じたように、E・H・カーは、「偶然的原因」と「合理的原因」という二極構造で考えたために、「歴史のｉｆ」の問題に対応できなかった。これに対してウェーバーは、「偶然性／必然性」という二分法によって視野の外に追いやられた「適合的因果」という第三の概念に注目することで局面を打開しようとした。[15]

ウェーバーは、個人の行為の因果関係にも「適合的因果連関」を適用できるとして、自分の子供にビンタをしてしまった母親の例を挙げている。[16] この母親は「叩くことは上辺だけの効果しかない」という教育方針を持っており、普段はそんなことは絶対にしないのだが、その日は子供のイタズラに手を焼き、つい手を上げてしまった。偶然それを目にした父親（＝夫）に咎《とが》められた母親はこう弁解する。「もしあの時、家政婦と喧嘩して興奮していなかったら、決して子供にビンタなどしなかったでしょう」。父親がもっと育児に協力すべきだという意見が聞こえてきそうだが、これは二〇世紀初頭のドイツの事例だ。重要なのは、母親が「いつもの私ならこんな叱り方をしないことは、あなたがよく知っているでしょう」と、夫の「経験知」（＝「法則論的知識」）に訴えて、自己弁護を行うことだ。つまり彼女は、自らがなしたビンタは「偶然的」な反応であって「適合的因果連関」を持たないこと、別の視点から言えば、ビンタをしないという選択の方が「適合的因果連関」を持つこと（つまり、「客観的可能性」を持つこと）を訴えたかったわけだ。

この母親の場合、自分がしたことなので、自分が何を考えていたのかよくわかる。それに対して、ナポレオンやビスマルクが重大な決断を下した際にどのような心境であったかは、第三者が史料などを用いて解釈しなければならない。そうした違いはあるが、出来事の因果関係の判断は、母親の場合もナポレオンやビスマルクの場合も大きく変わらないというのが、ウェーバーの主張である。

ウェーバーがファーガソンの論考を「真似た」のではないかという感覚について理解していただけただろうか。ウェーバーが反実仮想を用いて明らかにしようとしたのは、歴史の「客観的可能性」であった。唯一にして最大のこの目的のために、ウェーバーは歴史的な知識（＝「存在論的知識」）も、比較論の視点（＝「法則論的知識」）も、活用しようとした。同じようにファーガソンも、「もうひとつの歴史」の相対的確率を算出するにあたって、歴史的な史料の裏づけ作業だけではなく、「もしも○○がなかったら」という問いかけ（'but for' questions）によって、出来事の原因と推定されるものの論理的必然性をチェックしようとしていた。

ウェーバーは、「客観的可能性」の判断に至るプロセスと、確率論の計算方式の類似性にも目を向けている。[17] 前述の佐藤俊樹は、ウェーバーの社会学の方法論が文理を超えた可能性を持つと主張し、「もし当時のウェーバーの手元に統計ソフトがあれば（もちろんこれも反実仮想だ）、彼は喜んでつかっていただろう」と述べている。[18] 歴史の「客観的可能性」を明らかにするという目的のためには、いかなる手段も用いることが可能だと考える点で、ファーガソンもウェーバーも同じ地点に立っていた。[19]

「客観的可能性」とは何か

ウェーバーと言えば、一九〇四年に発表した論文「社会科学的および社会政策的認識の「客観性」」における「価値自由」の概念がよく知られている。この論考においてウェーバーは、「〇〇すべき」といった価値判断にとらわれずに（＝価値から自由になって）、客観的事実を追究するのが社会科学の役割だと主張した。ウェーバーは、完全な「価値自由」が可能だと主張したわけではないが、「当為（あるべきもの）」と「存在（あるもの）」を明確に区別する必要性を論じた。だとすると、客観性を重視する「価値自由」の発想と、語り手の主観（＝価値観）を反映させる「歴史のｉｆ」は相容れないもののように思える。[20]

「歴史のｉｆ」の最大の難点は、その証明不可能性にある。タイムマシンを持たないわれわれは、実際には起こらなかった過去の出来事が、本当は起こる可能性があったのかどうか判断できない。しかしウェーバーは、何の根拠もない単なる「あてずっぽうな」予想と反実仮想が同じだとは考えていなかった。それはウェーバーが、「歴史のｉｆ」を、歴史上の出来事の「客観的可能性」や、歴史の当事者の主観（＝価値観）を客観的に記述する手段として考えていたからだ。

ウェーバーのこの論考に注目したのが、哲学者の市井三郎であった。彼も「歴史のなかの未来」学派の一員に加えることができる。小松左京の「地には平和を」が公開されたのと同じ年に市井は、反実仮想の学術的な検討を目的とした『哲学的分析』（岩波書店、一九六三年）を刊行している。

市井は、戦後まもなく『思想の科学』の創刊号を東京駅で偶然手に取り、発行元を訪ね、後に思想の科学研究会の会員第一号となる。一九五一年にはイギリス留学を果たし、ロンドン大学でカール・ポパーに師事し、科学哲学を学ぶ。思想の科学研究会での議論をもとに論文を仕上げ、一冊の本にまとめあげたのが『哲学的分析』であった。

市井は、個人の主体性を重視する歴史観に立ち、「いちじるしく歴史づくりに参与する個人」のことを「キー・パースン」と呼んだ。その具体例として坂本龍馬の名を挙げ、「彼の主体的行為がぜんぜんなかったと仮定しても、維新史がほぼ同じコースをたどったと考えることはきわめてむずかしい」と指摘している。[21] 個人の主体性に期待する市井の議論は、決して目新しいものではないが、「キー・パースン」が持つ未来に対する変革のイメージ（＝「達成すべき社会の未来像」）を強調し、そこに反実仮想の問題を結びつけたのが新鮮であった。

市井は、「個人のレベルでの創意や選択、決断、行動の差異が時として、巨視的レベルでの、つまり歴史的な帰結のうえで大きい差異をもたらしうる」と述べる。他方で、ひとつの「原因」を想定し、そこから巨大な変化を伴う「結果」を導き出そうとする反実仮想の問題点をよく理解していた。[22] 市井は、「もしもあの時〇〇であったら、〇〇という結果が生じていただろう」という従来型の「歴史のｉｆ」ではなく、人間の思想や価値観を「客観的」に記録するという独自のアプローチを展開していく。

「客観的可能性」の主張がなされる場合、ふつう歴史的に重要な意味をもつ「反事実的条件」として、当の歴史に介在した個々の人間が現実にそうであったものとは異なった行為（思考や選択、決断などをも含む）をしていたとすれば（どうなったか）、という形での「条件」が論議されることが多い。しかしわたしの歴史観はさらに、人間のそのような主体的行為が異なったものでありえた可能性それじたいについても、それが「客観的（に主張しうる）可能性」であるという主張を含んでいる。[23]

市井は、イギリスの政治家ウィリアム・ピット（小ピット）と国王ジョージ三世の例を持ち出し、両者を取り巻く当時の状況を精査して、史実とは異なる結果を伴う「決断」の余地があったかどうか検証していく。つまり、「ある具体的事態に処した個人の主体性」に着目し、「どれだけの条件がそろえば現実にそうであったものとは異なりえた可能性を客観的にもったといえるのか」を判断しようとしたのである。[24]

市井が議論を組み立てるうえで参考にしたのは、アメリカの哲学者ネルソン・グッドマンらに代表される分析哲学であった。だが、グッドマンらの議論について市井は、「記号論理学的分析の系譜に立つゆえに、きわめて形式的」だと批判する。市井が注目したのは、「決断」が「知的熟慮」を含んでいるのか、それとも「感情的」あるいは「反射的」な反応にすぎないのか、であった。それに加えて、他の選択肢が存在するのかどうか、突発的な要素があるのかどうかも見極めようとしていた。[25]

先に引用した言葉のなかで市井は、「客観的可能性」という言葉を用いている。この点に関して、市井はウェーバーの論考にも目を通していたという。

「客観的可能性」（objektive Möglichkeit）という用語で歴史における「反事実的条件命題」の成立根拠と重要性とを、最初に論じたのはマックス・ウェーバーである。（中略）本章の草稿がほとんど成った後にウェーバーのこの書を入手しえたために、以下本文においても残念ながらほとんど利用しえなかった。[26]

市井は、「現在なおウェーバーの提起した問題が方法論的に前進した形で解かれていない」と指摘している。とはいえ、ウェーバーと市井の議論は完全に一致していたわけではない。ウェーバーは、歴史の因果連関を探る手段として反実仮想を考えていたので、歴史上の出来事はいかにすれば客観的に記述できるかという意識が強かったように思う。一方の市井は、歴史の当事者の主観（＝価値観）が出来事に影響を与えうると信じていたので、それを客観的に記述する手法として反実仮想を考えていた（ただし、ウェーバーも歴史の当事者の主観（＝価値観）を客観的に記述する手法を重視しなかったわけではない[27]）。

市井のこうした思考は、一九六〇年代の日本社会において「達成すべき社会の未来像」を含む人間の主体性や自由意志が重視され、そうした人間の主観的要素を客観的に記録できるという主張が珍しくなかったことと関係があるだろう。たとえば、統計学を専門とする竹内啓は、「歴史のｉｆ」を用いた「計量的歴史観」を提唱している。竹内の議論の特徴は、「過去における人間の行為、行動およびその背後にある主観的意志、心理等」を歴史的事実であると定義した点にある。竹内が、人間の「思想」を客観的に記録する方法の一つとして紹介したのが、「歴史のｉｆ」を意味する「架空史」であり、これは当時の「論壇時評」（『読売新聞』一九六五年一一月二三日夕刊）にも取りあげられた[28]。

2　フィリップ・テトロックと二つのパラダイム

質的分析と量的分析

「歴史のｉｆ」は、「もしもあの時〇〇であったら、〇〇という結果が生じていただろう」という観点からのみ議論されてきたわけではない。しかし、ウェーバーやファーガソンのような「歴史のなかの未来」学派は、現代の反実仮想研究においては少数派になりつつある。その原因はさまざまに考えられるが、本章では二つの問題点に注目してみたい。ひとつは、何が良い反実仮想で何が悪い反実仮想なのかを見分ける基準が議論されるなかで、二つのパラダイムの枠組みで反実仮想の記述がなされる点にある。もうひとつは、歴史学よりも政治学の分野で反実仮想が扱われやすいという点である。まずは前者の問題から考えてみたい。

佐藤俊樹は、『書斎の窓』の連載「ウェーバーの社会学的方法論の生成」において、ウェーバーの方法論が、文系／理系、あるいは質的研究（定性的研究）／量的研究（定量的研究）といった二つのパラダイムのあいだで引き裂かれそうになっていると論じた。両者を超越するような第三の分野として社会学を立ち上げたところに、ウェーバーの現代的な意義があると佐藤は論じている。[29]最近の反実仮想研究も二つのパラダイムで論じられる傾向があり、ウェーバーの反実仮想の主張、もっと言えば、「歴史のなかの未来」学派の主張が注目を集めにくい原因のひとつになっている。

たとえば、事例研究に統計学の手法を導入しようとして大きなインパクトを与えたＧ・キング、Ｒ・Ｏ・コヘイン、Ｓ・ヴァーバの『社会科学のリサーチ・デザイン』（一九九四年）を見てみよう。この本でも反実仮想は検討に付されており、そこではウェーバーの定義「一つもしくは、二、三の〝条件〟に関して実際とは違った一つの過程を思惟的に構成すること」が用いられている。[30] ただし、「適合的因果連関」が取りあげられることはなく、反実仮想の特徴である「因果推論の根本問題」が、次のように強調されている。

研究設計がどれほど完全なものであっても、集めた資料がどれほど大量であっても、観察者がどれほど鋭い感覚を持っていても、研究助手がどれほど勤勉であっても、そして、どれほど多くのことを実験的に制御したとしても、けっして因果的推論を確実には行いえないという意味で、根本問題なのである。[31]

この本に影響を受けたゲイリー・ガーツとジェイムズ・マホニーの『社会科学のパラダイム論争』（二〇一二年）は、質的研究と量的研究で比べてみると、反実仮想に対する対応の仕方に違いがあると指摘している。[32] ガーツらによると、質的研究では、反実仮想による因果推論が可能だと考えられ、議論に説得性を持たせるために、「最小限の書き直しルール」が重視されるという。

反実仮想の対象となる前件〔引用者注：先行条件のこと〕は、個別事例の特徴を踏まえて、**ありうるもの**でなければならず、理想としては、**妥当なもの**でなければならない。反実仮想の妥当性は、特定の事例についての知識、さまざまな理論、さらにはほかの研究分野の一般的知見に基づいて判断される。反実仮想の対象として「奇跡的」な前件を設定することは避けるべきである。概して、前件の変更が「小さい」ほど、反実仮想の妥当性は高い[33]。

一方、量的研究では、一般的な因果モデルをわかりやすく説明するために、反実仮想が用いられてきた。「もし……（X）ならば、……（Y）であろう」の（X）の部分に極端な値を設定し、（Y）に与える影響を計測することで、統計分析の結果の妥当性が証明される。この手法は、「最大書き換え法」（maximum rewrite practice）、あるいは「反実仮想の極端変化アプローチ」（extreme counterfactual approach）とも言われる。反実仮想による因果推論が可能だとは考えられていないため、反実仮想の妥当性が考慮されることもない[34]（表4－1）。

われわれは、第一章のロバート・フォーゲルに関する議論のなかで、反実仮想の問題が、二つのパラダイムによって、まったく

表4-1　反実仮想の使用に関する2つのアプローチの違い

研究の種類	質的研究（定性的研究）	量的研究（定量的研究）
研究の方法	個性記述的なアプローチ	法則定立的なアプローチ
反実仮想の使用目的	歴史上の出来事の因果関係を明らかにする	一般的な因果モデルをわかりやすく説明する
反実仮想使用のルール	最小限の書き直しルール	最大書き換え法
最重要項目	歴史的な事実との整合性	論理性
具体的な使用方法	事例研究（ケーススタディ）	仮説演繹法（歴史上のデータから仮説を導き出し、その仮説の検証作業を行う）

逆のベクトルで機能する例を見てきた。フォーゲルは、『鉄道とアメリカの経済成長』において、経済学（量的研究）のアプローチを用いて、経済史（質的研究）への接近を試みようとした。しかし、歴史研究に数量的方法を用いる手法は、歴史学者（あるいは経済史家）から認められることはなかった。理由は、「もし……（X）ならば、……（Y）であろう」の（X）の部分に挿入した「アメリカに鉄道が存在しなかった」という条件、さらには（Y）の部分に挿入した「もっと早くに自動車が普及していたであろう」が、史実に照らして、まったくありえない条件だったからだ。

ガーツとマホニーの『社会科学のパラダイム論争』では、質的研究（定性的研究）の例としてウェーバーの論考が例に挙げられている。

反実仮想分析によって因果推論の説得力をどのように最大化できるのかという議論をこれまで定性的方法論者が牽引してきたとしても、それは意外なことではない。この議論の系譜は少なくともマックス・ウェーバーの研究（中略）までさかのぼることができる。その中で研究者たちが提唱したのは「最小書き換え」基準（minimum rewrite rule）である。これは既知の歴史記録の変更を極力最小限に留めて反実仮想を行うべきであるという基準である。[35]

たしかにウェーバーは、歴史の因果関係を明らかにする手段として反実仮想を用いているし、反実仮想を用いる際は「一つもしくは、二、三の〝条件〟」を変更するとしている。だが、ウェーバーの議論を質的研究（定性的研究）の代表例として考えることに間違いはないのだろうか。

世界政治に見る反実仮想の実験

実は、アメリカの心理学者フィリップ・テトロックと社会学者アーロン・ベルキンによる共編著『世界政治に見る反実仮想の思考実験（*Counterfactual Thought Experiments in World Politics*）』（一九九六年）においても、ウェーバーの議論は、質的研究（定性的研究）の枠組みで論じられている。本書でもすでに何度か取りあげたこの本は、一九九五年一月にベルキンの勤務校であるカリフォルニア大学バークレー校で行われた反実仮想に関する会議が契機となって刊行された。ポスト冷戦期の世界政治を主題とするこの書では、心理学の知見が存分に応用されている点に特徴があった。

編者のテトロックとベルキンは、この本の第一章「世界政治に見る反実仮想の実験――その論理学的、方法学的、心理学的側面」で、反実仮想の方法論に関して、（一）個性記述的なアプローチ、（二）法則定立的なアプローチ、（三）両者の混合型、（四）純粋な思考実験、（五）反実仮想世界の心理的シミュレーションの五つに大別している。[36]（一）と（二）の混合型に言及してもいるが、（四）と（五）を応用編と捉えれば、基本的には、個性記述的なアプローチと法則定立的なアプローチという二つの方法論の違いが、反実仮想においても適用可能と考えられている。

個性記述的なアプローチでは、主として事例研究（ケーススタディ）によって、歴史のターニングポイントとなるような出来事を探り、歴史が違う方向に展開する可能性があったかどうか検証する。[37] 法則定立的なアプローチでは、仮説演繹法を用いて、歴史上のデータから仮説を導き出し、その仮説の検証作業を行っていく。このアプローチでは、反実仮想は統計分析の結果を証明する一つの手段だと考えられているため、歴史的な事実との整合性よりも論理性が重視される。[38] この二つのアプローチの違いは、先ほど紹介した質的研究（定性的研究）／量的研究（定量的研究）の違いと同じである。

テトロックらは、反実仮想の方法論についてさまざまなアプローチを認める一方で、妥当性を判断する基準を設けてもいる。それが、①「明瞭さ（Clarity）」、②「論理的な一貫性あるいは適合性（Logical consistency or cotenability）」、③「歴史的な一貫性（Historical consistency）」、④「理論的な一貫性（Theoretical consistency）」、⑤「統計的な一貫性（Statistical consistency）」、⑥「投射可能性（Projectability）」――である。本書では、⑤と⑥は④の応用と考え、以下では、①から④の基準について確認していきたい。[39]

① 明瞭さ

反実仮想の前件と後件（先行条件と結果）は、明確に記述しなければならない。「もしもヒトラーが生後すぐに死んでいたら…」という反実仮想の場合、「もしもヒトラーに弟が存在したら…」など、「ヒトラーの死」から派生しうるさまざまな可能性を検討しはじめたら、きりがなくなってしまう。「ヒトラーの死」以外は、実際の歴史に沿う内容にする必要がある。[40]

②論理的な一貫性あるいは適合性

前件と後件を結ぶ「結合原理（connecting principles）」は、特に前件と「適合（cotenable）」しなければならない。第一章で紹介したように、「もしもアメリカに鉄道が存在しなかったら、自動車が早く発明されていた」という反実仮想に対して、自動車を発明できる技術があれば、まず先に鉄道の発明を考えるのが当然だという批判がなされた。つまり、技術革新を前提とした結合論理が、もともとの先行条件である「鉄道が存在しない状況」と矛盾してしまうというわけだ。[41]

③歴史的な一貫性

歴史的事実は、できる限り変化させてはならない。第二次世界大戦の終結時にソ連が民主化された可能性など、実際の史実とは明らかに異なる反実仮想には手を出さない。「最小限の書き直しルール（minimal-rewrite rule）」と呼ばれることもある。[42]

④理論的な一貫性

前件と後件を結ぶ結合原理には、理論的な制約が必要となる。そうしないと、たとえ合理的で明確化された前件を用意しても、とんでもない結果を生み出す恐れがある。極端な例ではあるが、

「もしも犯人のオズワルドがケネディを暗殺しなかったとしても、別の誰かがケネディを暗殺しただろう。占星術の観点からすると、ケネディは暗殺される運命にあったからだ」といった反実仮想すら通用してしまいかねない。そうした疑似科学の主張を防ぐためにも、多くの人が認める理論や法則の裏づけが必要とされる。[43]

テトロックらは、基準①の「明瞭さ」と基準②の「論理的な一貫性あるいは適合性」については、どのタイプの反実仮想にも適用すべき共通基準であるとした。他方で、基準③の「歴史的な一貫性」は、個性記述的アプローチとの親和性が高く、基準④の「理論的な一貫性」は、法則定立的アプローチとの親和性が高いと指摘した。[44]

ここでも、ウェーバーの議論は、基準③の「歴史的な一貫性」、つまり個性記述的アプローチに分類されている。[45] しかし、前節で確認したように、ウェーバーは、歴史的な知識を意味する「存在論的知識」のみならず、「法則論的知識」との整合性についても指摘している。二つのパラダイムでの枠組みに議論を押し込めてしまうと、「客観的可能性」を明らかにするために、さまざまなアプローチを検討していたウェーバーの営為を矮小化することになりかねない。

では、「歴史のなかの未来」学派のニーアル・ファーガソンについてはどうか。テトロックらの共編著『世界政治に見る反実仮想の思考実験』は、ファーガソンの編著『仮想歴史』より早く出版されているので、「仮想歴史」をどこに位置づけるべきかは示されていない。ただし、カオス理論と反実仮想の結びつきについては、ジェームズ・D・フィアロンが執筆した第二章「社会科学における原因と反実仮想――セル・オートマトンと歴史的過程のあいだにおける類似性の研究」が問題提起を行っている。

フィアロンが指摘したのは、「歴史のｉｆ」と「セル・オートマトン（cellular automaton）」の類似性であった。これは、一九四〇年代にアメリカの数学者ジョン・フォン・ノイマンらが発見した計算モデルで、格子上のマス目（＝セル）を用いた自動機械（＝オートマトン）という意味を持つ。隣り合うマスの二つが黒だとその隣のマスも黒になる（そうでない場合は白になる）といった単純なルールを設定し、適当な初期条件を与えると、その条件次第で白黒の分布がさまざまな状態を示す。「セル・オートマトン」も、狭い範囲での予測可能性、広い範囲での予測不可能性という特徴を持ち、カオス理論と同様に、膨大な数値の計算を必要とする長期的な予測は不可能だと考えられた。そのためフィアロンは、テトロックらが示した①から⑥の基準に、出来事の原因と結果を検証する際、その時間幅を短くして、両者を最小限の因果関係で結ぶ「近接性の基準（proximity criterion）」を加えることを提案している。[46]

フィアロンの示した基準が、特に歴史学者に歓迎される発想であることは、前章で歴史学者のリチャード・Ｊ・エヴァンズが長期にわたる反実仮想の弱点を指摘していたことからもわかるだろう。「近接性の基準」からは、「客観的可能性」を検証する際にも応用可能な視点が得られるので、「歴史のなかの未来」学派の方法論のヴァージョンアップを可能ならしめる発想と捉えることができよう。

3　リチャード・ルボウと偶然の科学

クレオパトラの鼻

近年、国際政治の分野では、反実仮想の問題への関心が高まりつつある。そのなかでも精力的にこの問題に取り組んでいる国際政治学者リチャード・ルボウの論考に着目することで、反実仮想の二一世紀における論点を浮かびあがらせていきたい[47]。

ルボウは、一九四一年にドイツからフランスへと逃れたユダヤ人一家に生まれた。翌年、フランスでも警察によるユダヤ人の一斉検挙が行われ、ルボウの母親は強制収容所に送られてしまう。その直前、母親は赤ん坊のルボウをフランス人警察官の手に委ねていた。その警察官の勇気ある行動によって命を救われ、アメリカに住むユダヤ人の家族に引き取られたルボウにとって、「もしもあの時――」という反実仮想の発想は一生をかけて追究するにふさわしいテーマだったのかもしれない[48]。

ルボウは、現代社会を偶然性の高い世界、つまり何が起こるかわからない世界と位置づけたうえで、些細な出来事がもたらす結果の重要性を強調した。たとえば、オーストリア皇太子が射殺されたサラエヴォ事件（一九一四年六月二八日）がなければ、第一次世界大戦は起こらなかったと考えた。暗殺されたのがオーストリア皇太子ではなく、同じ車に乗っていたボスニア総督オスカル・ポティオレクであった場合も、大戦は起こらなかった可能性があるとしている。[49] さらには、当時の人々の戦争への熱狂は「作られた神話」であり、大戦は不可避であったという見方に疑義を呈している。ルボウは、原因と結果を区別し、重大な結果が存在するからといって、同じように重大で根の深い原因が存在するわけではないと主張している。[50]

ルボウのこうした議論の背景には、「非線形コンフルエンス（nonlinear confluence）理論」があった。非線形というのは決定論とは異なるカオス的状態を指し、コンフルエンスは二つ以上の出来事が同時に発生する状態を指す。ルボウは、そうした複数の出来事が相互作用によって、想定を超えた結果を生むことに関心を持っていた。[51]

ルボウとファーガソンは、世界をカオス理論で捉えようとした点で共通していた。ところがルボウは、ファーガソンの『仮想歴史』を反実仮想の代表作とは言えないとして、次のように批判を加えていく。

ファーガソンの編著に収録された長い「はじめに」を読めば、歴史には偶然性がつき物であることに気がつき、反実仮想の実験を行う場合の方法を概観できる。しかし、反実仮想の歴史に取り組まなければならない必要性には触れられていない。[52]

ここで注目しなければならないのは、歴史学（ファーガソン）と政治学（ルボウ）という専門性の違いに端を発する、反実仮想の捉え方の違いである。それが明瞭にわかるのが、些細な出来事から始まる「歴史のｉｆ」に対する認識の違いだ。

ファーガソンは「クレオパトラの鼻」を例に出し、多様で複雑な現象をひとつの原因に帰着させて説明することを「還元的な推理（reductive inference）」と呼び、反実仮想とは明確に区別していく。そこには歴史的な妥当性を認めようがないからだ[53]。

これに対してルボウは、歴史的な妥当性よりも、些細な出来事がもたらす結果の重要性を指摘した。たとえば、ロナルド・レーガン大統領が冷戦終結に果たした役割を考えるときに、「一九八〇年の大統領選でレーガンが敗北していたら」といった、複雑な要因からなる出来事を検証するよりも、「一九八一年のレーガン大統領暗殺未遂事件で、犯人の放った弾がほんの少しずれていたら」という設定を検討した方が「現実味がある」としている（史実では、弾はレーガンの胸部に命中するものの、緊急手術によって一命を取りとめた）。ルボウはこう指摘する。

もちろん、すべての些細な変化が、重大で長期的な影響を引き起こすとは限らない。多くの、否、ほとんどの変化は、時が経てば風化してしまうような結果しか招かない。反実仮想の思考実験がもつ真の課題は、どの最小の書き直しが、歴史の流れに重大な影響を与えるのかを判断することにある。[54]

前章で指摘したように、ファーガソンは反実仮想の妥当性を担保するために、史料は紙媒体に限るなど、いくつかの厳格な条件を付した。それに対してルボウは、ファーガソンが提示した史料の基準では、予測が難しい現代社会の特質を捉えそこなうとして次のように批判した。

ファーガソンの基準では、反実仮想が、文書で記録を残せたエリート、代替案を注意深く検討した上でなされた思慮深い決定、あるいは特定の政治体制に限定されてしまう。特定の政治体制とは、指導者や他の重要人物が、自分たちの考えを文書化し、それらを同僚、ジャーナリスト、家族、友人らと共有することに困らない政治体制のことである。この基準では、衝動的な行動（あるいは衝動を欠いた行動）、人間ならではの偶発事、見落とし、愚鈍さ、予期せぬ誤りの結果、あるいは自然の営為やそれぞれ別の因果関係を持つものが集まった（あるいは集まらなかった）結果などは、いずれも除外されてしまう。[55]

ルボウは、第一次世界大戦をめぐるｉｆを扱った『フェルディナント皇太子が生きていたら！（*Archduke Franz Ferdinand Lives!*）』（二〇一四年）で、フェルディナント皇太子が暗殺されなかった場合に「起こりえた最善の世界」と、「起こりえた最悪の世界」を描いている。ルボウが想定した

「最善の世界」では、第一次世界大戦は起こらず、民主化されたドイツを中心として、二一世紀のような協調関係にあるヨーロッパが実現していた。その世界では、ヒトラーやソ連の台頭もホロコーストも存在しない。一方でルボウは、「最悪の世界」として、ヨーロッパで核戦争が起こっていた可能性についても言及している。[56]

政治学者であるルボウの反実仮想は、歴史学者の発想とは対極のところにあった。ルボウは、妥当性の高い「結果」を生み出す、妥当性の高い「原因」だけを対象とするのは、反実仮想の基準として厳しすぎるとして、フィアロンが提案した「近接性の基準」も批判した。そうした厳しい基準では、われわれがすでに知っていることしか検証できなくなってしまい、思考実験としての反実仮想の意味がなくなってしまうというわけだ。[57]

ふりだしに戻る

ルボウは、反実仮想に関する論考をまとめた『禁断の果実（*Forbidden Fruit*）』（二〇一〇年）のなかで、テトロックらが示した六つの基準（本書では四つの基準として紹介）に加えて、反実仮想の妥当性を判断する五つの基準を提案している。注目したいのは、ルボウが反実仮想の前件と後件をともに視野に入れた基準を設けようとしている点だ。

哲学者マーティン・バンズルも、『アメリカ歴史雑誌』に掲載された論文で、反実仮想の前件と後件の問題に言及している。バンズルは、「もしも二〇〇〇年のアメリカ大統領選挙でアル・

ゴアがフロリダ州で勝利していたら……（If Al Gore had been declared the winner in Florida, then…）」という反実仮想を例に挙げ、ファーガソンの「仮想歴史」が、前件（If…）、つまりゴアの勝利が実際に起こりえたかどうかのみを根拠に反実仮想の妥当性を判断していると批判した。バンズルは、「もしもゴアがフロリダ州で勝利していたら、アメリカはアフガニスタンに侵攻しなかったであろう（If Al Gore had been declared the winner in Florida, then the United States would not have invaded Afghanistan.）」というように、反実仮想の妥当性は前件と後件（then…）の両方から判断されるべきだと主張した。[58]

ルボウが、前件と後件を意識したうえで提示した基準は、①「現実性（Realism）」、②「実行可能な反実仮想は、前件の効果を弱めるべきではない（Enabling counterfactuals should not undercut the antecedent）」、③「接続上の誤った推論を排除する（Avoid the conjunction fallacy）」、④「原因と結果の相互関連性を認識する（Recognaize the interconnectedness of causes and outcomes）」、⑤「二階の反実仮想について考える（Consider second order counterfactuals）」――である。以下ではこの五つの基準について順に確認していきたい。

① 現実性

これは、反実仮想の学術性を検証するにあたって、都市伝説やお伽噺《とぎばなし》の類を排除するという基本的なルールであった。[59]

② 実行可能な反実仮想は、前件の効果を弱めるべきではない

たとえば、ドイツの第二次世界大戦における勝利は、ソ連やイギリスに対する勝利だけではなく、アメリカからの核攻撃を抑止することが前提となる。そのためにヒトラーは自らの攻撃的衝動を抑えなければならないが、もしもヒトラーが自制心の強い人物であれば、そもそも権力を掌握していないし、数々のギャンブル的な侵略行為に手を染めていなかったはずだ。このように前件が成立しなくなる後件の設定は避けるべきである。[60]

③ 接続上の誤った推論を排除する

ルボウは、「もしもモーツァルトが六五歳まで生きていたら、今日のこの世界は大幅に変わっていただろう」という反実仮想を例に挙げ、そうした「もうひとつの世界」を時間軸に沿って追跡することは難しく、「長い時間を要する結果の予測はほとんど不可能」だと論じている。[61]

④ 原因と結果の相互関連性を認識する

ルボウは、一つだけ変数を変える反実仮想を「外科手術の反実仮想（surgical counterfactuals）」と呼び、その有効性に疑問を呈している。というのは、原因と結果は相互作用し、一つの変化は他の変化を呼び込むからだ。良い反実仮想は、前件の反実仮想によってその他がどう変化するかを

特定し、最も重要だと思われる変化が、後件の蓋然性（probability）にどう影響を与えるかを考えなければならない。たとえば、ヒトラーの東部戦線での勝利は、第二次世界大戦の勝利を意味しない。なぜなら、ヒトラーのその勝利によって、アメリカの核兵器による攻撃は、日本ではなくドイツに対して行われていただろうからだ。アメリカのマンハッタン計画を覆すような反実仮想がない限り、ドイツの第二次世界大戦における勝利という反実仮想は成り立たない。[62]

⑤ 二階の反実仮想について考える

論理学の分野では、因果関係を意識のどの次元で理解しているかを表す言葉として、「一階の因果関係」、「二階の因果関係」という用語がある。本書でも、それにならって「一階の反実仮想」、「二階の反実仮想」という訳語を付けた。[63]

図4－1　一階の反実仮想

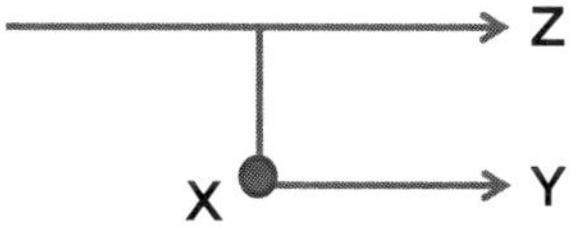

「一階の反実仮想（first-order counterfactuals）」とは、「もしもXが起こっていたら、われわれが知っているZという世界ではなく、Yという別の世界が起こりえたであろう」という反実仮想を指す（図4－1）。そこでのYという結果（後件）を、原因（前件）として捉え、それがどう展開するかを考えるのが「二階の反実仮想（second-order counterfactuals）」である（図4－2）。「もしもYが起こっていたら、われわれが知っているZという世界とは違う展開が起こりうる」とする反実仮想（A）や、「もしもYが起こったとしても、われわれが知っているZという世界に

図4-2　二階の反実仮想

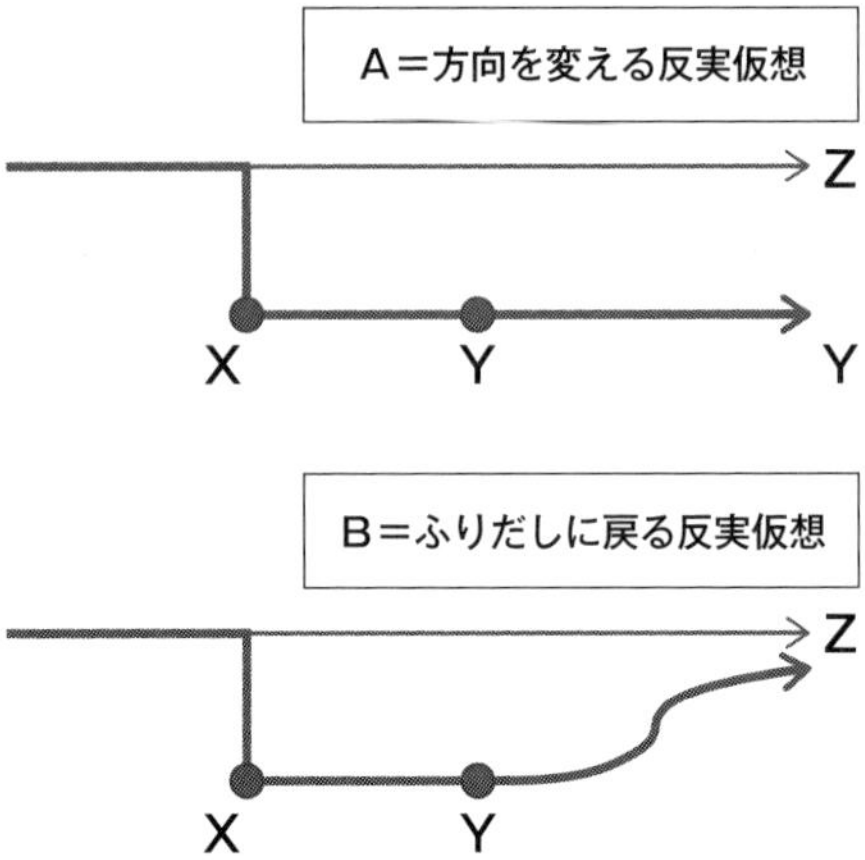

戻っていくであろう」という反実仮想（B）が、それに当たる。元の世界Zから違う方向に変わっていく反実仮想（A）は、「方向を変える反実仮想（redirecting counterfactuals）」と呼ばれる。歴史の元のコースに戻っていく反実仮想（B）は、「ふりだしに戻る反実仮想（reversionary counterfactuals）」と呼ばれる。[64] ルボウは、「ふりだしに戻る反実仮想」に言及していて、いったいどの判断が歴史を元のコースへと戻してしまったのかを分析すべきだとしている。[65]

ルボウが提示した基準②の「実行可能な反実仮想」は、テトロックらが提示した基準②の「論理的な一貫性あるいは適合性」と同じである。この二つの基準は、前件が現実世界の条件から想定しうる範囲におさまっていて、前件と後件が相互に一致していることを示している。この論理的な一貫性のことを、ネルソン・グッドマンは「適合（cotenable）」と呼んだ。[66]

一方で、ルボウが提示した基準④の「原因と結果の相互関連性を認識する」は、テトロックらが示した基準①の「明瞭さ」や基準③の「最小限の書き直しルール」に対する明確な批判となっている。テトロックは、一つだけ変数を変え、他の条件は一定にするというルール（セテリス・パリブス ceteris paribus）を適用したが、ルボウはこれを否定した。

ルボウの提示した基準は、二一世紀の反実仮想研究が、前件と後件の両方を視野に収めたものになっていることを示した点で重要だ。特に基準⑤の「ふりだしに戻る反実仮想」に最近は注目が集まっている。これは、歴史のある分岐点を「操作」したとしても、検証対象が長期の出来事であるなら、いかなる反実仮想も結局は同じコースをたどるという主張を指す。たとえば、第一次世界大戦の原因をめぐる研究において、ルボウは戦争を回避できたと考えたが、大戦は回避できなかったと結論づけた反実仮想に関する研究論文も存在する。[67] フランク・P・ハーヴェイ『イラク戦争を説明する（*Explaining the Iraq War*）』（二〇一一年）は、「比較反実仮想分析」というケーススタディの手法を用いて、ブッシュではなくゴアがアメリカ大統領となり、イラク戦争を引き起こした可能性についても検討すべきだと主張している。[68] 時間の歯車を一つや二つ操作したところで、歴史の大勢は変わらないという指摘は重要だ。しかし、すでに論じたとおり、この主張は決定論者と同じ考えになるという大きな問題を孕《はら》んでいた。

政治学者のジャック・S・レヴィは、二〇一五年に発表した「反実仮想、因果推論そして歴史的分析」と題する論考で、「反実仮想の前件から後件を予測する作業は、未来を予測するのと分析面そして実証面で同じ問題を抱えている」と指摘している。[69] 反実仮想は未来学だという主張はやはり注目すべきだ。われわれは、今日や明日の出来事であれば、ある程度の目星を付けることもできる。しかし、一週間後、さらにはその先の出来事となると、手に負えなくなってしまう。未来学は、既存のデータをもとにして、その延長線上で未来を描き出す「外挿法」を指すことが多い。しかし、この手法は、われわれがすでに知っていることをもとに予測を立てるため、偶然の出来事に対処することができない。これまで起こったことがこれからも起こるとは限らないのだ。最近、特に政治学で取り上げられることの多い、前件と後件の両方を考慮に入れた反実仮想、すなわち「もしもあの時○○であったら、○○という結果が生じていただろう」という視点に立つ反実仮想は、こうした外挿法の方法論と同じ問題を抱えている。

とはいえ、反実仮想は「ありえたかもしれない未来」を分析していく手法であることは間違いない。その具体的な方法について、第五章で見ていくことにしよう。

1――本書のもととなった拙稿は、「学問としての「歴史のＩＦ」――「未来の他者」を見つめる歴史学」（佐藤卓己編『岩波講座　現代（第五巻　歴史のゆらぎと再編）』岩波書店、二〇一五年）である。ウェーバーの反実仮想に注目したのが、佐藤俊樹「ウェーバーの社会学方法論の生成」『書斎の窓』（全六回、二〇一六年七月〜一七年五月、有斐閣）である。

2――「マイヤー批判論文」は、ウェーバーの社会科学に対する考えが如実にわかる論文であるにもかかわらず、これまであまり顧みられてこなかった。政治学の分野に「歴史のｉｆ」を応用しようとしたジェームズ・Ｄ・フィアロンは、一九九一年に「マイヤー批判論文」の先進性についてこう論じている。「ウェーバーは社会学や政治科学の方法論を広めた教祖的存在なので、この注目すべき論考がほとんど議論されず、明確な形で生かされていないのは、やや驚かざるを得ない」（James D. Fearon 1991, "Counterfactuals and Hypothesis Testing in Political Science", *World Politics* 43, No.2, p.189）。

3――エドワルト・マイヤー「歴史の方法と理論」(エドワルト・マイヤー、マックス・ウェーバー『歴史は科学か』森岡弘通訳、みすず書房、一九六五年(論文の初出＝一九〇二年)、八四頁(注二四))。

4――マックス・ウェーバー「文化科学の論理学の領域における批判的研究」(エドワルト・マイヤー、マックス・ウェーバー『歴史は科学か』森岡弘通訳、みすず書房、一九六五年(論文の初出＝一九〇六年)、一七八頁。論文の後半部分(「二、歴史的因果観察における客観的可能性と適合的因果連関」)が「歴史のｉｆ」論となっている。論文ドイツ語の論文タイトルは、"Kritische Studien auf dem Gebiet der kulturwissenschaftlichen Logik" である。Max Weber 1922, *Gesammelte Aufsätze zur Wissenschaftslehre, von Max Weber*, J.C.B. Mohr に収録されている。

5――マックス・ウェーバー、前掲書、一七九頁。

6――マックス・ウェーバー、前掲書、一七九－八〇、一八二－三頁。

7――マックス・ウェーバー、前掲書、一八七頁。「想像心像」については、一九〇頁を参照のこと。

8――「歴史のｉｆ」について論じたウェーバーの「マイヤー批判論文」(一九〇六年)は、「社会科学的および社会政策的認識の「客観性」」(一九〇四年)よりも後に書かれており、生理学者／統計学者Ｊ・フォン・クリースが論文「客観的可能性の概念とその若干の応用」(一八八八年)で提示した「客観的可能性」という概念の影響を大きく受けている(向井守『マックス・ウェーバーの科学論』ミネルヴァ書房、一九九七年、三九五－六頁)。

9――マックス・ウェーバー、前掲書、一九一－二頁。

10――マックス・ウェーバー、前掲書、一九二頁。

11――マックス・ウェーバー、前掲書、一九三頁。向井は、法則論的知識には、「日常的法則論的知識」と「社会学的法則論的知識」の二種類が存在すると論じている(向井守、前掲書、四〇二頁)。

12――マックス・ウェーバー、前掲書、二〇二頁。

13――因果関係ではなく、「原因構成」と呼ばれることもある(佐藤俊樹「一九世紀／二〇世紀の転換と社会の科学――「社会学の誕生」をめぐって」内田隆三編『現代社会と人間への問い――いかにして現在を流動化するのか?』せりか書房、二〇一五年、三三五頁)。レイモン・アロンは、「適合的因果連関」とは、「Ａは必然的にＢをもたらす」という意味ではなく、「Ａはおおむね B を促す」といった意味だと説明している(レイモン・アロン『社会学的思考の流れⅡ――デュルケム、パレート、ウェーバー』北川隆吉他訳、法政大学出版局、一九八四年(原著一九六七年)、二六一頁)。

14――向井守、前掲書、三九五－六頁。
15――佐藤俊樹、前掲書、三二五－六頁。
16――母親の例については、マックス・ウェーバー、前掲書、一九七－九頁。
17――マックス・ウェーバー、前掲書、二〇二－四頁。ウェーバーが影響を受けたJ・フォン・クリースも確率論を応用させる形で「客観的可能性」の概念を生み出していた（杉森滉一「「客観的可能性」としての確率」『岡山大学経済学会雑誌』五（二）、一九七三年一一月）。
18――佐藤俊樹「適合的因果と反実仮想――リッカートからフォン・クリースへ（二）（ウェーバーの社会学方法論の生成　第6回）」『書斎の窓』二〇一七年五月。
19――ウェーバーとファーガソンの手法はよく似ている。ただし、偶然の出来事に対する関心が両者では異なると言えるのかもしれない。ウェーバーは「偶然的因果連関」に言及していたが、議論の重点は「客観的可能性」をはかる「適合的因果連関」に置かれていた。それに対して、ファーガソンは、カオス理論を用いるなどして、偶然の出来事にどう対処すべきかという問題意識が強かった。ウェーバーとファーガソンの生年はちょうど一〇〇年異なるので、生まれた時代の違いが大きかったと言えるであろう。もしウェーバーが二一世紀に生きていたら、カオス理論などを使って議論をブラッシュアップさせたことは間違いない。
20――マックス・ヴェーバー『社会科学と社会政策にかかわる認識の「客観性」』（富永祐治・立野保男訳、折原浩補訳、岩波文庫、一九九八年）。
21――市井三郎『哲学的分析――社会・歴史・論理についての基礎的試論』岩波書店、一九六三年、三二一－三頁。
22――市井三郎、前掲書、三六、九五頁。
23――市井三郎、前掲書、八四頁。
24――市井三郎、前掲書、一〇〇－二頁。
25――市井三郎、前掲書、一〇二－三頁。
26――市井三郎、前掲書、八五－六頁。
27――ウェーバーが重要視していたのは、「歴史的個体の成立の原因を追求すること」であり、価値解釈や価値分析は、そうした原因の追求（因果関係の解明）を行うための「予備的研究」にすぎないと考えていた（向井守、前掲書、三八六－八頁）。

28――竹内啓「計量的歴史観の提唱」『展望』一九六五年一二月号、三五頁。ほぼ同じ時期に、政治思想史を専門とする樋口謹一も、歴史の分岐点を検証する「仮説史学」を提唱している。樋口は、関ヶ原の戦いで、「小早川秀秋が西軍を裏切らず、西軍が勝っていたら、その後の日本はどうなったか」という例を挙げている。その際、反実仮想が妥当性を持つか否かを判断するために、オペレーション・リサーチ（OR）と同じ要領で、関ヶ原の勝敗に関連があると思われるファクター（決定要因）を挙げ、精査する必要性を訴えている。ここで注目したいのは、梅棹忠夫、加藤秀俊、小松左京、林雄二郎、川添登の五人が監修を務めた『未来学の提唱』（一九六七年）のなかで、樋口が仮説史学の提唱を行った事実である。梅棹を中心とする五名は、一九六六年に未来学研究会を結成し、一九六八年七月に発足する日本未来学会の土台を作りあげた。残念なことに樋口の主張は、E・H・カーの議論を発展させて、「過去と現在と未来との鼎談」を提案するところで終わってしまっている。しかし、未来学を構築する一環として、反実仮想に取り組もうとした問題意識は重要である。樋口謹一「未来学と歴史学――仮説史学を提唱する」梅棹忠夫・加藤秀俊・小松左京・林雄二郎・川添登（監修）『未来学の提唱』日本生産性本部、一九六七年、樋口謹一「情報文明史観――仮説史学の提唱」武藤光朗・樋口謹一・北川敏男編『情報文明の歴史的展望　講座情報社会科学第一七巻 情報文明の展望I』学研、一九七一年。

29――佐藤俊樹「人文学と自然科学の間で（ウェーバーの社会学方法論の生成　第2回）」『書斎の窓』二〇一六年九月。

30――マックス・ウェーバー、前掲書（『歴史は科学か』）、一九〇頁。G・キング、R・O・コヘイン、S・ヴァーバ『社会科学のリサーチ・デザイン――定性的研究における科学的推論』真渕勝監訳、勁草書房、二〇〇四年（原著一九九四年）、一一頁。この本では、「一つもしくは複数の『条件』を変えることで、大事件のなりゆきがどのように変わるかを頭の中で構成すること」と訳されている。

31――G・キングら、前掲書、九四頁。

32――ゲイリー・ガーツ、ジェイムズ・マホニー『社会科学のパラダイム論争――二つの文化の物語』西川賢、今井真士訳、勁草書房、二〇一五年（原著二〇一二年）、一三二頁。ゲイリー・ガーツは、ジャック・S・レヴィとの編著『戦争と平和を考える――ケーススタディと必要条件の反実仮想』も出版している（Gary Goertz and Jack S. Levy, eds 2007, *Explaining War and Peace: Case Studies and Necessary Condition Counterfactuals*, New York: Routledge）。

33――ゲイリー・ガーツ、ジェイムズ・マホニー、前掲書、一三七頁。

34――ゲイリー・ガーツ、ジェイムズ・マホニー、前掲書、一三二－六頁。統計学の観点から反実仮想について論じた研究として、Judea Pearl『統計的因果推論――モデル・推論・推測』（黒木学訳、共立出版、二〇〇九年）がある。反実仮想によって因果関係を理解する方法は、提唱者である統計学者の名前を取って、「ネイマン＝ルービン＝ホランド（Neyman-Rubin -Holland）モデル」と呼ばれる（加藤淳子、境家史郎、山本健太郎編『政治学の方法』有斐閣、二〇一四年、九六頁）。

35――ゲイリー・ガーツ、ジェイムズ・マホニー、前掲書、一三七頁。

36――Philip E. Tetlock, Aaron Belkin 1996, "Counterfactual Thought Experiments", in Philip E. Tetlock, Aaron Belkin (eds.), *Counterfactual Thought Experiments in World Politics: Logical, Methodological, and Psychological Perspectives*, Princeton University Press, p.4, 6.

37――Philip E. Tetlock, Aaron Belkin, *op. cit.*, pp.7-8.『世界政治に見る反実仮想の思考実験』では、「もしもレーニンが長生きしていたら……」などの反実仮想を用いてロシア革命について論じた第三章（ジョージ・W・ブレスラウアー）、ドイツ側の文書を用いてヒトラーがいつの時点で抑止不可能となったかを解明した第四章（ユエン・フーン・コーン）、キューバ危機の際の危機管理政策について論じた第五章（リチャード・ルボウとジャニス・グロス・スタイン）、イランに対するアメリカの政策について論じた第六章（リチャード・ハーマンとマイケル・フィッシャーケラー）が、「個性記述的アプローチ」に含まれる。

38――Philip E. Tetlock, Aaron Belkin, *op. cit.*, pp.8-10.『世界政治に見る反実仮想』では、ゲーム理論を用いてフランス革命などの時に、教育がより行き渡った中産階級が存在した場合をシミュレーションした第七章（ブルース・ラセット）、同じくゲーム理論を用いて民主主義が戦争を抑止する可能性について論じた第八章（エドガー・カイザーとマーガレット・レヴィ）が、「法則定立的アプローチ」に含まれる。なお、「個性記述的と法則定立的の混合型」には、ゲーム理論を扱った第九章（ブルース・ブエノ・デ・メスキータ）と第一〇章（バリー・R・ワインガスト）、「純粋な思考実験」には、シミュレーション分析について扱った第一一章（ラース－エリック・シダーマン）がそれぞれ該当する。本書では、ゲーム理論とシミュレーション分析について詳しく言及できなかったが、たとえば、ブエノ・デ・メスキータの著書では、「第一次世界大戦は回避できたか？」という反実仮想の問いについて、ゲーム理論を用いて説明している（ブルース・ブエノ・デ・メスキータ『ゲーム理論で不幸な未来が変わる！』田村源二訳、徳間書店、二〇一〇年（原著二〇〇九年）、二四〇－八七頁）。シミュレーション分析については、光辻克馬・山影進「第一次世界大戦前夜における欧州国際関係のパラレルワールド――ランドスケープ理論を拡張した「国際緊張モデル」によるマルチエージェントシミュレーション分析」青山学院大学国際研究センター編『Aoyama Journal of International Studies』（一巻、二〇一四年）を参照のこと。

39――⑤の統計的な一貫性と⑥の投射可能性を④の理論的な一貫性の応用と考える点については、以下の論文でも指摘されている。Jack S. Levy 2015, "Counterfactuals, Causal Inference, and Historical Analysis", *Security Studies* (Volume24 Number3), p.396.「投射可能性（Projectability）」については、アメリカの哲学者ネルソン・グッドマンが論じている（『事実・虚構・予言』雨宮民雄訳、勁草書房、一九八七年（原著一九四七年＝一九八三年））。

40――Philip E. Tetlock, Aaron Belkin, *op. cit.*, pp.19-21.「その他の条件は一定にする」というルールのことを「セテリス・パリブス（ceteris paribus）」と呼ぶ。

41――Philip E. Tetlock, Aaron Belkin, *op. cit.*, pp.21-3.「結合原理」や「適合性」に関しては、ネルソン・グッドマンの議論を参照のこと。『世界政治に見る反実仮想』第一一章（ラース－エリック・シダーマンの論考）では、ジョン・ミューラーが『終末の日からの撤退（*Retreat from Doomsday*）』（一九八九年）のなかで示した反実仮想「もしも世界に核兵器がなかったとしても、戦後の平和は達成された」について検討を行っている。シダーマンは、ミューラーが想定した「核兵器のない戦後社会」（＝前件）が、核の抑止理論によって平和が維持された実際の戦後社会の出来事を根拠にしている点を批判した。キューバのミサイル危機に代表される戦後の危機管理政策を、核兵器抜きで考えなければならないという矛盾も生じてしまう（Lars-Erik Cederman, Rerunning History: Counterfactual Simulation in World Politics, in Philip E. Tetlock, Aaron Belkin (eds.), *op. cit.*, p.253)。

42――Philip E. Tetlock, Aaron Belkin, *op. cit.*, pp.7-8, 23-5. たとえば、『世界政治に見る反実仮想』の第五章では、「もしも一九六二年春の段階でケネディが問題を重視していたら、フルシチョフはキューバにミサイル基地を設置しなかっただろう」という反実仮想が否定されている。一九六二年四月の段階で、ケネディはキューバに存在するミサイルのことを知りようがなかったし、大統領選から数カ月がたっており、事態を把握する政治的インセンティブも働かなかったからだ（Richard Ned Lebow and Janice Gross Stein 1996, Back to the Past: Counterfactuals and the Cuban Missile Crisis, in Philip E. Tetlock, Aaron Belkin (eds.), *op. cit.*, pp.128-9)。テトロックらは、歴史的事実との照合作業は、反実仮想の妥当性を判断する必要条件であっても十分条件ではないとして、他の基準との組み合わせが必要だと指摘する。

43――Philip E. Tetlock, Aaron Belkin, *op. cit.*, pp.25-7. テトロックらは、学派によって反実仮想の評価が異なる場合もあ

り、どの理論的枠組みが正しいのか、完全な同意を得ることは難しいと指摘している。

44——Philip E. Tetlock, Aaron Belkin, *op. cit.*, p.17-8. Jack S. Levy 2015, op. cit., p.383.

45——Philip E. Tetlock, Aaron Belkin, *op. cit.*, p.23.

46——James D. Fearon 1996, "Causes and Counterfactuals in Social Science: Exploring an Analogy between Cellular Automata and Historical Processes", in Philip E. Tetlock, Aaron Belkin (eds.), *op. cit.*, p.44, 50, 66.

47——ルボウが発表した反実仮想に関する論文は、『禁断の果実（*Forbidden Fruit*）』（二〇一〇年）にまとめられている（Richard Ned Lebow 2010, *Forbidden Fruit: Counterfactuals and International Relations*, Princeton University Press）。

48——Richard Ned Lebow 2014, *Archduke Franz Ferdinand Lives! A World without World War I*, Palgrave Macmillan, p.7.

49——Richard Ned Lebow 2010, *op. cit.*, p.83.

50——Richard Ned Lebow 2010, *op. cit.*, pp.70-1.

51——Richard Ned Lebow 2010, *op. cit.*, p.71.「非線形コンフルエンス理論」に関しては、土山實男『安全保障の国際政治［第二版］』有斐閣、二〇〇四年＝二〇一四年、四〇七頁も参照のこと。

52——Richard Ned Lebow 2010, *op. cit.*, p.47. ファーガソン批判に関しては、ルボウが二〇〇〇年に発表した論文（Lebow Richard Ned 2000, What's so different about a counterfactual?, *World Politics*, 52）の記述がもとになっている。この論文の部分訳が、リチャード・ネッド・レボー「反実仮想」（河田潤一・荒木義修編『ハンドブック　政治心理学』北樹出版、二〇〇三年）である。本書もこの部分訳を参照したが、大きく手を加えたところもある。

53——Niall Ferguson 1997=2011, "Introduction", in Niall Ferguson (ed.), *Virtual History: Alternatives And Counterfactuals*, Picador, pp.12-3.

54——Richard Ned Lebow 2010, *op. cit.*, p.48（『ハンドブック　政治心理学』前掲書、一七二頁を参考にした）。

55——Richard Ned Lebow 2010, *op. cit.*, pp.48-9（『ハンドブック　政治心理学』前掲書、一七二-三頁を参考にした）。

56——Richard Ned Lebow 2014, *op. cit.*, p.58, 147. Richard Ned Lebow 2015, "Counterfactuals and Security Studies", *Security Studies* (Volume24 Number3), p.405.

57——Richard Ned Lebow 2010, *op. cit.*, pp.52-3.

58——Martin Bunzl, 2004, "Counterfactual History: A User's Guide", *The American Historical Review*, vol.109-3, p.848.

59——Richard Ned Lebow 2010, *op. cit.*, p.54.

60——Richard Ned Lebow 2010, *op. cit.*, p.55. 以下の論考をもとに書かれている（Holger H. Herwig 2006, "Hitler Wins in the East but Germany Still Loses World War II", in Philip E. Tetlock, Richard Ned Lebow, Geoffrey Parker (eds.), *Unmaking the West : "what-if?" scenarios that rewrite world history*, University of Michigan Press, pp.323-62）。

61——Richard Ned Lebow 2010, *op. cit.*, p.56.

62——Richard Ned Lebow 2010, *op. cit.*, p.56.

63——一ノ瀬正樹『英米哲学入門——「である」と「べき」の交差する世界』ちくま新書、二〇一八年、二〇六－一二頁。

64——Philip E. Tetlock, Geoffrey Parker 2006, "Counterfactual Thought Experiments", in Philip E. Tetlock, Richard Ned Lebow, Geoffrey Parker (eds.), *op. cit.*, p.6, 38, pp.366-70. 三階の反実仮想、四階の反実仮想もありうる。反実仮想研究では、「redirecting counterfactuals」を、歴史の元のコースに戻そうとする反実仮想、すなわち「ふりだしに戻る仮想」の意味で使用している事例もある（Jack S. Levy 2008, Counterfactuals and Case Studies, in Janet M. Box-Steffensmeier, Henry E. Brady, and David Collier (eds.), *The Oxford handbook of political methodology*, Oxford University Press, p.640）。

65——Richard Ned Lebow 2010, *op. cit.*, p.57.

66——Jack S. Levy 2015, *op. cit.*, p.394.

67——Paul W. Schroeder 2007, "Necessary Conditions and World War I as an Unavoidable War", in Gary Goertz and Jack S. Levy, eds, *Explaining War and Peace: Case Studies and Necessary Condition Counterfactuals*, New York; Routledge, pp.147-93.

68——Frank P. Harvey 2011, *Explaining the Iraq War: Counterfactual Theory, Logic and Evidence*, Cambridge University Press, pp.23-9.

69——Jack S. Levy 2015, *op. cit.*, p.402.

終章　もっともっと多くのものが

1　未来小説の「タイム・ディファレンス」

「キング」の時代

ニーアル・ファーガソンは、『仮想歴史』の刊行から二〇年が経った二〇一七年に、「仮想歴史」は単なる反実仮想ではなく「反実仮想の歴史（Counterfactual history）」なのだから、紙媒体の証拠が必要だと改めて強調している。[1] ファーガソンの基準では、「もうひとつの歴史」の証拠は、政府の各種議事録、政治家の日記、新聞や雑誌に掲載された記事や論考などに限定されてしまう。それに対して本書は、未来のことを描いた小説を「もうひとつの歴史」の証拠として検討してみたい。

本書が注目するのは、アメリカの小説家シンクレア・ルイスが一九三五年に発表した近未来小説『ここではそんなことは起こりえない（*It Can't Happen Here*）』である（図終-1）。ルイスは、アメリカ中流階級の生活を描いた『本町通り』（一九二〇年）や『バビット』（二二年）で知られ、一九三〇年にはアメリカ人として初のノーベル文学賞受賞者となっている。『ここではそんなことは起こりえない』は、ファシスト的な政策を推し進める政治家バズ・ウィンドロップが、一九三六年のアメリカ大統領選で勝利する社会を描いた近未来小説である。

この小説の設定は、フィリップ・ロスの歴史改変小説『プロット・アゲンスト・アメリカ』（二〇〇四年）ともよく似ている。ロスは、一九四〇年のアメリカ大統領選挙において、大西洋単独無着陸飛行を成功させたチャールズ・リンドバーグが勝利する「もうひとつの世界」を描きだした。実際、共和党員のあいだでリンドバーグを選挙に担ぎ出す動きがあったようだが、結局、実現しなかった。この作品は、その出来事をもとに書かれたという。[2]

それに対して『ここではそんなことは起こりえない』は、実際に起こるかもしれないとルイスが思ったことを書いた作品である。物語に登場するファシスト政治家のモデルとなったのは、一九二八年からルイジアナ州知事を務め、三〇年には上院議員に選出されたヒューイ・ロングだ。州知事時代にロングは、言論の自由や司法権を制限するなど強権的な政策を推し進めた。一方で、選挙のキャッチフレーズに「誰もが王さま（Every Man a King）」を用い、極端な累進課税による「富の共有運動」を公約に掲げて、大衆の支持を得ていく。これは実効性を欠いた運動だったが、ロングは実現可能であるかのように思わせる手法に長けて

図終－1

シンクレア・ルイス『ここではそんなことは起こりえない（*It Can't Happen Here*）』（1935年）

いた。「キングフィッシュ（the Kingfish）」の愛称で親しまれたロングは、来たる三六年の大統領選挙ではフランクリン・ローズヴェルトの打倒を目指していた。[3]

ロングの政策を研究した三宅昭良は、ロングの政治手法をファシズムの一種と捉え、ファシズムが内包する民主主義的な側面に目を向けるべきだと論じている。その一例として三宅は、ロングが得意とした長時間演説に注目している。ロングは、反対する法案の可決を防ぐために、議会で発言の機会を得ると、「冒頭から合衆国憲法を逐次読みあげ、これに解釈と分析をくわえて」いったという。演説中は他の議員が発言できないという決まりを逆手に取った議事妨害《フィリバスター》を行ったのである。一五時間半に及ぶこともあった演説について、三宅は次のように説明している。

しまいには、記者たちの質問に応じ、フレデリック大王だとかなんだとか、さまざまな話題について愚見の開陳に及びもした。それもネタがつきると、こんどはカキのフライの揚げ方、ポトリカー（肉と野菜を煮出したスープ）の作り方、ゴミ箱をどうやって料理鍋に代用するかなど、はてしなくくだらない話題で時間をつぶしたのである。[4]

ロングの狙いは法案成立の阻止ではなく、長時間演説を目当てに議会の観覧席に人が集まり、その様子が新聞やラジオで報道されることにあった。そうすれば、自らの政策への認知度が高まるとロングは期待していたのだ。[5]

フランク・キャプラ監督の映画《スミス都へ行く》（一九三九年）には、ロングの演説を彷彿とさせるシーンが登場する。[6] 正義感あふれる若き熱血漢のスミス議員は、先輩議員の不正を告発するために長時間演説に挑む。時間を稼ごうとスミスが合衆国憲法を読み上げるシーンも出てくるので、ロングの手法を参考にしたことは間違いない。

メディア史を専門とする佐藤卓己は、スミスが議場で力尽きるラストシーンに「いつも涙を押さえることができない」としつつ、スミスの行動にファシストの「臭い」を嗅ぎ取っている。

私はこの作品に流した自分の涙の意味を何度も考えてみた。確かに、孤軍奮闘するスミス青年のフィリバスター演説は感動的である。（中略）しかし、こうした議事妨害行為は議会制民主主義を破壊するものではないだろうか。さらにいえば、スミス支持でＢＲ（ボーイ・レンジャー）のバッジをつけた少年団員たちが大活躍するが、これはＨＪ（ヒトラー・ユーゲント）記章をつけたナチ少年たちの純真な「正義感」と同質ではないだろうか。[7]

佐藤は、多くの映画ガイドに掲載されたキャッチコピー「アメリカン・フリーダムと議会制民主主義を謳歌する政治ドラマ」に疑問を呈している。議会を無視して、世論に直接訴えるスミス＝ロングの手法は、まさにヒトラーのそれと同じなのである。

ここではそんなことは起こりえない

シンクレア・ルイスの小説『ここではそんなことは起こりえない』は、アメリカにおける「ホームグロウン（home-grown＝自国産の）・ファシズム」の可能性を、同時代人の視点で捉えた貴重な作品と言える。小説の冒頭には、一九三六年の大統領選挙に立候補したファシスト政治家バズ・ウィンドリップについて、実業家やジャーナリストらが議論する場面がある。なかには強力な指導者の出現を歓迎する者もいて、ヒトラーはマルクス主義という「赤いペスト」からドイツを救ったという意見も飛び出す。それに対してヴァーモント州の地方紙『デイリー・インフォーマー』に勤めるジャーナリストのドリーマス・ジェサップは次のように反論する。

民主主義の害悪をファシズムの害悪で直そうとするなんておかしな治療法だ！　梅毒患者にマラリアを罹患させて治す方法は聞いたことがあるが、マラリア患者に梅毒を罹患させて治すなんて聞いたことがない[8]！

ウィンドリップは民主党の大統領候補に指名されると、一五項目の政策綱領を発表し、共和党のローズヴェルトに挑む。国民全員に年収五〇〇〇ドルを保証したウィンドリップの政策は、二七〇〇万人の会員からなる宗教組織「忘れられた者同盟」の支持を受ける。はれて大統領に就任したウィンドリップは、立法および行政の完全な統制権を掌握するための法案を議会に提出した。

議会でこの法案が否決されると、ウィンドリップは戒厳令を敷き、青年武装団「ミニットマン」に命じて、一〇〇名以上の反対派議員を逮捕してしまう。八月には既成政党を解散させ、アメリカ集合国家愛国党の一党独裁体制を完成させる。党員は「コーポ」と呼ばれ、黒人やユダヤ人に対し差別的な言動を繰り返していく。余勢をかってウィンドリップは、収容所の設置や焚書といったファシスト的な手法を次々と打ちだしていく。この小説では、一九三九年までの出来事が描かれ、ウィンドリップがクーデタによって国外に追放をされるなど怒濤の展開を見せる。[9]

現実にはロングは一九三五年九月八日に暗殺されてしまう。そのため、この小説が書店に並んだ一〇月頃には、ロングの大統領就任は完全に「起こりえない」ことになっていた。[10]もしもロングが暗殺されていなかったら、アメリカのみならず世界の歴史も大きく変わっていたかもしれない。この小説が三二万部を超えるベストセラーになったのは、アメリカ国民がファシスト独裁政権の誕生を十分に「起こりうる」出来事だと認識していた証左と言えよう。当時の読者は、一種の「未来史（future histories）」としてルイスの小説を受け止めていたのである。

今日は昨日の明日

『ここではそんなことは起こりえない』は、二〇一六年のトランプ大統領の台頭を予言した書として注目を集めた。[11]二〇一七年一月二五日付の『ニューヨークタイムズ』（電子版）によると、発行元のペンギン・ランダムブックスが再版を決め、アマゾンのベストセラーランキングにも入ったという。この記事では、他にもジョージ・オーウェル『一九八四年』（一九四九年）やオルダス・ハクスリー『すばらしい新世界』（一九三二年）など、ディストピア小説の売れ行きが好調だと報じられている。

　ところで本書では、「どこにも存在しない場所」を意味する「ユートピア（utopia）」の「topos（トポス＝場所）」を「chronus（クロノス＝時間）」に置き換えた「ユークロニア（uchronia）」に注目してきた。数年先のアメリカ社会を描いた『ここではそんなことは起こりえない』、「偉大な兄弟《ビッグ・ブラザー》」に支配された三十数年後の社会を描いた『一九八四年』、T型フォードが世に出た一九〇八年を元年とする「フォード紀元」で六三二年（西暦二五四〇年）の世界を描いた『すばらしい新世界』は、一般的には「どこにも存在しない場所」を描いたディストピア小説とされる。だが、これらの作品は、「どこにも存在しない時間」を描いた「ユークロニア」小説と捉えることも可能だろう。

　これまでの反実仮想研究では、その作品が公表された時点で「未来」の事象を扱っているものは研究対象から外されてきた。たとえば、イギリスの歴史家リチャード・J・エヴァンズは、『操作された歴史（*Altered Pasts*）』のなかで、第一次世界大戦前に書かれたイギリスの未来小説や、本書でも紹介したアンドルー・ロバーツの近未来小説『アーヘン・メモランダム（*The Aachen Memorandum*）』（一九九五年）を反実仮想に含めないとしている。[12]

　第一章で紹介したインターネット上のデータベース「ユークロニア」でも、「歴史のなかの未来」は「遡及的な歴史改変ＳＦ（retroactive alternate history）」であるとし、リストから除外している。そうしないと、これまで発表されたほぼすべてのＳＦ作品を収録することになってしまうというのが理由であった。このサイトで、「遡及的な歴史改変ＳＦ」の具体例として挙げられたのは、ルイスの『ここではそんなこと起こりえない』のほか、本書第二章で触れたジョン・ハケットの小説『第三次世界大戦――一九八五年八月』（一九七八年）、ＳＦ作家ロバート・Ａ・ハインラインの未来史シリーズであった。[13]

第四章でも確認したとおり、これまでの反実仮想研究では、「もしもあの時〇〇であったら、〇〇という結果が生じていただろう」という形でのみ考えられてきた。歴史の決定的瞬間を切り取り、史実とは異なる結果の可能性を検証する作業は魅力的だ。だが、「もうひとつの歴史」をパラレルワールドとして「創造」する作業は、歴史改変ＳＦ（＝フィクション）との境界が曖昧になるというアポリア（難点）を抱えていた。こうした方法とは異なり、小説に描かれた「ありえたかもしれない未来」を抽出する作業は、個人や社会の選択や判断のみならず、その時代が持つ未来への想像力を浮き彫りにする方法として有効なのではないか。

本書が未来小説に注目するのは、それが、ある時点で反実仮想に転換するからだ。執筆時点では「未来」を扱った小説も、一定の時間が経過すると、「過去」の事象を扱った小説へと変容する。『ここではそんなことは起こりえない』をルイスが執筆した一九三五年の段階で、アメリカでのファシスト政権の誕生は「ありうるかもしれない未来」と考えられていた。

ところが、一九三六年よりも後の世界を生きる人々は、一九三六年の大統領選挙でフランクリン・ローズヴェルトが当選した事実を知っている。この「時差」によって、われわれは『ここではそんなことは起こりえない』を、未来小説ではなく反実仮想として読むことが可能になる。つまり、戦前のアメリカでファシスト政権が出現した「もうひとつの歴史」を描いた歴史改変小説の一つとして捉えなおすことができるのである。

これは他のユートピア(ディストピア)小説にもあてはまる。たとえば、一九四八年に執筆が始められ、四九年に刊行されたジョージ・オーウェルの小説『一九八四年』は、未来に起こりうる全体主義体制を避けるために書かれた「警告文学」である。この小説では、世界は三つのブロックに分かれ、主人公が暮らすイギリスは「ビッグ・ブラザー」が支配するオセアニアに属している。そこは「テレ・スクリーン」による徹底した監視体制が敷かれた社会で、「ニュー・スピーク」という架空の言語が話され、相反する二つの意見を、それが矛盾することを知りながら、いずれも受け入れる「二重思考」が、支配層から一般住民まで浸透している。オーウェルは「もうひとつの歴史」を想定して、このような全体主義のディストピアを描いたわけではないが、現代のわれわれにとって、それは「そうはならなかった未来」像の一つである。

こうした「時差」によって生じる反実仮想も研究対象として捉えるべきだというのが、本書の主張である。同時代人が描き出した「未来」像は、現実のものとなって歴史に刻まれる場合もあるが、そうでない場合もある。いったい当時の人々は、どのような未来像を思い描き、それらはなぜ現実化せず、歴史のなかに埋もれてしまったのか。こうした問いは、反実仮想に潜む「ありえたかもしれない未来」を抽出する作業によって、はじめて分析可能となる。

現代の反実仮想研究のなかでは、アメリカの歴史学者ガヴリエル・ローゼンフェルドが未来小説を分析の対象に加えている。[14] イギリスでは、ダグラス・ブラウンとクリストファー・サーペルの『エデンの喪失（*Loss of Eden*）』（一九四〇年）など、「ナチスに支配される未来」を描いた小説が、第二次世界大戦中にいくつも発表されている。[15] 戦後、こうした未来小説は姿を消すが、歴史改変SFのなかにその痕跡を見て取れるという。その上でローゼンフェルドは、戦時中に蓄積された恐怖が、ナチスに関する「記憶」へと転化されていったことに注目し、未来小説の分析は欠かせないと主張した。日本でも、水野広徳『次の一戦』（一九一四年）、ヘクター・C・バイウォーター『太平洋大戦争』（一九二五年）といった戦前の日米未来戦記の分析が進められているが、それらを戦後の架空戦記の流行と結び付けるような視点が必要ではないだろうか。[16]

2 「未来の他者」という視点

「未来→現在→過去」という遡及的予測

これまでは、ユークロニアよりも、ユートピアやディストピアに注目が集まってきた。作家の開高健は、『岩波講座文学５』（一九七六年）に、論考「あまりにもそこにある――ディストピア文学管見」を寄稿し、ユートピア／ディストピア文学の比較を行っている。

その相違は作者たちの現実感覚や現実に臨む態度の相違に直結するものです。ユートピアにたどりつくには読者は本をひらいてから航海の準備にかかるか遠い旅や山登りの支度にかかる挿話を読まねばならなかったのですが、ディストピアはぶっつけ本番です。開巻冒頭の第一頁、第一行から読者はそこにおかれるのです。ディストピアはもともとすでにそこにあるのです。現実として提出されているのです。《ユートピア》という言葉自体には《どこにも存在しない国》という原義があるのだそうですが、ディストピアは彼岸ではなくて此岸の、白昼の現実として読者につきつけられる。[17]

開高は「ここにも存在しうる」ものとして、ディストピアを捉えている。開高の指摘から読み取れるのは、ユートピア／ディストピア文学は「場所」性を前提とするという点だ。それに対してユークロニアで軸足が置かれるのは、「時間」性である。

本章で提案したように、未来小説を含む「歴史のなかの未来」を研究対象として捉えるとき、通常とは異なる時間感覚が重要となる。たとえば、社会学者の鶴見和子は、『思想』（一九五一年二月号）に掲載された論考「プラグマティズムの歴史理論」において、未来は創造することができ、「過去は不確定だ」とする歴史観を紹介している。プラグマティズムとは、一九世紀後半にアメリカで生まれた哲学で、「実用主義」と訳されることもある。学術的な厳密性に囚われない柔軟さが特徴である。本書で紹介した市井三郎もこの系譜に含まれる。

　未来を創造しようとする試みは、それが本当に実現するかどうかは別として、発想自体は単純だ。たとえば、Aという条件に働きかけてA′という新しい未来を創造する。それがBという条件ならばB′、Cという条件ならばC′となる。しかし、「過去は不確定だ」という発想は、「未来（A′）→現在（A）→過去（a）」という、通常とは逆の時間軸が想定されるため、少し整理が必要だ。この点に関して鶴見は、アメリカの哲学者ジョン・H・ランダル（ランドール）の議論を参照して、次のように述べる。

> 選択の基準となるものは、「描かれた未来」、すなわち、「もしAならばA′」、「もしBならばB′」におけるA′B′C′である。それらの「描かれた未来」の中で、どのような未来を実現したいか、という人間の意志が、これを決定する。そして、もしA′という未来を実現したいと思う人間は、Aという現在の条件を、現在の問題解決におけるもっとも重要な要因であると考える。そこで、過去の歴史においても、そこに働いていたであろう多くの条件の中から、aという条件をもっとも基本的なものと考える。[18]

ここで重要なのは、「描かれた未来（A'）」の視点によって、「現在（A）」のみならず、「過去（a）」にも変化が表れるという点だ。つまり鶴見は、未来からの視点によって、過去が「実際起ったとおりの過去ではない」ものとなる思考方法に注目したのである。

この思考法の問題点は、われわれが思い描いた未来像（＝「描かれた未来」）によって、すべてが決まってしまうことにある。同じ過去の出来事であっても、未来を想像するのが悲観的な人であれば、過去は阿鼻叫喚の地獄へと変わる。それが楽観的な人であれば、極楽浄土に変わる。鶴見は、こうした極端な主観主義を避けるために、アメリカの哲学者モリス・R・コーエンやシドニー・フックの議論を紹介している。鶴見によると、コーエンとフックは、歴史の決定要因を判断する手段として「歴史のｉｆ」に注目していたという。

たとえば、もしコロムバスの船が難破したら、アメリカは発見されたか？（発見されただろう。）そうすれば、アメリカ大陸発見に対して、コロムバスという特定の人物は、決定的要因ではない、と判断することができる。（中略）ロシアの十月革命は、レニンなしで成功したか？（しなかっただろう）とフックは考える、そして、フックにとっては、レニンとロシア革命は、必然的なつながりをもつと考えられる。[19]

「歴史のｉｆ」にも「未来→現在→過去」という逆転した時間構造を見出せるとして、コーエンとフックはそれを「遡及的予測（retrospective prediction）」と呼んだ。これについて鶴見は、以下のように説明している。

プラグマティズムの歴史観が、その前提として、未来が現在および過去を規定すると主張したことが、方法の上でもあらわれているのが、この「遡及的予測」であって、その点に注意する必要があろう。「遡及的予測」とは、現在のわれわれにとって、未来がいくつかの可能性をくりひろげているように、過去の時代に生きたひとびとにとっても、今では過去となったことがらも、未来の可能性であっただろうと、解釈する。そして、すでに起つ《ママ》たできごとは、その他に起りえたであろういろいろな可能性の中の一つが、実現した、ということにすぎないと考える。そこで、なぜ他の可能性を凌駕して、この可能性が実現したかを考える時に、過去のひとびともまた、一つの選択をしたのだと考える。[20]

この「選択の基準」となったのは「人間の欲望、関心、目的」だとして、鶴見は当時の人々の「道徳的判断の論理」を把握する必要があると述べている。当時の人々の期待や価値観を探ることによって客観的可能性を判断すべきだという「歴史のなかの未来」学派の主張と、鶴見のこの主張はよく似ている。だが、「人間の欲望、関心、目的」といった主観的な要素をどのように客観的に捉えるのかは、鶴見のこの論文ではあまり考察が深められていない。これについては、マックス・ウェーバーやニーアル・ファーガソンの議論を参考にすべきだろう。その具体的な方法については第四章で詳しく論じたので、ここではユークロニアの特徴である時間感覚について、もう少し詳しく見ていきたい。

墓場から甦っていまからパーティだ

「未来→現在→過去」という時間感覚について考えるときに、社会学者の大澤真幸が提唱した「未来の他者」という概念が参考になる。大澤は、フランスの文学研究者ピエール・バイヤールの『予感による剽窃（*Le Plagiat par anticipation*）』（二〇〇九年）をもとにして、未来の作品が過去の作品を真似するのではなく、過去の作品が未来の作品を「真似」したかのように見える不思議な感覚について論じている。そこで大澤が例として挙げたのは、ヤマザキマリの人気漫画『テルマエ・ロマエ』（『コミックビーム』二〇〇八年～一三年連載）である。[21]

『テルマエ・ロマエ』の主人公ルシウスは、西暦一三〇年代の古代ローマの技師であり、ハドリアヌス帝から浴場の設計を任されている。新しい浴場の構想に頭を悩ますルシウスは、窮地に陥ると、なぜか現代日本の浴場へとタイムスリップしてしまう。脱衣籠、フルーツ牛乳、シャンプーハット。そこで目にした浴場設備や風呂文化を「真似」することで、ルシウスは自分が生きる時代に、先進的な浴場を完成させる。ルシウスには未来人と対話しているという意識はないのだが（ルシウスは、現代日本人のことをどこか遠くの地域の「平たい顔族」だと思っている）、結果的に、現代日本の風呂文化をルシウスが「真似」するという構図になっている。

二世紀のローマに生きる人々が、二一世紀日本の風呂文化を「真似」することは、絶対にありえない。にもかかわらず大澤は、読者の多くが、「ローマ人って、俺たちの風呂をパクっているみたいだな」という印象を持ったことが、この作品のヒットにつながったと分析している[22]。そして、時間軸が逆転したそうした感覚を、「未来の他者」という概念を用いて説明している。

ローマ人がわれわれの真似をしている、と感じるとき、現在の「われわれ」は、まるで、古代ローマ人がわれわれに呼応し、われわれの呼びかけに応えてくれているような印象をもつ。つまり、古代ローマ人は、未来の他者(=現代日本人)に応答し、未来の他者と連帯しているのである[23]。

大澤のこの発想から、反実仮想研究は次の三つのことを学べる。一点目は、「未来の他者」の視点があるからこそ、新たな「気づき」や、「現在」と「過去」の積極的な対話が可能になるということだ。『テルマエ・ロマエ』の例で言えば、現代日本の風呂文化の存在によって、あるいは『テルマエ・ロマエ』というヤマザキマリの漫画の存在によって、われわれは古代ローマと現代日本の共通点を発見できる。本書でも第四章の冒頭で、一八六四年生まれのウェーバーの論文を読むと、一九六四年生まれのファーガソンの『仮想歴史』を「真似」したかのような感覚に襲われると指摘した。もしもファーガソンの『仮想歴史』が刊行されていなければ、私は、過去と現在を貫通する反実仮想の発見には至らなかっただろう。当時の人々にとって「未来」に属する人たちの、このような視点が有効であることを、まずは押さえておきたい。

二点目は、「未来からの視点」は、過去の発見を可能にするだけでなく、「過去」さらには「現在」を革新するという発想を伴うということだ。『テルマエ・ロマエ』のルシウスが、現代日本から得た知識を古代ローマの浴場建設に生かしたように、反実仮想の手法は、歴史のなかに埋もれた価値観や未来像に光を当てる。ヴァルター・ベンヤミンが「歴史の概念について（歴史哲学テーゼ）」のなかで描いた「歴史の天使」は、未来に背を向けて過去と向き合う。天使の目の前にうず高く積まれているのは、「廃墟の山」である。ベンヤミンは、歴史のなかの「敗者」たちの痕跡、すなわち、これまで実現されてこなかったさまざまな可能性のなかに希望を見出し、そのなかに息を吹きこもうとした。[24]

大澤はベンヤミンの「歴史哲学テーゼ」に触れながら、歴史のなかの「ありえたかもしれない可能性」を救出することの意味をこう解説している。

過去の中の「存在していたかもしれない可能性」を救済するということは、現在の体制そのものを変換することを、つまり革命を意味しているのだ。革命は、未来を開くだけではなく、過去を救済するのである。逆に、こうも言える。「もし敵が勝てば、死者でさえも安全ではない」（テーゼⅥ）。今、歴史の中で、輝かしい勝者や英雄として登録されていた死者も、革命の結果によっては、無視される敗者の方へ、遺棄されるクズの方へと配置換えになるかもしれないからだ。死者が、もう一度死ぬこともあるのだ。[25]

「現在」に生きるわれわれは、歴史上の人々にとっては「未来人」であり、「未来の他者」である。われわれの試みによって、救済の光が当てられた歴史上の「敗者」たちは、「過去」から「現在」へと呼びもどされ、最終的には「現在」のものの見方を変えていく。この意味において反実仮想は、過去／現在／未来のすべてを対象とした革命的なアプローチになりうるのである。だが、「未来の他者」の議論を反実仮想研究に応用する際に、次の点には注意しなければならない。それは、「歴史のなかの未来」をすくいあげるのは、「現在」に生きるわれわれだが、その「未来」を構想するのは歴史上の人々であるという点だ。つまり、「歴史のなかの未来」は、「過去の視点」で構成されなければならない。現代日本の風呂文化の存在や『テルマエ・ロマエ』の存在も重要だが、そもそも古代ローマの風呂文化が存在しなければ、これらの議論は成り立たない。

本書が考える反実仮想研究では、可能なかぎり同時代の人々の視点に立ち、そこから浮かびあがってくる未来像を照射しようと試みる。この点において、歴史学の分野で近年注目される、回想的あるいは事後的な視点を特徴とした「物語としての歴史」とは明確に区別される。この点についてファーガソンも、『仮想歴史』のなかで詳しく論じていた。

大澤の発想から学ぶべき三点目は、二一世紀という「現在」を生きるわれわれも、「未来からの視点」を意識する必要があるということだ。これについて大澤は、次のように指摘する。


われわれは、何ごとか有意味なことをするためには、あるいは何者かであるためには、他者の内に、われわれを未来から見返す視点を見出さなくてはならない。[26]

すでに指摘したとおり、われわれの歴史は、実現した「未来」とともに、実現しなかった「未来」によって形づくられてきた。だとすれば、現代に生きるわれわれに求められるのは、「未来の他者」からの呼びかけを否定せず、未来に向けて「声」をあげ続けていくことではないだろうか。救いの手は、沈黙には及ばない。先が見通せないと言われる時代だからこそ、救済の対象となる時間軸を「現在」に限定せず、「未来」との連携可能性を模索していくべきなのである。たとえ「現在」からは見向きもされなくても、「未来」は見捨てない。そう信じつづけることが、何かをなすということなのかもしれない。

反実仮想とは、結局は未来を切り拓いていく思想なのだ。ただし、単なる未来学とは異なる。本書が批判してきた「もしもあの時〇〇であったら、〇〇という結果が生じていただろう」という発想では、当たるも八卦当たらぬも八卦の未来学（外挿法）と区別がつかなくなってしまう。

そうではなくて、「未来の他者」の視点を確保し、客観的な歴史とは何かを可能な限り明らかにしようとする。それによって現在のものの見方を変え、未来を切り拓いていくことこそ、反実仮想が果たすべき役割なのだ。

反実仮想に学術的な価値を与える本書の試みも、未来の誰かにもう届いているだろうか——。

1——二〇一五年に開催された反実仮想をテーマとしたシンポジウム（その内容は、『安全保障研究（*Security Studies*）』第二四巻第三号に論文として掲載されている）を受けて、ファーガソンが論考を寄せている（Niall Ferguson 2017, "How Not to Counter Counterfactuals"（Forum 15 on "Symposium on Counterfactual Analysis"）, H-Diplo/ISSF Forum 15, https://issforum.org/forums/counterfactuals（二〇一八年八月三一日閲覧））。

2——Philip Roth 2004, "The Story Behind 'The Plot Against America'", *The New York Times*, September 19. ロスは、物語に登場する人物は実在の人物に限定している。巻末には「主要人物の真の年譜」が掲載され、どこまでが歴史的事実でどこからが想像の範囲かを明確にする工夫も施されている（フィリップ・ロス『プロット・アゲンスト・アメリカ』柴田元幸訳、集英社、二〇一四年（原著二〇〇四年））。

3——三宅昭良『アメリカン・ファシズム』講談社選書メチエ、一九九七年、二七、一二一、一六五頁。

4——三宅昭良、前掲書、一五五頁。ロングは、「ヒューイのゲシュタポ」と呼ばれた私設警察隊も保持していた。

5——三宅昭良、前掲書、一五八頁。

6——ロングをモデルにした映画として、ロバート・ロッセン監督の《オール・ザ・キングスメン》（一九四九年）がよく知られている。占領下の日本では上映が禁止され、一九七九年に公開された。二〇〇六年にスティーヴン・ザイリアン監督は、ロッセンの同名作品は観ずに、ロバート・ペン・ウォーレンの小説 *All The King's Men* を映画化している。ロングが実際に大統領になった世界を描いた歴史改変小説も存在する。アラン・グレンの『鷲たちの盟約』（佐々田雅子訳、上下巻、新潮文庫、二〇一二年）である。

7——佐藤卓己『メディア社会』岩波新書、二〇〇六年、一三六－八頁。《スミス都へ行く》の日本公開は、一九四一年。アメリカ議会政治の腐敗を描いたと評価されたこの映画は、反米意識高揚のために上映が認められた。戦後、GHQは議会制民主主義への不信感を植え付けるとして上映禁止とした。

8——Sinclair Lewis 1935＝2014, *It Can't Happen Here*, Signet Classics, p.18.

9——作品の概略については、斎藤光編『20世紀英米文学案内13　シンクレア・ルイス』（研究社出版、一九六八年）、一七六−八六頁、高村峰生「「忘れられた人々」が思い出されるとき——トランプ時代に読まれるシンクレア・ルイス」『ユリイカ』二〇一七年一月号も参照のこと。小説では、ヒトラーの『我が闘争』を類推させるウィンドリップの手記『ゼロ・アワー』が随所で用いられるなど、ナチスの手法が参考にされたことがよく分かる。

10——前章で紹介した国際政治学者リチャード・ルボウは、ルイスの小説を一種の「警告文学」として捉えている。ロング大統領が本当に実現するとは思っていなかっただろうが、ルイスは小説を書くことで、そうした世界がやって来ないように世間に警鐘を鳴らしたというわけだ（Richard Ned Lebow 2010, *Forbidden Fruit: Counterfactuals and International Relations*, Princeton University Press, p.230）。

11——Kimiko de Freytas-Tamura 2017, "George Orwell's '1984' Is Suddenly a Best-Seller", *The New York Times*, Jan. 25. 高村峰生、前掲誌、一六六頁。

12——Richard J. Evans 2014, *Altered Pasts: Counterfactuals in History*, Little, Brown, pp.135-6.

13——データベース "Uchronia : The Alternate History List"（http://www.uchronia.net/）の「はじめに」（二〇一八年八月三一日閲覧）。

14——Gavriel D. Rosenfeld 2005, *The World Hitler Never Made : Alternate History and the Memory of Nazism*, Cambridge University Press, p. 5, 399, 411.

15——Gavriel D. Rosenfeld 2005, *op. cit.*, p.39.

16——戦前の日本で流行した未来戦記を分析した猪瀬直樹は、水野広徳『次の一戦』（一九一四年）に端を発する日本の未来戦記が、アメリカからの「〈外圧〉をはかる敏感な震度計」の役割を果たしたと分析している。日米両国の対立が深まるほど、未来戦記は好調な売れ行きを示し、やがて現実と小説の世界が煽りあうようにして、日米開戦という「予言の自己成就」が起こっていく（猪瀬直樹『黒船の世紀——ガイアツと日米未来戦記』文春文庫、一九九八年（単行本一九九三年））。

17——開高健「あまりにもそこにある——ディストピア文学管見」『岩波講座文学5　表現の方法2　世界の文学

下』岩波書店、一九七六年、一〇七頁。
18――鶴見和子「プラグマティズムの歴史理論――個人歴史性について」『思想』一九五一年二月号、二〇―一頁。
19――鶴見和子、前掲書、二二頁。
20――鶴見和子、前掲書、二二頁。
21――大澤真幸『〈未来〉との連帯は可能である。しかし、どのような意味で?』FUKUOKA uブックレット④弦書房、二〇一三年。
22――大澤真幸「〈未来の他者〉からの呼びかけを聞いたとたんに、それは大いなる希望へと変ずるだろう」『神奈川大学評論』八〇号、二〇一五年、七八―九頁。
23――大澤真幸、前掲誌、七八―九頁。
24――今村仁司『ベンヤミン「歴史哲学テーゼ」精読』岩波現代文庫、二〇〇〇年、五四―五、六〇、六四―五、一一二―四頁。ヴァルター・ベンヤミン『[新訳・評注]歴史の概念について』鹿島徹訳・評注、未來社、二〇一五年、八六―九頁。
25――大澤真幸『量子の社会哲学　革命は過去を救うと猫が言う』講談社、二〇一〇年、二三四頁。
26――大澤真幸、前掲書、三二一頁。

あとがき

本書は、私にとって二作目の単著となる。前作『ポスト活字の考古学――「活映」のメディア史1911-1958』（柏書房、二〇一三年）の「あとがき」では、大好きな映画監督ビリー・ワイルダーのことを書いた。本書の「あとがき」も、彼の言葉から始めることにしたい。《少佐と少女》（一九四二年）でハリウッドデビューを果たしたワイルダーは、二作目の難しさに言及している。彼のデビュー二作目は、ミステリー仕立ての《熱砂の秘密》（一九四三年）だ。以下は、ヘルムート・カラゼク『ビリー・ワイルダー自作自伝』からの引用である。

監督をするのは二回目ではあったが、いうまでもなく最初のうちはひどく不安だった。二本目こそが一番難しい。処女作がいい出来だったのは偶然でないことを証明しなければならないからだ。たいへんなプレッシャーである。建物の四階から決死のジャンプを敢行して、見事に成功した人が、「今度は七階からやりたまえ！　君なら絶対大丈夫だから！」といわれるようなものだ。彼は「もちろんできるとも！」というだろう。そして跳び降り、死んでしまうのだ。

（ヘルムート・カラゼク『ビリー・ワイルダー自作自伝』瀬川裕司訳、文藝春秋、一九九六年、二七四頁）

昨今の研究者は、博士論文を改稿して処女作を仕上げるのが一般的であろう。それに続いて挑むことになる二作目の難しさは、多くの研究者が直面する課題と言えるのかもしれない。博士論文とは異なるテーマを設定しなければならないからだ。

その点、私は幸運だった。『ポスト活字の考古学』では、日本の映画教育運動を扱ったが、実質的にはそれは「メディア史のなかの未来」研究であった。大阪毎日新聞社・活動写真班で活動した水野新幸《よしゆき》は、映画がまだニューメディアであった一九二〇年代に、活字の「次に来るメディア」として映画を考えていた。水野は、教育的・文化的な内容を持つ映画を「活映」と命名し、「活字から活映へ」の転換を訴えた。彼の活動を支えた人たちのなかには、東洋初のロボット「学天則」を作った西村真琴《まこと》や、火星の土地を売った原田三夫《みつお》など一風変わった人物もいた（原田は、一九五〇年代に日本宇宙旅行協会を設立し、近未来における火星の土地開発を見込んで「火星土地分譲予約受付証」を発行した。法的根拠はなく「お遊び」の一種だ）。映像メディアが活字に取って代わる「もうひとつの社会」を夢見た人々の物語は、調べていてワクワクするような経験だった。

私が幸運だったと述べたのは、映画教育に関する史料を調べ尽くしてもなお、「もうひとつの世界」への興味が残ったからだ。水野の活動の原動力となった「もうひとつの世界」に対する想像力とは何なのか——。こうした問題意識を深めるために、二作目は未来学の問題に取り組もうと思った。梅棹忠夫、小松左京、加藤秀俊ら「戦後京都学派」が一九六八年に発足させた日本未来学会の話はとても重要で、まとまった先行研究も存在していない。だが、史料を集めていくうちに、別の誰かが先に研究成果を発表してしまうのではないかとも思った。

私は研究テーマを選ぶとき、同じテーマを掲げる「もうひとりの研究者」の存在を思い浮かべるようにしている。面識のない私とその研究者が、ほぼ同じタイミングで研究成果を世に問うたとき、彼あるいは彼女と少しでも違った視点や論点を提示できるかどうか。これが、私のテーマ選択の一つの基準である。

「もしもあの時——」あるいは「歴史のｉｆ」というテーマであれば、史料収集に工夫が必要なため、「もうひとつの世界」を私独自の視点で考察できるのではないか。そう思い、このテーマに取り組むことを決めた。

「歴史のｉｆ」と聞いて多くの人が思い浮かべるのは、フィリップ・Ｋ・ディックの小説『高い城の男』（一九六二年）に代表される歴史改変小説であろう。本書でも、ディックの小説について詳しく言及し、主要な歴史改変小説については巻末の資料①にまとめた。

この資料では、歴史的事実に改変を加えた世界を作品化したものを中心にリストアップを行った。そのためＳＦ色が強く、歴史の改変点のみを取り上げたアイザック・アシモフの『永遠の終わり』（一九五五年）などはリストに加えていない（ＳＦ色が強くても、ジェイムズ・Ｐ・ホーガン『プロテウス・オペレーション』（一九八五年）やピーター・トライアス『ユナイテッド・ステイツ・オブ・ジャパン』（二〇一六年）のように、歴史改変後の世界を扱った作品はリストに加えた）。

私がすっかりファンになってしまったコニー・ウィリスの小説もリストには入っていない。ウィリスの小説は、オックスフォード大学史学部の学生たちが、自らが研究対象とする時代にタイムトラベルする物語だ。黒死病の蔓延する中世ヨーロッパに旅する『ドゥームズデイ・ブック』（一九九二年）、第二次世界大戦下のイギリスでロンドン大空襲を体験する『ブラックアウト』（二〇一〇年）、その続編の『オール・クリア』（二〇一〇年）などであるが、これらはタイムトラベル小説と考えるのが一般的であろう。

この他にも、リストに加えることのできなかった作品がたくさん存在する。資料①は主要な作品（海外版）に限定されたものだとご理解いただければ幸いである。いずれにせよ、これらの素晴らしい作品と出会えたことが、本書を執筆する際のモチベーションを高めてくれた。

本書は、「歴史のｉｆ」の発想を学術的な観点から考察することを目的としている。「もしもヒトラーが女性だったら？」や「日本とドイツが第二次世界大戦で勝利していたら？」といった具体例を紹介しているが、「もしもあの時〇〇であったら、〇〇という結果が生じていただろう」という形の「歴史のｉｆ」を仔細に論じたものではない。本書では、歴史の当事者たちが思い描いた未来像、つまり「歴史のなかの未来」を学術的に捉える手段として「歴史のｉｆ」に注目した。この方法が有効かどうかについては、読者の方々のご批判を待ちたいと思う。

「歴史のｉｆ」の学術的な可能性を追究しようとする際に、「メディア考古学」と呼ばれるメディア論の研究手法も参考になる。水野の「活映」がまさにそうだが、メディア史における「敗者」の歴史、すなわち、ある時代に構想されながらも実現しなかった「もうひとつのメディア史」に注目が集まりつつある。これに関しては、「メディア考古学の展望」と題して、日本マス・コミュニケーション学会の第三五期第五回研究会（メディア史研究部会企画、二〇一六年五月、同志社大学）でも発表させていただいた（討論者は大久保遼さん、司会は白戸健一郎さん）。

こうした「歴史のなかの未来」に注目した研究が、さまざまな分野で領域横断的に広まっていってほしいと強く願っている。そのためにも、まずは「歴史のｉｆ」に対する固定観念を取り払い、ありえたかもしれない「もうひとつの世界」の可能性に目を向けるところから始めるべきであろう。たとえば、各分野の研究者（歴史学者だけでなく心理学者や経済学者などが加わっても問題ない）が、歴史のターニングポイントについて論じ合った研究書が刊行されれば素晴らしいと思うし、海外にはそうした本がすでに存在する（日本にもそのような試みがないわけではないが、戦史研究者による太平洋戦争のシミュレーション研究があるくらいだ）。

私の本来の専門であるメディア史の分野でも、たとえば、『放送批評』一九七六年八・九月号には「イフ史観によるＴＶ批評」という特集が組まれている。「もしも終戦の頃テレビがあったら」というテーマのもとで執筆陣がユニークな論考を寄せており、こうした企画は今も有効であろう。若い人たちが、司馬遼太郎などの歴史小説を読んで歴史に興味を持ち、やがて歴史学のディープな世界に嵌《は》まっていくように、まずは「もしもあの時、○○であったら」という発想から「歴史のｉｆ」のレッスンを始めて、その学術的な可能性にも関心を持つ人が増えてくれれば、こんな嬉しいことはない。

歴史学の分野で異端視されてきた「歴史のｉｆ」の問題を世に問うことができたのは、大学院時代の恩師である佐藤卓己先生のおかげである。佐藤先生が編者を務める『岩波講座　現代（第五巻　歴史のゆらぎと再編）』（岩波書店、二〇一五年）に「学問としての「歴史のＩＦ」――「未来の他者」を見つめる歴史学」を書かせていただいたことで構想が一気に固まった。何かの飲み会への道すがら、佐藤先生が「歴史のｉｆは面白いね」と言ってくださったので、このテーマで一冊書けそうだなと確信した。佐藤先生へのご恩は、本を書くことでしか返せないと思っているので、本書がその一つとなっていれば幸いである。

本書の第二章にあたる部分は、メディア史研究会の月例研究会（二〇一八年五月、日本大学）で、「架空／未来戦記のメディア史――一九九〇年代の「架空戦記ブーム」を手がかりとして」という標題で発表させていただいた。有山輝雄先生、飯塚浩一先生、寺島宏貴さんをはじめとする参加者の皆さんから貴重なご意見をいただき、本書の内容にも反映させていただいた。

職場の防衛大学校公共政策学科の先生方にも大変お世話になった。研究に打ち込むことができたのは、同僚の先生方のご理解や励ましがあってのことである。特に、武藤功先生には公私ともにお世話になりっぱなしである。深く感謝申し上げたい。

筑摩書房の石島裕之さんにも大変お世話になった。「歴史のｉｆ」のテーマを面白がっていただき、いつも絶妙なタイミングで励ましの言葉をいただいた。一般読者に向けてどのように訴えたら私の意図が伝わるかを常に考えてくださり、ご助言の一つ一つが勉強になることばかりであった。研究者としてまだ若い時期に、一緒に仕事をさせていただいたことは本当に幸運であった。心より感謝申し上げたい。

佐藤卓己研究室のメンバーである白戸健一郎さんと智子さんには、前作『ポスト活字の考古学』に続いて原稿に目を通していただいた。誠一郎くん（一歳）の育児に忙しいなか、有益なコメントをいただいたことに感謝申し上げたい。

最後に、高揚感のなかで仕事ができたのは、妻・絵理香のおかげである。「ちゃんと謝辞に書くからね」と言ったら、「「もしもあの時、出会わなかったら……」みたいな平凡な謝辞じゃないよね？」と言われたので、代わりに執筆中に考えていたことを紹介したい。アメリカのＳＦ作家Ｌ・スプレイグ・ディ・キャンプは、ハネムーン費用を捻出するために、ある作品を書きはじめた。結婚式の当日になっても原稿は終わらず、ハネムーンを二日間延期して完成にこぎつけたという。それが歴史改変小説の傑作『闇よ落ちるなかれ』（一九三九年）であった。この小説を読みながら、そういえば本格的なハネムーンに行っていなかったなと気づいた。結婚してから少し時間が経ってしまったが、本書の執筆が終われば少し余裕も出てくるので、そろそろその話をしてみよう。

二〇一八年九月

赤上裕幸

資料篇

資料① 歴史改変小説の主要作品（海外版）

☆印（5段階）は、私の評価である。
☆☆☆☆☆…歴史改変小説の傑作！
☆☆☆☆……面白く読める！
☆☆☆………粗筋を知っておいて損はない
☆☆…………余裕があれば
☆……………資料的価値のみ

ナサニエル・ホーソーン「P—氏の便り」（1845、『ナサニエル・ホーソーン短編全集3』（南雲堂、2015年））に収録▶精神に異常をきたした「P—氏」による手紙。ナポレオンやイギリスの詩人バイロンらが復活した「もうひとつの世界」が描かれる。1845年に『ユナイテッド・ステーツ・マガジン・アンド・デモクラティック・レヴュー』誌に掲載される。 ☆

マレイ・ラインスター「時の脇道」（1934、『火星ノンストップ』（早川書房、2005年））に収録▶並行世界（パラレルワールド）のアイディアはこの小説が最初だと言われる。1934年に『アスタウンディング』誌に掲載される。時空の異変によって、本来であれば「時の脇道」に逸れていたはずのさまざまな現象（絶滅したはずの恐竜、ローマ帝国の軍隊、ゲティスバーグの戦いに「勝利」した南軍の兵士など）が、主人公の住む世界に紛れ込んでくる。 ☆☆☆

L・スプレイグ・ディ・キャンプ「闇よ落ちるなかれ」（1939、ハヤカワ・SF・シリーズ、1970年／ハヤカワ文庫、1977年）▶アメリカの考古学者マーティン・パッドウェイは雷に打たれ、西暦535年の東ゴート族が支配するイタリア半島にタイムスリップしてしまう。パッドウェイは、複式簿記、活版印刷、通信技術など、「未来人」としての知識を存分に活用し、ローマ帝国の衰退を防ごうとする。ディ・キャンプには、サイドワイド賞（1995年特別賞）が贈られている。 ☆☆☆☆☆

ランドルフ・ロバン「さかさまの世界——もしドイツが勝つていたら」（1950、筑摩書房、1952年）▶パリ在住の元ハンガリー外交官が執筆。ロバンはペンネーム。ドイツが原子爆弾を使用し、第2次世界大戦に勝利した世界を描く。ヒトラー、秩父宮、ムッソリーニによる会談で、ドイツがヨーロッパとアメリカ、日本がソ連（のアジア地域）と中国を占領下に置くことが決定。アメリカを中心とする連合国側が勝利した世界を想像するシーン（「もしも彼らが勝っていたら！」）も登場する。 ☆☆☆

サーバン「角笛の音の響くとき」（1952、ハヤカワ・SF・シリーズ、1968年）▶イギリスの外交官が執筆。サーバンはペンネーム。ドイツが第2次世界大戦に勝利して102年が経過した世界に、イギリス人の主人公が迷い込む。主人公は、ドイツの伯爵が楽しむ「人間狩り」のターゲットにされて逃げまわる。ナチスの残酷さを描いた作品。1960年にはアメリカでも出版され、大ヒットとなる。　☆☆☆☆

フィリップ・K・ディック「高い城の男」（1962、ハヤカワ・SF・シリーズ、1965年／ハヤカワ文庫、1984年）▶ドイツを中心とする枢軸国側が第2次世界大戦に勝利した世界。敗戦国となったアメリカは分割統治され、東側の区域をドイツが、西側の区域を日本がそれぞれ占領している。占領下にある人々の間で密かなベストセラーとなっていたのが、小説『イナゴ身重く横たわる』。ドイツ本国で発禁処分が科されたこの架空小説には、アメリカを中心とする連合国側が勝利する「もうひとつの戦後」が描かれていた。☆☆☆☆☆

キース・ロバーツ「パヴァーヌ」（1968、サンリオSF文庫、1987年／扶桑社、2000年／ちくま文庫、2012年）▶1588年にエリザベス女王が暗殺され、スペイン無敵艦隊がイギリスを征服し、カトリック教会が欧州を支配する。この世界では、教会が科学を弾圧したため、移動手段は蒸気機関車で、通信手段は信号塔（セマホール）が発達している。6つの短篇で構成され、「第6旋律」でそれまでの伏線が回収されていく。歴史改変小説の傑作という声も少なくないが、評価の分かれる作品かもしれない。☆☆☆

ウラジミール・ナボコフ「アーダ」（1969、早川書房、1977年／早川書房（新装版）、2017年）▶『ロリータ』の作者ナボコフの歴史改変小説。パラレルワールドである「アンチテラ」での出来事が描かれる。この世界では、ロシア人がアメリカ大陸に大量に流入したため、「アメロシア」と呼ばれている。ただし、ストーリーの中心は主人公のヴァンとアーダの「愛欲絵巻」（by 訳者の若林正）。「時間」に対する理論が随所に盛り込まれ、豊かな着想に溢れている。ただし、難解。☆☆☆

ノーマン・スピンラッド「鉄の夢」（1972、海外SFノヴェルズ、1980年／ハヤカワ文庫、1986年）▶SF作家のヒトラーが書いたSF小説『鉤十字の帝王』が、そのまま掲載されている。内容は、宇宙の覇権争いの話。1954年にヒューゴー賞を受賞したという設定になっている。詳細なあとがき（作品解説）まで付いている。邦訳は荒俣宏。☆☆☆

ハリイ・ハリスン「大西洋横断トンネル、万歳！」（1972、サンリオSF文庫、1979年）▶1212年に、キリスト教徒軍がイスラム教徒軍にイベリア半島で敗北したことで、アメリカの運命が大きく変わってしまう。ジョージ・ワシントンは独立戦争に敗れ、反逆者として処刑された。イギリスがアメリカを植民地として支配し

続ける世界で、ワシントンの末裔であるアメリカ人技師が、大西洋横断トンネルの建設を託される。ハリイ・ハリスン「世界のとなりの世界」（ピーター・ニコルズ編『解放されたSF』東京創元社、1981年）で、この作品の「創作ノート」を読むことができる。ケン・リュウの歴史改変小説「太平洋横断海底トンネル小史」（2013年）は、この作品へのオマージュだ。 ☆☆☆☆

キングズリイ・エイミス「去勢」（1976、サンリオSF文庫、1983年）▶ヨーロッパは宗教改革を経験せず、教皇（ルターが教皇になっていた！）が依然として大きな力を持っていた。物語の舞台は、カトリックの国として栄える「もうひとつのイギリス」。10歳の天才歌手ヒューバートは、美声を保ち、教会での仕事を続けるために、去勢手術を受けることになっていた。自らの運命に抗うべく、ヒューバートは、ニューイングランド（アメリカ）に向けた逃避行を図ろうとする。 ☆☆☆☆

レン・デイトン「SS–GB」（1978、早川書房、1980年／ハヤカワ文庫、1987年）▶1941年、ドイツに占領されたイギリス。チャーチル首相は銃殺され、国王ジョージ6世（『英国王のスピーチ』に登場）はロンドン塔に監禁されてしまう。SS–GBはイギリス本土駐留ドイツ親衛隊。その指揮下に入ったロンドン警視庁殺人課警視の主人公が、殺人事件の犯人を追っていく。ナチスに協力したイギリス人の存在に光が当てられた作品。ドラマ化もされ、2017年にはDVDが発売された。 ☆☆☆☆

ジュリー・ユルスマン「エリアンダー・Mの犯罪」（1984、文春文庫、1987年）▶1984年、主人公のレスリー・モーニングは、父の遺品の中から2冊の書物を発見する。そこには、「第2次世界大戦」という初めて聞く戦争の話が記されていた。祖母のエリアンダー・モーニングが、1913年にヒトラーという青年を射殺したことも明らかとなる。エリアンダーの住む世界とレスリーの住む世界の2つの時代を通じて描かれる「もうひとつの20世紀」。 ☆☆☆☆☆

ジェイムズ・P・ホーガン「プロテウス・オペレーション」（1985、ハヤカワ文庫、1987年）▶ナチス・ドイツが第2次世界大戦に勝利した世界。1947年、ナチスに手を焼くアメリカは、タイムトンネルを開発して、各分野の専門家からなる「プロテウス部隊」を過去へと送り込み、歴史を変えてしまおうと試みる。ヒトラーが大戦で勝利できたのは、2025年の未来からの介入によるものであることが明らかとなる。SF色の強い作品。 ☆☆☆☆

スタンリー・シャロピ「J・F・ケネディを救え」（1986、ハヤカワ文庫、1988年）▶ヴェトナム戦争で兄を亡くした主人公が、タイムマシンを発明した天才科学者に、ケネディ暗殺が起きた1963年に送り込んでほしいとお願いする。ケネディが生存していたら、アメリカはヴェトナム戦争に参戦せず、兄も死なずに済ん

だと考えたからだ。ところが、タイムスリップした世界で主人公は狙撃犯に間違えられ、逮捕されてしまう。思わぬ展開が次々と起こり、あっという間に読める。映画化もされている(《バック・トゥ・ザ・JFK》1990年)。 ☆☆☆☆

卜鉅一「京城・昭和六十二年――碑銘を求めて」(1987、成甲書房、1987年)▶1909年に伊藤博文が暗殺されなかったことで、日本は協調路線を貫き、歴史は大きく変わる。太平洋戦争も起こらず、1980年代の日本は世界の超大国の一員を占める。日本の支配下にありつづける朝鮮半島を舞台とした作品。映画《ロスト・メモリーズ(2009 Lost Memories)》(韓国2002年公開、日本2004年公開)の原作。 ☆☆☆

スティーヴ・エリクソン「黒い時計の旅」(1989、福武書店、1990年/福武文庫、1995年/白水社、2005年)▶われわれの知る20世紀と、ヒトラーが生き残り、ドイツとアメリカが戦争を継続する「もうひとつの20世紀」。いわゆるポストモダン小説の一種で、評価の分かれる作品だろう。 ☆☆

ロバート・ハリス「ファーザーランド」(1992、文春文庫、1992年)▶ヒトラーが第2次世界大戦で「勝利」した20年後のドイツを描いた作品。1964年、ヒトラー75歳の誕生日に政界の実力者の遺体が発見される。主人公の刑事が捜査を続けていくと、ホロコーストの過去が隠蔽されていたことが明らかとなる。25カ国で翻訳され、世界各国での販売総数は300万部に達したという。1994年には、アメリカのケーブルTV大手のHBOによって映画化も行われている。 ☆☆☆☆

イアン・R・マクラウド「夏の涯ての島」◎(1998、早川書房、2008年)▶1940年、ドイツに敗北したイギリスでは、ジョン・アーサーという人物が率いるファシズム政権が樹立される。政府は、ユダヤ人や同性愛者への圧力を強めていく。彼の過去を知るオックスフォード大学教授の主人公は、ロンドンで開催される国民祝典に招待される。邦訳されたのは、雑誌用にアレンジされた短篇。長篇も2005年に刊行。短篇と長篇の両方でサイドワイド賞を獲得している。 ☆☆

ブレンダン・デュボイズ「合衆国復活の日」◎(1999、扶桑社、2002年)▶1962年、キューバ危機に端を発した全面核戦争が勃発し、主要都市が壊滅状態に陥ったアメリカ。それから10年後の世界が舞台。ジャーナリストの主人公が、退役軍人が殺害された事件を追っていき、命を狙われることに。廃墟と化したマンハッタン島に逃れた主人公は、〈PS19〉という地下組織が作られていることを知る。 ☆☆☆☆

クリストファー・プリースト「双生児」(2002、ハヤカワ文庫、2015年)▶第2次世界大戦時のイギリスが主たる舞台。われわれが知っている世界と、1941年5月に第2次世界大戦が終結した「もうひとつの世界」。一卵性双生児でありながらも対照的な人生を歩むジョーとジャック(ともに「J・L・ソウヤー」と記述される)

の視点で語られていく。綿密にストーリーが練られていて、一読しただけではいくつも謎が残る（ただし、意味不明のポストモダン小説とは違う）。再読必至の傑作。☆☆☆☆☆

フィリップ・ロス「プロット・アゲンスト・アメリカ」◎（2004、集英社、2014年）▶1940年のアメリカ大統領選挙において、空の英雄チャールズ・リンドバーグが勝利した「もうひとつの世界」を描く。反ユダヤ思想の持ち主でもあったリンドバーグは、ヒトラーと連携して、国内のユダヤ・コミュニティを崩壊へと陥れようとしていく。ロス少年の視点から、アメリカ社会の変貌を描く。本の巻末には、「主要人物の真の年譜」が掲載され、どこかまでが歴史的事実でどこからが想像の範囲かを明確にする工夫も施されている。☆☆☆☆☆

マリ・デイヴィス「英国占領」◎（2004、二見文庫、2005年）▶原題はCollaborator（利敵協力者）。ドイツに占領されたイギリスが舞台。主人公はドイツ語を解すため、イギリス占領軍の通訳を務め、ドイツ軍中将に気に入られる。しかし一方では、反ドイツのレジスタンスの一員として活動していた。「占領下で辛抱して生きる者たちは臆病者か、妥協者か、協力者です。辛抱しようとしない者は死ぬんです」という主人公の言葉が印象的。☆☆☆☆

ジョー・ウォルトン「英雄たちの朝　ファージングⅠ」（2006-08、創元推理文庫、2010年）▶1941年にドイツと講和をむすんだイギリス社会が舞台。講和から8年後、「ファージング・セット」と呼ばれる親ナチスの政治派閥に属する人物の邸宅で、変死体が発見される。『暗殺のハムレット　ファージングⅡ』（2007年）、『バッキンガムの光芒　ファージングⅢ』（2008年）の三部作。イギリス版ゲシュタポ（秘密国家警察）とも呼ぶべき「監視隊」の隊長にも選ばれるスコットランドヤードの警部補が、三作を通じての主人公と言えるだろう。男女逆転したハムレットの舞台で主役を演じた女優が事件に巻きこまれる『暗殺のハムレット』が特に秀逸。ウォルトンは、1人の女性の2つの人生を描いた『わたしの本当の子どもたち』（2014年／創元SF文庫、2017年）も刊行している。☆☆☆☆☆

マイケル・シェイボン「ユダヤ警官同盟」◎（2007、新潮文庫、2009年）▶第2次世界大戦時、ユダヤ人亡命者を受け入れるために、アラスカ州バラノフ島に設置されたシカト特別区を舞台としたハードボイルド・ミステリー（実際に、バラノフ島にユダヤ人亡命者を受け入れる計画は存在したが、実現はしなかった）。1948年にイスラエルがアラブ諸国との戦争に敗れたため、大量のユダヤ人難民が発生して、シカト特別区の人口は200万人に膨れ上がる。物語の舞台は、アラスカ州への復帰が2カ月後に迫った2007年。チェスの愛好家で麻薬中毒の若者が殺害される事件が起きる。☆☆☆☆

スティーヴン・キング「11/22/63」（2011、文藝春秋、2013年／文春文庫、2016年）

▶主人公のジェイクは、1958年9月9日11時58分に戻ることができる「穴」（タイムトンネル）の存在を友人から打ち明けられる。ケネディ暗殺をモチーフとした時間ループ（同じ場面が何度もくり返される）小説だが、歴史改変小説に加えて問題はないだろう。ドラマ化もされ、2017年にはDVDが発売された。ケネディ暗殺をモチーフとした歴史改変小説は、ほかにG・ベアナウ『ダラス暗殺未遂』（1988年／新潮文庫、1990年）がある。 ☆☆☆☆☆

アラン・グレン「鷲たちの盟約」（2011、新潮文庫、2012年）▶原題は *Amerikan Eagle*。1928年からルイジアナ州知事を務め、30年には上院議員に選出されたヒューイ・ロングが、実際に大統領になった「もうひとつのアメリカ社会」。アメリカにおけるファシズムを描く。ポーツマス市警の主人公は、手首に「911283」という刺青が入った死体の捜査を始めようとするが、FBIはそれを認めない。代わりに主人公は、ロングとヒトラーのポーツマス首脳会談で重要な役割を与えられる。 ☆☆☆☆

ピーター・トライアス「ユナイテッド・ステイツ・オブ・ジャパン」（2016、新☆ハヤカワ・SF・シリーズ／ハヤカワ文庫、2016年）▶第2次世界大戦によって日本の占領下に置かれたアメリカが舞台。ゲームやメカといった日本のサブカルチャーを登場させ、占領の中心をアジアの日本に担わせた点に、この作品の特徴がある（United State of Japan = USJ！）。ディックの『高い城の男』へのオマージュ作品。アメリカの「勝利」を体験するゲームソフト『USA』が、『イナゴ身重く横たわる』と同じ役割を果たしている。続編『メカ・サムライ・エンパイア』（2018年、邦訳同年）も刊行された。 ☆☆☆☆

- 歴史的事実に改変を加えた世界を作品化したものを中心にリストアップした。
- 2018年8月の時点で、邦訳があるものとした。
- 作品名に◎のある作品は、優れた歴史改変小説に贈られるサイドワイズ賞の受賞作品である（サイドワイズ賞については、http://www.uchronia.net/sidewise/）。
- さらに歴史改変小説について知りたい方は、「改変世界SFブックガイド」（『SFマガジン』1996年3月号）や印度洋一郎の連載「オルタナティブ・ワールド／世界の仮想戦記」『ミリタリー・クラシックス』（2007年〜現在）を参照のこと。
- 日本の歴史改変小説については、第2章で詳しく紹介しているので、今回は一覧表は作成しなかった。

資料② 反実仮想に関する主要な研究書（1990年代以降）

Geoffrey Hawthorn（ジェフリー・ホーソン）*Plausible Worlds: Possibility and Understanding in History and the Social Sciences*（『もっともらしい世界』）（1991）▶政治学者の研究書。第1章「反実仮想説明と理解」、第2章「ヨーロッパ中世初期の疫病と肥沃」、第3章「韓国におけるアメリカ」、第4章「イタリアの画家ドゥッチョの絵画技法」、第5章「説明、理解そして理論」

Herbert M. Levine (ed.)（ハーバート・M・レヴィーン編）*What If the American Political System Were Different?*（『もしもアメリカの政治システムが異なっていたら』）（1992）▶歴史学者や政治学者らによる論文集。ニール・B・コーエン「もしも成文憲法と権利章典がなかったら」、トーマス・H・ファーレル「もしも連邦国家ではなく単一国家だったら」、ハーバート・M・レヴィーン「もしもテレビがなかったら」ほか全10編を収録。

Kenneth Macksey (ed.)（ケネス・マクゼイ編）*The Hitler Options: Alternate Decisions of World War II*（『ヒトラーの選択』柘植久慶訳、原書房、1995年）（1995）▶戦史研究家らのエッセイ集。ケネス・マクゼイ「あしか作戦」、ジェームズ・ルーカス「ヴォーダン作戦」ほか全5編を収録（原著は全10編）。マクゼイ、ピーター・G・ツォーラス、ジョナサン・ノースが編者となったAlternate Decisionsは、他に、ナポレオン版（2000年）、第2次世界大戦の日本勝利版（2001年）などが存在する。

Neal J. Roese and James M. Olson (eds.)（ニール・J・ローズ、ジェームズ・M・オルソン編）*What Might Have Been : The Social Psychology of Counterfactual Thinking*（『何か起こりえたか』）（1995）▶心理学者が中心となった論文集。ニール・J・ローズ、ジェームズ・M・オルソン「反実仮想の思考方法」、ダニエル・カーネマン「さまざまな反実仮想の思考方法」ほか全14編を収録。

Philip E. Tetlock, Aaron Belkin (eds.)（フィリップ・E・テトロック、アーロン・ベルキン編）*Counterfactual Thought Experiments in World Politics : Logical, Methodological and Psychological Perspectives*（『世界政治に見る反実仮想の実験』）（1996）▶政治学者が中心となった論文集。テトロックとベルキン「世界政治に見る反実仮想の実験―その論理学的、方法学的、心理学的側面」、リチャード・ルボウとジャニス・グロス・スタイン「反実仮想とキューバのミサイル危機」、ブルース・ブエノ・デ・メスキータ「反実仮想と国際情勢―ゲーム理論からの考察」ほか全12編（+4つのコメント）を収録。

Niall Ferguson(ed.)（ニーアル・ファーガソン編）*Virtual History : Alternatives and Counterfactuals*（『仮想歴史』）（1997）▶歴史学者らの論文集。ファーガソンが

「はじめに」と「おわりに」を担当。ジョン・アダムソン「クロムウェルなきイングランド—もしもチャールズ一世がイングランド内戦を回避していたら」ほか全9編を収録。

Harold C. Deutsch、Dennis E. Showalter (eds.)（ハロルド・C・ドイッチュ、デニス・E・ショウォルター編）***What If ?: Strategic Alternatives of WW2***（『ヒトラーが勝利する世界 歴史家たちが検証する第二次大戦・60の“IF”』守屋純訳、学習研究社、2006年）（1997）▶歴史学者らの論文集。ドイッチュ「1938年のヒトラー暗殺」、ドイッチュ、ショウォルター「もしヒトラーが勝っていたら」ほか全17編を収録。新版のタイトルは、*If the Allies Had Fallen : Sixty Alternate Scenarios of WW2*（2010年）。

Robert Cowley (ed.)（ロバート・カウリー編）***What If ? : The World's Foremost Military Historians Imagine What Might Have Been***（『もしも?』）（1999）▶歴史学者らの論文集。ウィリアム・H・マクニール「伝染病の反実仮想—紀元前701年、エルサレムを救った疫病」ほか全20編を収録。続編（2001年）、アメリカ史版（2003年）も刊行。

Karen Hellekson（カレン・ヘレクソン）***The Alternate History : Refiguring Historical Time***（『歴史改変SF』）（2001）▶歴史改変小説の作品論が中心。ウォード・ムーア『我らに祝典を（*Bring the Jubilee*）』、フィリップ・K・ディック『高い城の男』、ウィリアム・ギブスン＋ブルース・スターリング『ディファレンス・エンジン』、ポール・アンダースン『タイム・パトロール』などの分析。

Duncan Brack, and Iain Dale (eds.)（ダンカン・ブラック、イエイン・デール編）***Prime Minister Portillo... and other things that never happened: A Collection of Political Counterfactuals***（『もしもポーティロ首相が誕生していたら…』）（2003）▶ジャーナリストらによる論文集。他に、『もしもゴア大統領が誕生していたら…』（2006年）、『もしもボリス首相が誕生していたら…』（2011年）、『もしもコービン首相が誕生していたら…』（2016年）などが刊行されている。

Andrew Roberts (ed.)（アンドルー・ロバーツ編）***What Might Have Been? : Leading Historians on Twelve 'What Ifs' of History***（『歴史に「もし」があったなら—スペイン無敵艦隊イングランド上陸からゴア米副大統領の9・11まで』近藤裕子監訳、バベルプレス、2006年）（2004）▶歴史学者らの論文集。アン・サマセット「スペイン無敵艦隊がイングランドに上陸していたら」、アンドルー・ロバーツ「レーニンがフィンランド駅で暗殺されていたら」ほか全12編を収録。

Gavriel D. Rosenfeld（ガヴリエル・D・ローゼンフェルド）***The World Hitler Never Made : Alternate History and the Memory of Nazism***（『ヒトラーが作れなかった世界』）（2005）▶歴史学者による研究書。三部構成。第1部「ナチスが勝利した第2次世界大戦」は、第1章「イギリスの敗北」、第2章「アメリカと軍事介入のジレンマ」、

第3章「ドイツの勝利」、第4章「他の国」から成る。第二部「もうひとつのヒトラー」は、第5章「逃亡中の総統と正義の追究」、第6章「ヒトラーの存在しない世界」から成る。第3部「仮想上のホロコースト」は第7章「仮想上のホロコーストと記憶への疑念」から成る。

Neal Roese（ニール・ローズ）*If Only : How to Turn Regret into Opportunity, Harmony*（『後悔を好機に変える――イフ・オンリーの心理学』村田光二訳、ナカニシヤ出版、2008年）（2005）▶心理学者の研究書。第1章「現実を理解するための基準」、第2章「役に立つ後悔」、第3章「反実思考の出自」、第4章「「もし……だったら」の裏の顔」、第5章「お買い物の極意」、第6章「エンタメの達人」、第7章「意味を見出す」、第8章「後悔を乗りこなす」

Philip E. Tetlock, Richard Ned Lebow, Geoffrey Parker (eds.)（フィリップ・E・テトロック、リチャード・ネッド・ルボウ、ジェフリー・パーカー編）*Unmaking the West: "What-If?" Scenarios That Rewrite World History*（『西洋の興隆は必然であったのか』）（2006）▶政治学者や歴史学者らの論文集。テトロックとパーカー「反実仮想の思考実験」、ケネス・ポメランツ「ヨーロッパと中国における産業化と反実仮想」ほか全12編を収録。

Jack Levy, Gary Goertz（ジャック・レヴィ、ゲイリー・ガーツ）*Explaining War and Peace: Case Studies and Necessary Condition Counterfactuals*（『戦争と平和を説明する』）（2007）▶政治学者らの論文集。ガーツ、レヴィ「因果関係の説明、必要条件、そしてケース・スタディ」、リチャード・ネッド・ルボウ「偶然性、触媒、そして非線形変化」、ポール・シュローダー「必要条件と避けられない戦争としての第1次世界大戦」ほか全10編を収録。

Jeremy Black（ジェレミー・ブラック）*What If ?: Counterfactualism and the Problem of History*（『もしも?』）（2008）▶歴史学者の研究書。第1章「導入」、第2章「個人的な話」、第3章「歴史の種類」、第4章「帝国支配の権力と闘争」、第5章「西洋と東洋」、第6章「イギリスとフランス、1688-1815」、第7章「軍事史の反実仮想」、第8章「未来へ」、第9章「懐疑主義と歴史家」、第10章「結論」、第11章「あとがき」。改訂版は、*Other Pasts, Different Presents, Alternative Futures*（2015年）。

Richard Ned Lebow（リチャード・ネッド・ルボウ）*Forbidden Fruit: Counterfactuals and International Relations*（『禁断の果実』）（2010）▶政治学者の研究書。第1章「世界の意味を理解する」、第2章「反実仮想の思考実験」、第3章「フェルディナント皇太子が生きていたら」、第4章「リーダーシップと冷戦の終結」、第5章「学者たちと因果関係1」、第6章「学者たちと因果関係2」、第7章「モーツァルトが65歳まで生きていたら」、第8章「大統領万歳（シンクレア・ルイス、フィリップ・ロス、そしてファシズム）」。

James G.Blight, Janet M.Lang, and David A.Welch（ジェームズ・G・ブライト、ジャネット・M・ラング、デイヴィッド・A・ウェルチ）***Virtual JFK: Vietnam If Kennedy Had Lived***（『ヴァーチャルJFK』）（2010）▶政治学者の研究書。第6章「反実仮想のJFKではなく、ヴァーチャルJFK―ケネディが生きていた場合のヴェトナム」が、反実仮想に関する分析を行っている。《Virtual JFK》（Koji Masutani）というドキュメンタリー映像も存在する。編者のデイヴィッド・ウェルチは、ジョセフ・ナイとの共著 *Understanding International Conflicts : An Introduction to Theory and History*（2002年、『国際紛争　理論と歴史』田中明彦・村田晃嗣訳、有斐閣、2013年［原書第9版］）でも、反実仮想について論じている。

Frank P. Harvey（フランク・P・ハーヴェイ）***Explaining the Iraq War: Counterfactual Theory, Logic and Evidence***（『イラク戦争を説明する』）（2011）▶政治学者の研究書。「比較反実仮想分析（The comparative counterfactual analysis, CCA）」というケーススタディの手法を用いている。

Kathleen Singles（キャスリーン・シングルズ）***Alternate History: Playing with Contingency and Necessity***（『歴史改変SF』）（2013）▶「Narrating Futures」というシリーズの1冊。第1章「はじめに」、第2章「歴史改変SFの詩学」、第3章「ケーススタディ」、第4章「結論」。歴史改変SFをどう定義づけるか。具体的な作品への言及もなされ、未来小説が反実仮想に転換する点についても論じられている。

Peter J. Bowler（ピーター・J・ボウラー）***Darwin Deleted: Imagining a World without Darwin***（『ダーウィンのいない世界』）（2013）▶科学史家による研究書。第1章「歴史、科学、そして反実仮想」、第2章「ダーウィンのオリジナリティ」、第3章「超自然主義の息切れ」、第4章「進化論の登場」、第5章「目的を持った世界」、第6章「自然淘汰はどこから？」、第7章「進化と宗教」、第8章「社会進化論」。

Richard J. Evans（リチャード・J・エヴァンズ）***Altered Pasts: Counterfactuals in History***（『操作された歴史』）（2014）▶歴史学者が反実仮想を批判するために執筆した研究書。第1章「希望的観測」、第2章「仮想歴史」、第3章「未来小説」、第4章「可能世界」。

Richard Ned Lebow（リチャード・ネッド・ルボウ）***Archduke Franz Ferdinand Lives! A World without World War I***（『フェルディナント皇太子が生きていたら!第一次世界大戦のない世界』）（2014）▶政治学者が、フェルディナント皇太子が暗殺されなかった「もうひとつの世界」を描く。第1章「可能世界」、第2章「第1次世界大戦を防ぐ」、第3章「起こりえた最善の世界」、第4章「最善の世界に住んでみた」、第5章「起こりえた最悪の世界」、第6章「最悪の世界に住んでみた」、第7章「現実世界に戻ろう」

Gavriel D. Rosenfeld (ed.)（ガヴリエル・D・ローゼンフェルド編）***What Ifs of Jewish***

History: From Abraham to Zionism（『ユダヤ人の歴史のif』）（2016）▶歴史学者らの論文集。ディルク・ラップナウ「ユダヤ人絶滅計画が完遂されていたら」、ジェフリー・S・グロック「もしもホロコーストが回避できていたら」。アダム・ロブナー「ユダヤ人国家が東アフリカに建設されていたら」ほか全16編を収録。ロブナーの論考は、サイドワイド賞（2016年短編賞）を受賞している。

Catherine Gallagher（キャサリン・ギャラガー）*Telling It Like It Wasn't: The Counterfactual Imagination in History and Fiction*（『真実じゃないことを教えて』）（2018）▶文学批評家による研究書。第1章「ライプニッツからクラウゼヴィッツまでの「反実仮想の歴史」の歴史」、第2章「19世紀の歴史改変SFの語り」、第3章「いかにしてアメリカ合衆国は南北戦争に敗れたか」、第4章「歴史的なアクティビズムともうひとつのアメリカを描いた小説」、第5章「ナチスに支配されたイギリス」、第6章「ナチスに支配されたイギリスというフィクション」

・1990年代以降に書籍化された主要な研究書を列挙している。
・反実仮想研究は、イギリスとアメリカで最も進んでいるため、今回は英語圏の研究書のみを取りあげた。
・タイトルについては、2018年8月時点で邦訳のあるものについては、書誌情報を記載した。
・概説では、基本的には章立てを示したが、中身がわかりやすいように一部手を加えたものもある。

資料③　荒巻義雄の「要塞シリーズ」「艦隊シリーズ」（発行年月、読者来信欄の有無）

「要塞シリーズ」

発行年月	書名	読者
1986.8	ニセコ要塞1986①	×
1987.3	ニセコ要塞1986②	×
1988.1	ニセコ要塞1986③	×
1989.3	十和田要塞1991①	×
――6	十和田要塞1991②	×
――11	十和田要塞1991③	×
1990.3	阿蘇要塞1995①	○
――6	阿蘇要塞1995②	○
――9	阿蘇要塞1995③	○
――11	阿蘇要塞1995④	○
1991.2	阿蘇要塞1995⑤	×
――7	琵琶湖要塞1997①	×
――9	琵琶湖要塞1997②	○
――11	琵琶湖要塞1997③	○
1992.2	琵琶湖要塞1997④	○
――4	琵琶湖要塞1997⑤	○
――11	琵琶湖要塞1997⑥	○
2001.1	富嶽要塞 ver.1①	×
――4	富嶽要塞 ver.1②	×
――12	富嶽要塞 ver.1③	×

『紺碧の艦隊』

発行年月	書名	読者
1990.12	紺碧の艦隊①	×
1991.5	紺碧の艦隊②	×
――8	紺碧の艦隊③	×
――12	紺碧の艦隊④	○
1992.3	紺碧の艦隊⑤	○
――6	紺碧の艦隊⑥	○
――8	紺碧の艦隊⑦	○
――12	紺碧の艦隊⑧	○
1993.3	紺碧の艦隊⑨	×
――6	紺碧の艦隊⑩	×
――8	紺碧の艦隊⑪	×
――12	紺碧の艦隊⑫	○
1994.3	紺碧の艦隊⑬	×
――7	紺碧の艦隊⑭	×
――10	紺碧の艦隊⑮	×
1995.5	紺碧の艦隊⑯	○
――11	紺碧の艦隊⑰	○
1996.2	紺碧の艦隊⑱	○
――6	紺碧の艦隊⑲	×
――9	紺碧の艦隊⑳	×
1997.2	新・紺碧の艦隊零	×
1998.2	新・紺碧の艦隊①	×
――6	新・紺碧の艦隊②	×
――12	新・紺碧の艦隊③	×
1999.4	新・紺碧の艦隊④	×
――8	新・紺碧の艦隊⑤	×
――12	新・紺碧の艦隊⑥	×
2000.5	新・紺碧の艦隊⑦	×
――11	新・紺碧の艦隊⑧	×

『旭日の艦隊』

発行年月	書名	読者	発行年月	書名	読者
1992.6	旭日の艦隊①	×	――7	新・旭日の艦隊①	×
――9	旭日の艦隊②	○	――8	新・旭日の艦隊②	○
1993.3	旭日の艦隊③	○	――11	新・旭日の艦隊③	×
――5	旭日の艦隊④	○	1998.2	新・旭日の艦隊④	×
――8	旭日の艦隊⑤	×	――5	新・旭日の艦隊⑤	×
――11	旭日の艦隊⑥	○	――8	新・旭日の艦隊⑥	×
1994.3	旭日の艦隊⑦	×	――12	新・旭日の艦隊⑦	×
――5	旭日の艦隊⑧	○	1999.1	新・旭日の艦隊⑧	×
――8	旭日の艦隊⑨	×	――2	新・旭日の艦隊⑨	×
1995.1	旭日の艦隊⑩	×	――6	新・旭日の艦隊⑩	×
――3	旭日の艦隊⑪	○	――8	新・旭日の艦隊⑪	×
――9	旭日の艦隊⑫	×	2000.1	新・旭日の艦隊⑫	×
1996.1	旭日の艦隊⑬	○	――2	新・旭日の艦隊⑬	×
――4	旭日の艦隊⑭	○	――5	新・旭日の艦隊⑭	×
――7	旭日の艦隊⑮	○	――6	新・旭日の艦隊⑮	×
――11	旭日の艦隊⑯	×	――8	新・旭日の艦隊⑯	×
1997.4	新・旭日の艦隊零	×	――11	新・旭日の艦隊⑰	×

「要塞シリーズ」の版元は中央公論社（ただし、『富嶽要塞 ver.1』は中央公論新社）。『紺碧の艦隊』は徳間書店。『新・紺碧の艦隊』零巻は徳間書店、1巻から8巻は幻冬舎。『旭日の艦隊』、『新・旭日の艦隊』はいずれも中央公論社（ただし、後者は9巻から中央公論新社）。

赤上裕幸 あかがみ・ひろゆき

一九八二年生まれ。京都大学大学院教育学研究科教育科学専攻博士後期課程修了。博士（教育学）。現在、防衛大学校人文社会科学群公共政策学科准教授。メディア史、社会学を専攻。著書に『ポスト活字の考古学――「活映」のメディア史1911―1958』（柏書房、二〇一三年）、『歴史のゆらぎと再編（岩波講座　現代　第5巻）』（共著、岩波書店、二〇一五年）、『近代日本のメディア議員――〈政治のメディア化〉の歴史社会学』（共著、創元社、二〇一八年）などがある。

筑摩選書 0167

「もしもあの時《とき》」の社会学《しゃかいがく》　歴史《れきし》にｉｆがあったなら

二〇一八年一一月一五日　初版第一刷発行

著　者　赤上裕幸《あかがみひろゆき》

発行者　喜入冬子

発　行　株式会社筑摩書房

東京都台東区蔵前二-五-三　郵便番号　一一一-八七五五

電話番号　〇三-五六八七-二六〇一（代表）

装幀者　神田昇和

印刷　製本　中央精版印刷株式会社

 ISBN978-4-480-01675-1 C0320